饭店康乐服务与管理

（第二版）

李明宇　主编

清华大学出版社

北　京

内 容 简 介

本书立足于饭店康乐服务与管理过程中的具体业务，全面系统地阐述了饭店康乐服务与管理相关的业务基础知识、岗位基本要求、服务基本标准等内容。本书主要分为十个部分，包括饭店康乐导论、饭店康乐组织机构与岗位职责、康体运动类服务项目基本知识、休闲娱乐类服务项目基本知识、保健养生类服务项目基本知识、饭店康乐服务质量管理、饭店康乐服务礼仪及日常用语、饭店康乐经营与管理、饭店康乐设备及安全管理和饭店康乐卫生管理。

本书既可作为各类院校旅游及酒店管理专业的教学用书，也可作为康乐服务与管理工作人员的参考用书，还可作为康乐企业的岗位培训用书。

图书在版编目(CIP)数据

饭店康乐服务与管理 / 李明宇 主编. —2版. —北京：清华大学出版社，2016（2022.3重印）
ISBN 978-7-302-45801-2

Ⅰ.①饭… Ⅱ.①李… Ⅲ.①饭店—文娱活动—商业管理—教材 Ⅳ.①F719.5

中国版本图书馆 CIP 数据核字(2016)第 291101 号

责任编辑：施 猛 马遥遥
封面设计：周晓亮
版式设计：方加青
责任校对：牛艳敏
责任印制：杨 艳

出版发行：清华大学出版社
 网 址：http://www.tup.com.cn，http://www.wqbook.com
 地 址：北京清华大学学研大厦 A 座 邮 编：100084
 社 总 机：010-83470000 邮 购：010-62786544
 投稿与读者服务：010-62776969，c-service@tup.tsinghua.edu.cn
 质 量 反 馈：010-62772015，zhiliang@tup.tsinghua.edu.cn
 课 件 下 载：http://www.tup.com.cn，010-62781730
印 刷 者：北京富博印刷有限公司
装 订 者：北京市密云县京文制本装订厂
经 销：全国新华书店
开 本：185mm×260mm 印 张：20.75 字 数：480 千字
版 次：2013 年 4 月第 1 版 2016 年 12 月第 2 版 印 次：2022 年 3 月第 6 次印刷
定 价：59.00元

产品编号：071692-03

前言(第一版)

随着我国社会经济的高速发展和改革开放步伐的不断加快，康乐行业得到了长足的发展。尽管出现的时间较短，但发展的速度非常快。无论是在投资的规模上还是在经营项目及种类上都有了长足的进步。目前，康乐行业已经成为我国某些地区经济发展的支柱产业，甚至形成了康乐经济。

饭店康乐部是随着饭店康乐业的发展而出现的经营部门。同大部分新生事物的发展一样，康乐部的发展速度及其规模变化是很快的，不仅在大部分饭店内成为重要的业务部门，而且有的已经发展成为独立经营、独立管理的康乐企业，甚至发展成为以康乐经营为主、以客房住宿为辅的大型综合经营的康乐公司。在欧美、日本等经济发达地区和国家，康乐业的发展已经非常成熟。目前，虽然我国康乐业的发展水平与国际先进水平还存在一定差距，但这种差距正在迅速拉近。可以肯定地说，我国康乐业必将迎来一个崭新的时代。相信随着中国市场的不断开放，随着大量外资饭店的进驻，国内饭店的康乐水平将会大大提升。

本书立足于饭店康乐服务与管理过程中的具体业务和任务，全面系统地阐述了饭店康乐服务与管理相关的业务基础知识、岗位基本要求、服务基本标准等内容。本书共分为十个部分，包括饭店康乐导论、饭店康体运动类服务项目概述、饭店休闲娱乐类服务项目概述、饭店保健养生类服务项目概述、饭店康乐组织机构与岗位职责、饭店康乐服务质量管理、饭店康乐服务人员礼仪及日常用语、饭店康乐部人力资源及营销管理、饭店康乐部设施设备及安全管理和饭店康乐部卫生管理。

编者在编写本书过程中，在以下几个方面进行了突破和创新。

首先，在饭店康乐服务与管理的知识讲授方面进行细化，抓住其中最关键、最实用的部分进行详细梳理，运用大量案例、图片、拓展阅读材料及相关制度规范文本等丰富各知识点，使本书具有很强的实用性和可操作性，也使读者在学习过程中更加容易理解。

其次，在编写体例上采取创新形式，包括知识目标、能力目标、本章导语、案例导入、本章小结、知识链接、案例分析、实训练习及复习思考题等环节，内容系统全面且通俗易懂，充分体现理论与实践相结合的原则。

最后，在编写结构上，突破了以往该类教材的编写框架，将饭店康乐服务的内容重新按照康体运动、休闲娱乐和保健养生三类进行划分，对各类服务的岗位要求、服务标准及礼仪服务用语等方面进行详细介绍，突出业务的可操作性。同时，从饭店康乐人力资源管理、营销管理、设施管理、安全管理和卫生管理等几个方面,对饭店康乐的管理领域进行讲解。使本书在结构上,既突出服务的实践性又具有理论的指导性。

本书既可作为旅游及酒店管理专业系列规划教材,也可作为高等院校相关专业教学的参考书目,同时还可作为从事康乐服务与管理工作的人员理想的培训教程。本书由李明宇任第一主编,牟昆任第二主编;李容树任第三主编。具体写作分工如下:第三章、第四章、第五章、第六章由李明宇编写;第一章、第二章、第七章、第八章由牟昆编写;第九章、第十章由李容树编写。

编者在编写本书过程中,借鉴并引用了国内外诸多专家学者公开出版及发表的著作、论文等相关文献,并在本书的参考文献中列出,在此谨向以上作者致以诚挚的谢意。由于编者水平和时间有限,书中差错之处在所难免,恳请读者批评指正。

编 者
2012年12月

前言(第二版)

《饭店康乐服务与管理》一书自2013年出版至今，得到了广大读者的高度认可与好评。近年来，饭店康乐项目服务与管理在不断变化，未来康乐行业对人才的需求不断提高，综上因素，我们有责任也有必要尽快修订再版该书，以满足相关院校师生、饭店从业人员等对该领域知识的需求。

在本书第二版的修订过程中，我们特别聘请沈阳绿地铂瑞酒店高级管理人员进入编写组，结合目前饭店康乐业的现状与实际，在原有编写结构的基础上，适当加入并丰富了饭店康乐财务管理、保健养生类基础知识等内容，并在相关章节增加并更新了康乐服务与管理案例。本书共分为十个部分，包括饭店康乐导论、饭店康乐组织机构与岗位职责、康体运动类服务项目基本知识、休闲娱乐类服务项目基本知识、保健养生类服务项目基本知识、饭店康乐服务质量管理、饭店康乐服务礼仪及日常用语、饭店康乐经营与管理、饭店康乐设备及安全管理和饭店康乐卫生管理。同时，根据本课程实践性强的突出特点，创新性地采用项目及任务驱动的方式进行编写。本书力求将目前饭店康乐领域现有知识进行综合全面的梳理，并在此基础上突出实践性及可操作性，让读者易学易懂。

本书既可作为各类院校旅游及酒店管理专业的教学用书，也可作为从事康乐服务与管理工作的人员的参考用书，还可作为康乐企业理想的岗位培训用书。本书由沈阳大学应用技术学院的李明宇担任主编；沈阳大学应用技术学院的牟昆、侯爽、王璐及沈阳绿地铂瑞酒店的徐淑芬、王可峰参与编写工作。具体写作分工如下：第二章、第三章、第六章、第八章由李明宇编写；第一章、第四章、第五章、第七章由牟昆编写；第九章由侯爽、徐淑芬编写；第十章由王璐、王可峰编写。

编者在编写本书过程中，借鉴并引用了国内外诸多专家学者公开出版及发表的教材、著作、论文等，并在本书的参考文献中列出，在此谨向以上作者及单位致以诚挚的谢意。最后，感谢清华大学出版社有关领导及编辑对本书修订、出版给予的大力支持，同时也真诚期待本书能够继续得到广大读者的厚爱，并希望广大读者对本书提出意见和建议。反馈邮箱：wkservice@vip.163.com。

编　者
2016年8月

目 录

◀第一章▶
饭店康乐导论

知识目标

- 了解康乐的内涵
- 了解康乐部的作用
- 熟悉康乐的分类
- 掌握康乐服务项目设置的基本类型
- 熟悉康乐服务项目设置的基本原则

技能目标

- 熟悉康乐部的主要任务
- 了解康乐业发展现状及存在的问题
- 了解康乐活动的发展阶段
- 熟悉康乐业未来发展趋势
- 掌握康乐部的作用

本章导语

随着我国经济的飞速发展，人们在满足衣、食、住、行等基本生活要求后，对康乐活动的需求日益增强。同时伴随着康乐业的持续发展，康乐部在饭店中扮演着越来越重要的角色。起初康乐部只是饭店中的附属部门，被归属于前厅部、客房部或餐饮部。但随着饭店客人对康乐需求的增加，康乐部在饭店经营中的地位和作用也越来越重要，逐步发展为与客房、餐饮和前厅等部门平行的关键部门。国家旅游局最新颁布的《旅游饭店星级的划分与评定》文件中也明确规定了相应星级饭店中康乐设施的细化标准。本章首先介绍了康乐的内涵、分类、发展阶段、发展现状及存在的问题，并分析了康乐业的未来发展趋势；其次，介绍了康乐部的作用和主要任务。最后，介绍了康乐服务项目设置的基本类型和康乐服务项目设置的基本原则。

案例导入 | A饭店康乐部项目单一

某市A饭店是一家位于市郊的度假型饭店，那里风景秀丽、环境优雅。它拥有不同规模的会议室、现代化投影仪、会议全真录音机等设施，主要以接待会议客人为主。虽然饭店会议设施在该市饭店业中具有很高的知名度，但饭店的娱乐场所只有舞厅、卡拉OK厅、健身房、桑拿浴房、美容美发室等。客人会议一般持续4天左右，加上早到或晚离开，平均需住5~6天。

由于饭店缺乏娱乐场所，客人紧张工作一天后，只能在舞厅和卡拉OK厅娱乐，有些客人因不会唱歌跳舞，桑拿、美容又不能天天做，晚上只能在客房里看电视。每次会议期间，客人都抱怨晚上的娱乐节目单调，有些客人不得不到市里去找娱乐场所消遣。饭店总经理得悉这些信息后，责令康乐部经理分析原因，提出解决办法。

案例评析：

该饭店娱乐项目设置比较单一，虽然涵盖了康体、娱乐和保健三个类别，但具体项目设置的种类还比较少。康乐部经理应在原有康乐部项目设置的基础上，调研和搜集会议客人的要求和意见，并有针对性地增设项目。如康体运动类可增设网球、台球、保龄球、室内高尔夫球、沙狐球、乒乓球、羽毛球等服务；休闲娱乐类可增设棋牌室、电玩游戏等服务；保健养生类可增设SPA水疗、按摩等服务。通过有针对性地增设康乐项目，饭店可满足会议客人的个体需要，为饭店更好地经营发展奠定坚实的基础。

(资料来源：智库文档. http://doc.mbalib.com. MBA.)

第一节 康乐业概况

一、康乐的内涵

康乐即康体和娱乐，是指人们为了达到调节身心、恢复体力、振作精神以及扩大社会交往的目的，在闲暇时间利用一定的场地、设施设备进行的休闲性和消遣性的活动。通常而言，进行康乐活动应同时具备以下三个必要条件。

(一) 拥有自由支配的时间

康乐活动一般是在人们工作之余，即闲暇时间进行的，它是一种非职业的休闲、消遣活动。随着社会生产力的不断提高，人们可自由支配的闲暇时间越来越多，为进行康乐休闲活动提供了必要的时间保证。

(二) 具有场地、设施设备

康乐活动需要以一定的场地、设施设备为基础，人们通过相应的活动达到精神放松、健身康体、娱乐休闲的目的。如打斯诺克需要斯诺克球台、球杆等相关设施；玩电玩游戏需要游戏机等相关设备；跳舞需要舞厅、舞池等硬件设施等。

(三) 掌握康乐知识技能

康乐活动是以一定的康乐技能为基础的，因此，客人必须掌握一定的康乐基本知识和基本技能，这样才能自如地在康乐场所进行各类康乐活动，以达到康体、娱乐或保健的预期效果，否则即使硬件设施条件再好，也不能达到最佳的效果。

二、康乐的分类

按照人们的消费目的及内容，通常可将康乐活动分为康体运动类服务项目、休闲娱乐类服务项目和保健养生类服务项目三大类。

(一) 康体运动类服务项目

康体运动类项目以高科技的运动器械为载体，一般富有挑战性，大多为团队竞技活动或竞争力比较强的个体运动。客人在参与这一类康乐活动时，大多都比较紧张，从而在紧张的竞技之后，达到健身康体、缓解压力与愉悦身心的目的。常见的康体运动类项目有台球运动、网球运动、保龄球运动、高尔夫球运动、羽毛球或乒乓球运动、掷沙狐球运动、攀岩运动、游泳、健身等。

(二) 休闲娱乐类服务项目

休闲娱乐项目是指人们借助一定的娱乐设施、设备和服务，在参与中得到精神满足、得到快乐的休闲娱乐活动。现在，享受生活成了人们的渴求和追求。休闲娱乐类项目因其趣味性强、参与性强以及能够给人们带来精神上的愉悦感，而成为人们喜爱的消费方式。提供休闲娱乐类服务项目的场所通常包括棋牌室、舞厅、KTV、电玩游艺厅、酒吧等。

(三) 保健养生类服务项目

参与者通过亲身体验和感受保健养生类项目，可达到消除疲劳、放松压力、延缓衰老、延长寿命的目的。保健养生类康乐活动是21世纪世界各国商务饭店和旅游饭店的一个创新项目，常见的有SPA水疗、保健按摩、美容美发、桑拿、氧吧等。

三、康乐活动经历的发展阶段

康乐活动是伴随着人类社会的发展进程而不断发展而来的。康乐活动历史悠久，人类自古就有追寻快乐、获得精神享受的自然需求，而在不同时期具有不同的表现形式。我国康乐活动大体经历以下三个发展阶段。

(一) 起源发展阶段

据考古学家的研究，人类早在原始时期就把走、跑、跳跃、投掷、攀登、爬越等作为最基本的生产劳动和日常生活的技能进行记录、总结，除了能够强身健体之外，还作为本领传授给下一代。这些人类早期的生存活动，也是康乐活动的萌芽。康乐活动的发展与教育、军事、科学技术的发展，以及人们的宗教活动、休闲娱乐活动有着密切的关系。

(二) 高速发展阶段

随着社会的发展和科技的进步，人们可自由支配的收入和闲暇时间不断增加，康乐活动迅速普及和发展。随着各种歌舞厅、酒吧、球馆、俱乐部的出现，康乐项目种类迅速增加，人们逐步开始参与康乐活动，康乐场所已逐渐成为文化交流之地，随之也出现了如台球文化、高尔夫文化等的"康乐文化"。在有些城市或地区，康乐行业已经成为当地经济发展的支柱产业，并形成康乐经济。

(三) 专业发展阶段

伴随社会生产力的迅速提高，人们的闲暇时间和工资收入进一步增加，人们对康乐活动有了更高的要求。这一时期康乐设施向多功能、配套化、自动化发展，环境更加高雅、舒适，服务也更加周到、殷勤。康乐产业既包括与康乐相关的产品的生产与经营，也包括康乐服务的生产与经营。目前，我国康乐业的发展已经从北京、上海、广州、深圳等旅游业比较发达的城市，逐步向中小城市渗透，以满足人们日益增长的对精神享受的追求。高星级饭店都把康乐部作为一个重要部门，提供专业化、系列化的优质服务，在满足客人康乐需求的同时，使饭店不断盈利。

■ 四、康乐业的发展现状及存在的问题

(一) 康乐业的发展现状

1. 康乐活动项目不断推陈出新

随着社会生产力的高速发展，人们对康乐活动的需求也在不断增加。同时，实践经验表明，康乐经营的生命力在于不断地自我更新。这两方面的情况都促使康乐行业不断推出新项目，以促进康乐业的发展。例如，高尔夫球本是传统康体项目，但由于客观条件的限制不易普遍推广。针对这种情况，便先后开发出城市高尔夫球和模拟高尔夫球项目。桑拿浴也是传统保健项目，近年来，又陆续研发了光波浴、瀑布浴、泥浴、沙浴、药水浴、牛奶浴、米酒浴、茶水浴、花水浴、薄荷浴等，逐渐形成了洗浴文化。此外，康乐业又推出了室内攀岩、沙狐球等新兴康乐项目。新项目的不断涌现，给康乐业带来了活力，从而促进了康乐业的良性发展。

2. 康乐活动的文化性日益突出

康乐活动也是一种高雅的精神享受，它为人们提供诸如消除疲劳、缓解压力、舒畅心情、恢复精力、提高兴致、陶冶情操等的精神享受。因此，康乐经营和消费不仅要以一定的经济条件为基础，而且需要一定的文化色彩。只有这样，人们才能从康乐活动中获得更

多益处。例如，高尔夫球历来被认为是一种文明、高雅的康体项目，人们置身于由蓝天、绿草、树丛、水塘、沙地构成的球场之中，呼吸着清新的空气，做出优美、潇洒的击球动作，在这种舒适、和谐的环境中，人们的情趣和言行会得到陶冶。

3.康乐经营主体数量激增

原来的康体项目主要由高级饭店、度假村经营，现在成立了许多专营康体项目的机构，并且出现了一些大规模的综合康乐饭店。我国康乐事业正随着经济的发展而逐渐兴旺起来，国际上所有康体项目都将落户我国。在此基础上，我国也会开发出具有本国特色、适合我国国情的康体项目，为我国人民开拓一片康乐的天地。

4.康乐活动由高档消费向大众消费转化

在过去，康乐项目的收费不太合理，有些项目的消费价格很高，有的甚至高得离谱。但是，随着市场经济的发展和人们消费观念的转变，康乐项目的收费水平逐渐趋向合理，大多数康乐饭店都能从我国客人的实际收入出发，制定符合实际的收费标准，采取降低收费的经营策略，为广大中、低收入者提供享受现代生活、感受现代康乐项目所带来的乐趣的机会和条件。这样，一些原先属于"贵族"的康乐项目开始大规模地走向寻常百姓。例如台球，在其传入中国的初期，也只是在高档饭店才有。当时，有很多经营者看到了发展契机，大规模地拓展台球经营，使台球活动很快普及，其经营场所也从高档饭店走向大众消费场所。再如保龄球，很多地方的保龄球馆都是按局收费，价位都维持在较低水平，完全可以被工薪阶层所接受。康乐消费的价格应维持在一个适中的水平，因为过高的价格会吓退大部分客人，客人减少会使经营者无利可图；过低的价格则可能使经营者亏本，也不利于康乐业的发展。

(二) 康乐业发展存在的问题

1.康乐设施有限，分布不均

绝大多数的先进康乐设施集中在北京、上海、广州、深圳及东部沿海经济发达的地区，集中在一些宾馆、饭店内。我国西部地区的康乐业发展水平仍然较低。

2.康乐项目消费成本过高

某些康乐项目收费仍偏离社会普遍消费水平，绝大部分的康乐项目对于广大工薪阶层及农民来说，仍是一种"贵族性活动"，不能作为生活中不可缺少的内容。

3.康乐经营管理水平较低

个别康乐经营者违规操作，存在着低俗化的经营现象，如黄、赌、毒现象的存在，造成了社会对康乐行业的认识误区。

4.康乐消费意识及观念有待提高

大多数人们把衣食住行的消费当作重点，觉得康乐消费是消耗时间和金钱，没有形成正确的意识和观念。

综上而言，我国康乐事业属于新兴和朝阳产业。社会经济的发展、人民生活水平的提高和国内巨大的潜在消费市场，均为康乐行业的发展提供了广阔的空间。

五、康乐业未来的发展趋势

(一) 康乐消费支出所占比重将逐步增加

在我国，随着物质生活水平的提高，人们的消费观念和消费结构都在发生变化。我国经济近些年来一直保持较快的发展速度，国民收入的增长也很快。现在全国大部分人口已解决了温饱问题，并且有相当一部分人达到了较富裕的生活标准。这就意味着人们将会有越来越多的资金用于普通消费以外的康乐消费，人们已不再满足于一般的温饱型生活，而产生了较高层次的需求。康乐消费就是这种需求的一部分。康乐消费是一种休闲性的消费，要求客人有余钱和闲暇。现在我国已实行每周5天工作制，再加上其他公共节假日和各企、事业单位自行规定的休假，人们有了较充裕的休息时间，为满足人们不断扩大的康乐需求提供了时间条件。可以肯定地说，随着生活水平的不断提高，康乐消费在人们生活消费中所占的比例将会继续增长。

(二) 康乐服务与管理水平将继续提升

康乐行业的不断发展促进康乐服务和康乐管理由不规范向规范发展，康乐管理开始由经验管理型向科学管理型的方向发展。主要表现为：经常举办针对康乐服务和管理的培训班；中、高等院校开始设置康乐服务和管理专业；关于康乐服务和管理的专业论著与教材不断出版，使康乐管理趋于规范化和系统化；康乐经营的相关政策法规正在不断完善，为经营者合法经营明确了发展方向。

(三) 康乐项目科技化含量将不断提高

随着科学技术的进步和市场需求的增加，康乐设备的科技含量会越来越高，其性能也会越来越先进。例如，目前供客人娱乐的电子游艺机，已经凝聚了较高的科技含量。虚拟游艺机的出现，融合了计算机模拟、自动化控制、人机交流等多种高科技知识。还有模拟高尔夫、桑拿炉、多功能健身设备、自动麻将机等，这些高科技产物都已经落户于主题公园、游乐场和饭店。同时，很多康乐活动设备在发展中虽然没有明显的外形变化，但制造材料的科技含量却在不断提高。如制造网球拍和壁球拍的材料，已由木材、金属、高分子材料发展到碳纤维材料。随着我国旅游经济的迅猛发展，康乐业也在逐渐与国际接轨，具有高科技含量的康乐活动项目，已成为康乐业成为先进行业的标志。

(四) 康乐业发展主题趋向多元化

首先，传统文化与民族特色项目脱颖而出。21世纪初，我国加入世界贸易组织，国外一些知名的康乐活动饭店或跨国集团大批涌入我国。要使我国的康乐业市场在国际竞争中立于不败之地，唯一的途径，就是创造一批具有中国特色的康乐活动项目。例如，我国深圳的锦绣中华园，不但是一处经典的人文景观、人造自然景观，还是一处人文与自然和谐统一的大型旅游景观，它为中国康乐业市场在参与国际竞争的过程中提供了一个典范。

其次，康乐活动分类更加多样。通常将康乐活动划分为康体运动类、休闲娱乐类和保健养生类三类。康体运动类项目如网球、台球、乒乓球、游泳、健身等；休闲娱乐类项目如KTV、电玩游戏、棋牌游戏、舞厅、酒吧等；保健养生类项目如SPA水疗、桑拿、按摩、美容美发、氧吧等。

第二节 饭店康乐部概述

一、认识饭店康乐部

康乐部(CLUB)，又名俱乐部、康乐中心、康体部(中心)，是饭店组织客源、销售康乐产品、组织接待和对客服务，并为客人提供各种综合服务的部门，是完善饭店配套附属设施和服务的重要机构。作为饭店的一个部门，康乐部具有典型的现代都市文明所具有的特征——时尚、先进，有着独特的服务技巧、服务程序、服务方法和经营规律。因此，康乐部是现代饭店必不可少的一个重要组成部分，它向客人提供康体运动、休闲娱乐和保健养生的设施设备、场所和相应的服务。

饭店康乐部提供的康乐服务设施主要有游泳池、健身房、台球室、网球场、保龄球室、壁球室、高尔夫球练习场、KTV、舞厅、棋牌室、电玩游艺室、美容美发厅、保健按摩室、SPA水疗馆、酒吧等。不同星级、不同经营类型的饭店根据目标客源的消费特点以及自身经营方式来决定提供的具体康乐服务项目，以满足客人健身、娱乐和保健活动的需要。通常，康乐部是人流量较大、流动性较强、客人逗留时间较长的消费场所，是客人身心与情感体验较为强烈的场所，也是客人形成对饭店的印象较为深刻的场所。因此，康乐部运行得好坏，将直接影响饭店的整体服务与质量、管理水平、经济效益和市场形象。由此可见，康乐部的管理体系、工作程序，康乐部每个员工的服务意识、职业道德、服务质量、知识结构、操作技能、应变能力及言谈举止等，无一不对饭店的形象和声誉产生深刻的影响。

二、饭店康乐部的作用

(一) 康乐部有利于为饭店吸引客源

不少客人把康乐作为生活中不可缺少的内容。据不完全统计，饭店所在地区有70%的年轻人喜欢到这些饭店的康乐部去消费，而对于那些住宿客人来说，康乐也是必不可少的活动之一。不少客人常常就是因为某饭店的康乐设施完善，或对某一次活动感兴趣而投宿的；有些客人不管严寒酷暑总是把参加饭店的康乐活动列入自己的日程安排。这是一种新的生活理念，体现了客人对康乐项目产生的强烈欲望，这一趋势无疑为饭店提高了经济效益。

(二) 康乐项目有利于提升饭店经营特色

饭店要想在目前的微利环境中生存，就必须不断创新，推出符合时尚潮流的特色经营项目，树立新的形象，以满足客人求新求异的需要。因而，饭店经营关键在于推出不同于竞争对手的特色产品和创新产品，而特色产品和创新产品必须基于对目标市场需求的了解和对市场趋势的把握，将资源优势转化为市场优势，形成具有特色的饭店品牌，并最终赢得市场的认可。如北京前门饭店的老舍茶馆，展示了以京剧为特色的中国传统文化的形象；杭州国际大厦雷迪森广场饭店也成功地树立起一个现代化的歌剧院的独特品牌形象。

(三) 康乐服务项目是饭店等级评定的必备条件

国家旅游局颁布的《旅游饭店星级的划分与评定》(GB/T 14308—2003)中明确规定：三星级至五星级饭店必须有酒吧或茶室或其他供客人休息交流且提供饮品服务的场所，会议康乐设施有会议康乐设施设备，并提供相应服务。白金五星级饭店评定标准中的"特色类别二"规定，饭店应设有歌舞厅、影剧场、舞台设施和舞台照明系统(能满足一般演出需要)、美容美发室、健身中心、桑拿浴、保健按摩、定期歌舞表演；"特别类别三"规定，饭店应设有自用温泉或海滨浴场或滑雪场、室内游泳池、室外游泳池、棋牌室、游戏机室、桌球室、乒乓球室、保龄球室(至少4道)、网球场、高尔夫球练习场、电子模拟高尔夫球场、高尔夫球场(至少9洞)、壁球场、射击或射箭场和其他运动休闲项目。因而，可以说康乐服务项目是饭店等级评级的必备条件。

(四) 康乐部是饭店营业收入的重要来源

目前，在我国的一些饭店，康乐部的规模越来越大，并与客房部、餐饮部并列成为饭店创收的主要部门，甚至在有些饭店，康乐部已经超过其他部门，成为饭店第一大部门。完善的康乐设施设备，优雅的康乐气氛环境，吸引了大批旅游者和当地公众。不少客人常常因为饭店的康乐设施和环境，或对某一康乐活动特别感兴趣而投宿。康乐设施的完善，康乐器械的现代化和先进性，常常会吸引大量的康乐爱好者。正是由于康乐享受越来越受到客人的青睐，饭店的经济效益也得到了意想不到的提高。很多旅游热点饭店，特别是首都、大城市和经济较发达地区的饭店，康乐部的经济收入在整个饭店的总营业额中占有很大的比重。

▌三、饭店康乐部的主要任务

(一) 满足客人康体运动的需要

随着社会文明的进步，人们对身体锻炼的要求也在不断提高。人们除了参加传统的体育锻炼活动外，还在不断寻求并积极参加更有情趣的能够促使身体健康与精神欢乐的活动。这就是人们钟情康乐活动的原因。因此，满足客人在康体运动方面的需求就成了康乐部的任务之一。客人对康体运动的需求是多方面的，形式也是多种多样的。因而，饭店康乐部设置的网球、台球、壁球、健身器械、游泳池、高尔夫球、飞镖、室内攀岩、乒乓球、羽毛球等设施就可以满足客人康体运动的需要。

(二) 满足客人休闲娱乐的需要

休闲娱乐活动具有很强的娱乐性、放松性、选择性，因而受到不同年龄阶层人士的欢迎。不同消费人群完全可以根据自己的喜好选择相应的项目，例如扑克、麻将、电玩游戏、卡拉OK、舞厅、酒吧等，它既满足了人们的娱乐需求，又可以使人精神放松、心情愉悦。现代饭店中各种娱乐项目的设备可以为店内外的客人提供丰富多彩的娱乐生活，同时也是人际沟通、商务往来的一种必要的补充手段。

(三) 满足客人保健养生的需要

人们追求健康的途径除了加强锻炼、增加营养外，还有物理保健的方法。这种保健方法已经成为康乐部门必备的服务项目。例如，桑拿浴，包括芬兰浴、土耳其浴、光波浴等；按摩，包括中医按摩、泰式按摩、港式按摩、韩式按摩、日式按摩、足部按摩等；美容项目和美发项目等，这些都可以满足客人休闲娱乐的需要。

(四) 满足客人康乐安全的需要

做好设施设备的安全保养工作，满足客人的安全需求，为他们提供一个既安全又舒适的休闲环境，是康乐部的基本任务之一。这个问题可以从两方面去认识：一方面，任何一项活动都可能存在不安全因素，例如，打保龄球可能出现滑倒、摔伤或扭伤的危险，游泳时可能出现溺水的危险等。这就需要康乐部教育服务员时刻注意客人的活动情况，及时提示客人注意按照安全规范参与康乐活动。另一方面，随着设备使用次数的增加、使用时间的延长、累计客流量的增加，设备的损耗和老化就会加快，不安全因素也会增加。如果不注意设备的检查和保养，就有可能给客人带来某种伤害。例如，游泳池附近的地面极易滋生青苔，如果不及时清理，就可能使客人滑倒摔伤。

(五) 满足客人康乐卫生的需要

随着康乐活动的普及，康乐设备和场所的使用频率也越来越高，产生细菌交叉感染的情况就比较多，如卫生状况不良，很有可能对客人的身体健康造成危害。如游泳池的水质、客人唱卡拉OK时经常使用的话筒、球类运动中经常触摸的球拍和球、美容美发室经常使用的各种器械和化妆品等。因而，如何做好康乐活动场所的卫生清洁工作，为客人提供一个卫生舒适、优雅安全的活动场所，是康乐部的一项重要工作任务。

(六) 满足客人对康乐技巧指导的需要

康乐部的设备种类较多，有国产的也有进口的，尤其是高星级饭店康乐设备的更新频度也比较频繁。特别是先进的进口设备以及带有电脑显示的体育器材，需要服务人员提供正确、耐心的指导性服务，以便一些初次使用的客人能正确操作。另外，一些运动项目的技术性很强，也需要服务人员向不熟悉该项运动的客人提供技术上或规则上的指导服务，以满足他们在掌握运动技能、技巧方面的需求。

第三节 饭店康乐服务项目设置

一、康乐服务项目设置的基本类型

(一) 康体运动类服务项目

1.康体运动类服务项目的定义

康体运动类项目，是借助一定的运动设施设备和环境，为客人锻炼身体、增强体质而设的健身项目。康体项目有别于专业体育项目，它不需要专业体育项目那么强的专业性、技巧性，客人参与康体项目是为了达到锻炼目的，并从中享受到乐趣，进而达到放松身心的目的。

2.康体运动类服务项目的内容

康体运动类服务项目主要包括：网球、台球、保龄球、高尔夫球、羽毛球、壁球、乒乓球、沙狐球、游泳、健身、室内攀岩、飞镖及射箭等。

3.康体运动类服务项目的特点

1) 康体运动类项目对设施设备的要求较高

康体运动类服务的核心是为客人提供康乐设备和运动场地。康体器材都应选择高规格、高质量的。这一方面可以为客人提供充分的舒适享受，另一方面可以降低设备的故障率，保证经营的连续性，减少维修费用。

2) 康体运动类项目配套是经营的保证

在设计康体休闲项目时，应根据饭店实力和客人需要提供配套服务。这不仅包括每个项目的内部完善，如休息室、水吧服务、洗浴、餐厅等配套项目，还应使各种康体项目互相配套、互补，这样康体经营项目就会成为饭店的主要营业收入来源。

3) 康体运动类项目需要提供指导性服务

康体运动需要有较强的消费技能，客人在相关项目上需要技术性指导。由于客人的消费层次、文化层次有一定的差异，对康体运动项目品种的熟悉程度因人而异。尤其是一些较为先进的进口设备和运动的游戏方式，如带有电脑显示器的体育器材，包括自行车电脑显示器、心脏跳动显示仪等；此外，还有保龄球、台球的基本游戏技巧，客人比较生疏。这都需要服务员提供耐心、正确、优质的指导性服务，以使一些没有掌握器材使用技能的客人能正确地使用器材，增强客人的兴趣，提高客人的参与度。

(二) 休闲娱乐类服务项目

1. 休闲娱乐类服务项目的定义

休闲娱乐类服务项目，是指通过一定的设施、设备和服务，使客人在参与中得到放松和满足的游戏活动。休闲娱乐项目与康体运动项目既有区别又有联系，两者的区别在于：康体运动项目多由体育运动项目转化而来，而休闲娱乐项目是以休闲娱乐功能为主的游戏活动。

2. 休闲娱乐类服务项目的内容

休闲娱乐类服务项目主要包括：棋牌服务、KTV服务、舞厅服务、电玩游戏服务、酒吧服务等。

3. 休闲娱乐类服务项目的特点

1) 休闲娱乐类项目的基础是环境和氛围

休闲娱乐项目的场所应高雅、洁净且具有一定的文化品位。休闲娱乐活动场所吸引客人的主要因素是环境和氛围。内容丰富、品位较高的娱乐项目和洁净高雅的娱乐场所不仅能给客人带来愉悦的心情，而且会给客人带来宾至如归的感受。客人光顾就是为了享受环境和氛围，所以营造娱乐氛围是至关重要的。

2) 休闲娱乐类项目具有很强的个人参与性

很多休闲娱乐项目都要求客人主动参与、自我表现，达到娱乐的目的。另外，现代人大多生活压力比较大，工作节奏快，有很多客人希望在参与娱乐活动的过程中通过自助娱乐达到某种心理或生理上的放松和满足。

(三) 保健养生类服务项目

1. 保健养生类服务项目的定义

保健养生类服务项目，是指利用一定的环境设施和服务，使客人能积极主动、全身心投入，并得到身心放松和精神满足的活动项目。

2. 保健养生类服务项目的内容

保健养生类服务项目主要包括：SPA水疗服务、桑拿浴服务、保健按摩服务、美容美发服务、氧吧服务。

3. 保健养生类服务项目的特点

1) 服务人员的专业性是保健养生类服务的关键

无论是保健按摩、SPA水疗，还是美发、美容服务都需要有受过专业训练并取得上岗资格证书的人员来提供。专业人员水平的高低不仅关系服务质量的好坏，而且直接影响项目经营效果的好坏。

2) 良好的卫生条件是保健养生类服务的保证

保健养生类服务项目大多直接接触客人的身体，卫生条件对客人的健康来说尤为重要。无论是客人用的物品还是服务设施都应经过严格的消毒，同时专业服务人员也要做好个人卫生。

3) 客人安全是保健养生服务的基础

无论是桑拿、保健按摩、美容美发服务还是SPA水疗服务都应把客人安全放在首位。在经营服务过程中因服务操作失误或因康乐设施故障对客人造成伤害，饭店都负有不可推卸的责任。因而，无论是从提升服务质量还是从提升饭店经营绩效的角度来说，都应该把安全放在首要位置。

■ 二、康乐服务项目设置的基本原则

(一) 项目设置应坚持经济效益和社会效益并重

现代饭店在设置康乐项目时不应该只考虑经济效益，而应该考虑社会效益和饭店的可持续发展问题。即在设置项目时，要看到该项目为社会带来的影响如何，是否能丰富人们的文化生活，是否有利于人们的身心健康，是否为本饭店、本地区带来良好的社会风气，而不能一味地追求经济效益，更不能为了高额利润而提供那些低级趣味的服务。饭店康乐部必须在国家有关法律、政策的指导下，运用各种积极健康的经营手段，创新经营内容，吸引客人，以达到经济、社会效益和饭店可持续发展的和谐统一。

(二) 项目设置应与饭店经营类型相适应

在项目选择和设计之初便要考虑饭店类型，如商务型的、会议型的、度假型的还是公寓型的，等等。基于饭店类型，仔细研究客人的兴趣和爱好，在项目定位中遵循"扬长避短"的原则，就能创造特色。

例如，商务饭店和度假饭店因客人的类型不同对康乐的需求亦有所不同。度假饭店中的客人通常时间较宽裕，对度假饭店的客人来说，他们一般会在晚上饭后享受SPA服务。在度假饭店中客人比较注重理疗，可以花费大量的时间在SPA上，并且SPA的内容属综合性的。而城市商务饭店由于客人的休闲娱乐时间比较少，过程也比较简单。所以，任何一种康乐项目的设计，首先要明确饭店的定位，包括饭店的类型、规模、档次、星级，以及该项目的建立是否有助于品牌经营等。

(三) 项目设置应体现国际化、规范化

随着我国加入世界贸易组织和我国饭店业的持续发展，一方面，饭店业竞争日趋国际化；另一方面，饭店客人也日益呈现国际化、多样性的趋势，这就要求我国饭店的康乐项目在经营和服务上应尽快与国际接轨。在饭店星级评定方面，尽管我国饭店项目的设立、管理和服务等方面已经制定了统一的质量标准，但在康乐项目的服务和管理上也应尽快建立符合国际规则的饭店运营规范，使饭店经营行为符合行业规范、国际惯例。

(四) 项目设置应符合法律规范要求

不同客人对康乐服务的需求是有差异的，饭店要为客人提供健康文明的康乐项目，采用艺术性的服务语言，婉拒个别客人提出的不合法(如黄、赌、毒等)要求，在做到具有健

康性、趣味性、高雅性、新奇性、刺激性的同时，要有丰富的文化内涵，绝不能因盲目追求经济利益或刻意迎合客人的需要而违背法律的要求。康乐项目设置一定要符合法律规范要求，只有合法经营，才能取得经济效益和社会效益的双丰收。

本章小结

康乐是指人们为了达到调节身心、恢复体力、振作精神以及扩大社会交往的目的，在闲暇时间利用一定的场地、设施设备进行的休闲型和消遣性的活动。通常而言，进行康乐活动应同时具备以下三个必要条件：可自由支配的时间、设施设备、康乐知识技能。按照客人的消费目的及内容，通常可将康乐活动分为康体运动类服务项目、休闲娱乐类服务项目和保健养生类服务项目三大类。我国康乐活动大体经历以下三个发展阶段：起源发展阶段、高速发展阶段和专业发展阶段。目前，康乐业的发展现状是：康乐活动项目不断创新，康乐活动的文化性日益突出，康乐经营主体数量激增和康乐活动由高档消费向大众消费转化。虽然，我国康乐业的发展速度很快，但在其中也伴随着一系列问题：康乐设施有限，分布不均；某些康乐项目收费仍偏离社会普遍消费水平；康乐经营管理水平较低；康乐消费意识及观念有待提高。康乐业未来的发展趋势包括：康乐消费支出所占比例将增加，康乐服务与管理水平将继续提升，康乐项目将向高科技化发展，康乐业发展趋向多元化。

康乐部，又名俱乐部、康乐中心、康体部(中心)，是饭店组织客源、销售康乐产品、组织接待和对客服务，并为客人提供各种综合服务的部门，是完善饭店配套附属设施和服务的重要机构。饭店康乐部有利于为饭店吸引客源，有利于提升饭店经营特色，是饭店等级评定的必备条件，是饭店营业收入的重要来源。饭店康乐部的主要任务包括：满足客人康体运动的需要，满足客人休闲娱乐的需要，满足客人保健养生的需要，满足客人康乐安全的需要，满足客人康乐卫生的需要和满足客人需要康乐技巧指导的需要。康乐服务项目设置的基本类型包括：康体运动类服务项目、休闲娱乐类服务项目和保健养生类服务项目。康乐服务项目设置的基本原则为：兼顾经济效益和社会效益，应与饭店经营类型相适应，应体现国际化、规范化的特点，应符合法律规范要求。

知识链接

某饭店康乐部员工工作制度模板见表1-1。

表1-1　康乐部员工工作制度模板

制度名称	康乐部员工工作制度		受控状态	
			编号	
执行部门		监督部门	考证部门	

第1章　总则
第1条　为规范康乐部员工的工作行为，提高康乐服务水平，特制定本制度。
第2条　康乐部全体员工须严格遵守本制度。
第2章　上下班规定
第3条　员工上岗须穿着工衣，佩戴工号牌。

(续表)

第4条	按规定交接班，如违反规定造成损失，当事人要受到经济处罚。
第5条	下班前按消防制度检查水、电、蒸汽、门窗，做好防火、防盗工作。
第6条	上下班必须走员工通道，下班后不得在饭店逗留，离开饭店时无条件接受员工通道保安员检查。
第3章	工作规定
第7条	上班前不得吃有异味的食物，不得抽烟。
第8条	面对客人时必须微笑服务，要"请"字当头、"谢"字不离口。
第9条	拾获客人遗留物品，必须及时报告上级进行处理。
第10条	发现设备、设施被损坏或出现故障，必须及时报告上级进行处理。
第11条	工作用具使用前后必须清理干净、摆放整齐，工作地点不得摆放与工作无关的物品。工具用完后须放回原处。
第12条	上班时应注意：
	1. 不得吃东西、喝酒等；
	2. 不得接打私人电话；
	3. 不得大声喧哗、追打、聊天、说笑；
	4. 不得无故离开工作岗位，有公事离岗须得到经理的同意；
	5. 不得做与工作无关的事，如有特殊情况须报经理批准；
	6. 不得使用客用设施，如客用洗手间、客用电梯、客用休息厅、杯具、电视、音箱、桌球等；
	7. 不得顶撞上司，叫骂同事；
	8. 不得同客人吵架、打架；
	9. 不得在饭店内聚众赌博或参与任何非法交易；
	10. 不得泄露饭店机密和营业状况；
	11. 不得私拿发票
签阅栏	本人已收到《康乐部员工工作制度》(编号：×××)，并在认真阅读后同意遵守制度中的相关规定。若此制度有修改，在其修改通过批准且开始实行后，本人也将严格遵照执行。 签字：　　　日期：
相关说明	

编制日期		审核日期		批准日期	
修改标记		修改处数		修改日期	

(资料来源：刘俊敏. 饭店康乐部精细化管理与服务规范[M]. 北京：人民邮电出版社，2009.)

📖 **案例分析**

某饭店康乐经营经典案例

上海某星级饭店位于近郊，具有一定规模的康乐项目设施设备，但由于交通不是很方便，客源较少，使其经营十分困难。近年来上海市辟通了交通环线，由于该饭店紧靠环线，交通环境变得相当便利，客人有所增加。康乐部管理者决定抓住这一机遇，从以下几方面入手：一是积极做好广告宣传，并协同其他部门，在保证原有客源的基础上，开发家庭周末度假康乐旅游等活动；二是加强康乐部的管理，协调与餐饮、客房部之间的关系，做到热情接待、规范服务，同时降低康乐项目活动的价格，提出"高档消费，低档价格"；三是定期组织专业人员进行康乐活动指导，如家庭健美操运动的短期培训、保龄球活动的速成培训等，以适应目前一般市民对康乐活动的兴趣与参与的欲望，从而改善康乐部乃至饭店的经营状况。

(资料来源：张智慧，闫晓燕. 康乐服务与管理[M]. 北京：北京理工大学出版社，2011.)

试分析：

除了上述三点，你觉得该饭店还可以从哪些方面着手发展康乐项目？

实训练习

每4个学生为1个小组，每小组实地调研3家当地四星级以上饭店的康乐部。调研内容包括：康乐部的项目设置种类、营业面积大小、收费标准、员工数量及聘用条件、康乐设备设施状况等，并完成康乐调研报告的撰写。

复习思考题

1. 简述康乐的内涵。
2. 康乐服务项目设置包括哪些基本类型？
3. 简述康乐部的主要任务。
4. 概述康乐业发展现状及存在的问题。
5. 康乐活动包括哪些发展阶段？
6. 康乐业未来的发展趋势是什么？
7. 康乐部有哪些作用？
8. 简述康乐服务项目设置的基本原则。

第二章

饭店康乐组织机构与岗位职责

- 理解康体运动类服务项目岗位职责
- 理解休闲娱乐类服务项目岗位职责
- 理解保健养生类服务项目岗位职责
- 了解康乐部中高级管理岗位职责及素质要求

┃能力目标┃

- 了解康乐组织机构设置的基本原则
- 熟悉康乐部的常见组织形式

┃本章导语┃

　　饭店康乐部组织机构是部门经营发展的重要保证。良好的组织机构能够与饭店总体的发展目标相统一，能够最大限度地开发员工潜力，避免人浮于事、效率低下。本章从三个方面分析了康乐部门的组织机构设置，并详细阐述了康体运动、休闲娱乐和保健养生三个类别的员工的岗位职责。作为康乐部的服务人员，明晰部门的组织机构和各岗位的具体职责，是提升对客服务质量的重要一环。

案例导入 | 一颗衬衫衣领的扣子　　　　　　　　　　　　　⊕

　　一天晚上，某饭店的一位熟客徐先生同一位朋友在喝酒。酒吧服务员和他寒暄了几句。谈话时，服务员无意间发现徐先生的衬衣上有一粒扣子摇摇欲坠，便连忙提醒道："徐先生，您衬衣上有粒扣子可能会掉，需要我帮您缝一下吗？"徐先生不好意思地摇摇头，说了声"谢谢"便随手摘掉了那粒扣子，并准备放入口袋。服务员笑笑说："缺粒扣子，会很难看吧？徐先生是我们的老客人，工作又挺忙的，我还是帮您缝好吧！"接着又对徐先生说："您如果不介意，让我试试帮您缝好吧！"徐先生赶紧道谢。

　　服务员接过衣服后，来到办公室，取出针线盒，认真仔细地缝着，大约过了5分钟就缝好了。徐先生接过衬衣，高兴地说："你真细心，我真不知道怎么感谢你，我想这粒扣子永远也不会再掉下来了，谢谢。""举手之劳，您太客气了！"服务员谦虚地回答。

与徐先生同来的朋友，这时也很感动，他站起来说："我今天总算明白了我的朋友为什么总喜欢来这里。让我们握握手吧！"服务员礼貌地伸出手："欢迎您多多关照！"

案例评析：

首先，这位服务员很细心，她在服务中很注意观察，能够"发现徐先生的衬衣上有一粒扣子摇摇欲坠"；而且还能主动服务，"没事找事"，主动提出帮客人钉扣子。

要肯定的是，她的服务不仅是热情的服务，而且是优质的服务，同时也是超值的服务，是常规服务、规范服务的延伸、扩展和提高。因为酒吧并没有钉纽扣的服务，而且客人的纽扣还未掉下来，客人也不用为钉纽扣付出任何费用。

市场商品以质取胜，酒吧经营也同此理。如果众多酒吧都能规范服务，在标准服务的基础上进一步升华，提供超常服务、超值服务，就会技高一筹，定能胜人一筹，吸引更多的客人。

(资料来源：杨建容.康乐技术与服务[M].北京：中国地图出版社，2007.)

第一节 康乐部组织机构设置

一、康乐部组织机构设置的基本原则

(一) 组织机构及岗位设置应做到专业化分工协作

康乐部在进行内部机构设置时，必须先明确功能、作用、任务、内容，然后进行细化分工，把复杂的工作变得简单，使每个具体操作的服务员易于掌握，进而能达到熟练、规范的要求，以提高服务员的服务质量和服务速度。

(二) 组织机构及岗位设置应与经营任务相适应

饭店的机构与岗位应根据经营任务的需要来设置，如按饭店星级评定的标准，一星级和二星级饭店不需要健身房、游泳池等，那么，在此类饭店中就不需要设置这些机构和岗位；而四星级和五星级饭店则必须有健身房、游泳池等，那么，在此类饭店中就必须设置这些机构和岗位。

(三) 组织机构及岗位设置要坚持因才用人

康乐部机构的设置应有利于发挥各级人员的业务才能，发挥他们的主观能动性，这一点在康乐部尤为重要。康乐部各个项目都有典型的特点，需要有具备相应特长的人才来参与管理和服务。

(四) 组织机构及岗位设置应垂直统一领导

每名员工只对直接上级管理者负责，同时，上级管理者一般不应越过下级管理者直接处理基层问题，应实行层级管理，一级抓一级，避免多头领导。例如，一般情况下，健身房服务员只接受健身房领班的领导，不可接受游泳池领班的领导；健身房主管也应该通过领班去领导员工，不宜直接改变领班的安排，否则领班就成了摆设，主管变成了领班。

二、康乐部常见的组织形式

康乐部作为饭店的重要业务部门，一般作为一个独立的服务部门或隶属于某个部门，其设置原则与其他部门基本相同，但应与饭店具体的规模、档次和经营理念相适应。通常而言，康乐部常见的组织形式有以下几种。

(一) 康乐部独立成部的形式

如康乐服务在饭店中所占比重较大，则康乐部应作为饭店的一个独立部门，与饭店其他部门并列存在，并具有同等重要的作用和地位。按照饭店实际情况和特点的不同，可分为并列形式和阶梯形式两种。

1. 并列形式

并列形式如图2-1所示。

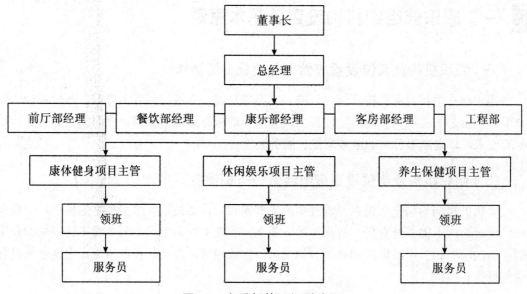

图2-1　康乐部的组织形式图1

(资料来源：牛志文，周廷兰. 康乐服务与管理[M]. 北京：中国物资出版社，2010.)

2. 阶梯形式

阶梯形式如图2-2所示。

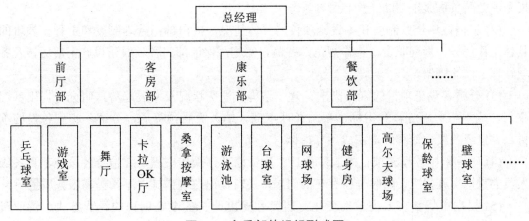

图2-2　康乐部的组织形式图2

(资料来源：刘建华.康乐服务[M].2版.北京：中国劳动社会保障出版社，2007.)

(二) 康乐部隶属于其他部门的形式(以饭店餐饮部为例)

如康乐服务在饭店中所占比重较小，则康乐部可隶属于其他部门(如餐饮部等)，其组织形式如图2-3所示 。

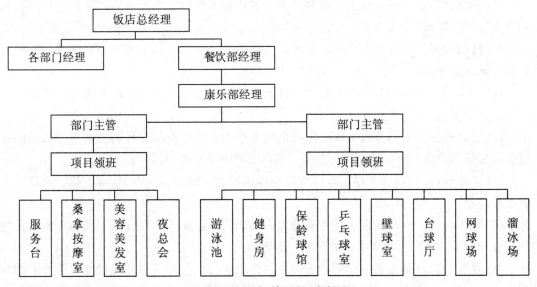

图2-3　康乐部的组织形式图3

(资料来源：唐少锋.康乐服务基本技能[M].北京：中国劳动社会保障出版社，2010.)

三、康乐部中高级管理岗位职责及素质要求

(一) 康乐部经理

1. 岗位职责

(1) 接受总经理的督导，直接向总经理负责，贯彻饭店各项规章制度和总经理的工作

指令，全面负责康乐部的经营和管理。

(2) 根据饭店规章制度和各设施项目的具体情况，提出部门管理制度和主管、领班的具体工作任务、管理职责、工作规范，并监督实施，保证部门各项娱乐设施正常运转及各项管理工作的协调。

(3) 分析各设施项目的客人需求、营业结构、消费状况及发展趋势，研究并提出部门收入、成本与费用等预算指标，报总经理审批。纳入饭店预算后，分解落实到各设施项目，并组织各级主管和领班完成预算指标。

(4) 研究审核各设施项目的服务项目、质量标准、操作规程，并检查各设施项目各级人员的贯彻实施状况，随时分析存在的问题，及时提出改进措施，不断提高服务质量。

(5) 根据市场和客人需求的变化，研究并提出调整各设施项目的经营方式、营业时间、产品和收费标准等管理方案。配合饭店销售活动，配合有关部门组织网球、壁球、保龄球比赛等销售活动，适应客人消费需求变化，提高设施利用率和销售水平。

(6) 审核签发各设施项目主管的物品采购、领用、费用开支单据，按部门预算控制成本开支，提高经济效益。

(7) 做好各设施项目主管、领班的工作考核，适时指导工作，调动各级人员积极性。随时做好巡视检查，保证康乐部各设施项目管理和服务工作的协调。

(8) 制订部门各设施项目人员编制计划，安排员工培训。根据业务需要，合理组织和调配人员，以提高工作效率。

(9) 随时收集、征求客人意见，处理客人投诉，并分析康乐部服务质量管理中带倾向性的问题，适时提出改进措施。

(10) 做好康乐部和饭店各部门的协调配合工作，完成总经理交办的其他工作任务。

2. 素质要求

(1) 文化程度。应具有大专以上学历或同等学力；应持有国家旅游主管部门颁发的星级饭店康乐部经理上岗资格证书；具备一门以上外语交流能力。

(2) 工作资历。具有8年以上饭店管理和服务经验，或至少应有2年以上部门经理或主管工作经验。

(3) 知识结构。应具备饭店管理基础理论知识，具备康体、娱乐知识和相应的设备使用、保养知识，还应具备康乐部的管理、销售知识。

(4) 业务能力。具有领导和管理才能，在组织能力、指挥能力和凝聚能力等方面都具有较高的水平，能够控制和利用康乐部的人、财、物等条件为饭店或康乐企业创造良好的经济效益。

(5) 协调能力。具有较强的处理人际关系的能力，能够较好地协调部门之间和部门内部的人际关系，能够与他人良好地合作，造就部门的团队精神，还应善于处理外部人际关系。

(6) 道德修养。具有较为完美的人格，实事求是、正派廉洁、宽容大度、讲究信义，并且具有开拓意识和勇于创新的进取精神。

(7) 服务技能。康乐部经理应具有丰富的服务经验和较强的服务技能，有较强的示范能力，能在必要时亲自为客人提供符合规范的服务。同时，还能将这些经验和能力传授给下属，指导下属不断提高业务能力，为客人提供优质的服务。

(8) 认识能力。康乐部经理应具有对康乐经营过程中的表象进行分析、综合、判断、推理等的认识能力，能够通过一系列的思维过程总结工作规律，并通过运用这些规律解决管理和服务工作中出现的问题，使工作顺利开展。

(9) 身体和心理素质。身体健康，心理素质良好，爱好康体运动和娱乐活动。

(二) 康乐部副经理

1. 岗位职责

(1) 贯彻执行上级下达的各项任务及饭店各项规章制度。

(2) 负责组织各级主管和领班完成预算指标。研究审核各项设施项目的服务项目、质量标准、操作流程，并检查各项设施项目各级人员的贯彻实施状况，随时分析存在的问题，及时提出改进措施，不断提高服务质量。

(3) 负责本部门的日常管理工作，制订工作计划，对下属进行业务培训。根据饭店规章制度和各设施项目的具体情况，提出部门管理制度，以及主管、领班的具体工作任务、管理职责、工作规范，并监督实施，保证部门各项娱乐设施的正常运行及各项管理工作的协调。

(4) 常跟班，勤巡查，现场督导，发现问题及时解决，或及时向康乐部经理汇报。

(5) 做好各设施项目主管、领班的工作考核，适时指导工作，调动各级人员的积极性。随时做好巡视检查，保证康乐部各设施项目管理和服务工作的协调，主持定期考评。

(6) 每月上交"营业分析"报告，进行客源、客情分析，向部门经理提出整改意见。随时收集、征求客人意见，处理客人投诉，并分析康乐部服务质量管理中带倾向性的问题，适时提出改进措施。

(7) 对工程卫生方面的监督检查及对安全的重视和认识。管理直接面向人，对人员的管理应根据"制定标准—系统培训—不定期考核—监督指导—要求效率科学"的五步进程法，制定管理模式及具体流程，以满足在实际操作过程中出现的特殊需求及工作管理的完善和创新需要。

(8) 做好康乐部和饭店各部门的协调配合工作，完成总经理交办的其他工作任务。

2. 素质要求

(1) 具备大专及以上学历。

(2) 掌握饭店管理基础知识，懂得成本管理与核算，熟悉康乐设施管理，了解市场营销学和公关知识。

(3) 熟悉工商管理法规、治安消防条例及音像管理规定。

(4) 具有组织、指挥、计划、控制和协调的能力。

(5) 有拓展业务的能力。

(6) 有较好的文字组织和语言表达能力。

(7) 熟练使用电脑等办公自动化软件。

(8) 对工作经验年限的要求应依据所属饭店的实际情况而定。

(三) 康乐部主管

1. 岗位职责

(1) 主管督导下属领班贯彻执行饭店和康乐部的各项规章制度、服务程序、操作规程、质量标准，分析研究出现的问题，提出解决措施，以不断提高服务质量。

(2) 认真落实部门经理下达的工作指令，贯彻饭店及本部门的各项规章制度，监督各岗位实施正确的服务操作程序，保证管辖范围内的日常活动正常进行。

(3) 巡视检查下属的出勤情况、工作态度、服务质量及对客关系，坚持现场督导，执行奖惩制度，随时向经理汇报工作情况并提出整改方法及处理意见。

(4) 观察考核下属的工作情况，按时向部门提供评估报表。

(5) 制订培训计划，按照岗位服务标准及工作技能要求培训下属，使之尽快了解和掌握各项规定，提高员工素质。

(6) 根据本管区服务项目的特点和经营活动中的情况进行客源、客情分析。

(7) 收集客人意见，改进工作方法，了解专业技术新动向及发展趋势，努力完成部门下达的营业指标任务。

(8) 负责安全检查工作，为客人活动提供优良的设备及良好的环境。

2. 素质要求

(1) 文化程度。具有大专以上学历或同等学力。

(2) 康乐工作经验。5年左右康乐管理与服务工作经验，含3年左右康乐项目领班工作经验。

(3) 专业知识。具有康乐基层管理与服务知识，康乐娱乐项目设施与文娱体育活动专业知识。

(4) 业务能力。具有游泳池、健身房、桑拿浴、高尔夫、网球和室内球类娱乐活动业务组织和推销能力，康乐娱乐项目管理和协调能力，以及一般人事、财务管理能力。

(5) 人际关系。善于处理各设施项目管理中员工与客人、员工上下级、各部门之间的关系，人际关系良好。

(6) 身体素质。身体健康，精力充沛，工作适应能力强。

第二节 康体运动类主要岗位职责及任职要求

一、保龄球领班岗位职责及任职要求

(一) 岗位职责

(1) 负责制订保龄球馆的工作计划和盈利计划。

(2) 制订保龄球馆球道、球具的保养计划。

(3) 制订保龄球员工岗位技能培训计划，按照培训计划对员工进行业务培训，不断提高其服务技能。

(4) 督导保龄球馆日常工作的开展，安排下属员工的班次，负责安排服务员的工作任务。

(5) 负责检查保龄球馆经营活动中的对客服务和接待工作，督导员工为客人提供优质服务。

(6) 检查员工的仪容着装、礼节礼貌、劳动态度和工作效率，准确记录员工的考勤情况。

(7) 检查保龄球馆营业场地、机器设备的卫生清洁情况及安全防范工作，并做出详细记录。

(8) 督导员工按有关操作规程合理使用和保养设备，定期检查保龄球道、球具等的使用和保养情况，如有损坏须立即报修，并对维修结果进行检查，确保设备的良好运作。

(9) 维护保龄球馆的正常营业秩序，排解客人之间可能发生的纠纷，受理保龄球馆客人的投诉，并及时进行处理，保证营业活动的正常开展。

(10) 负责保龄球馆的物品领用，填写领用单，经康乐部经理批准后，向仓库领取并做好保管工作。定期向康乐部经理提出保龄球馆营业用品的申购计划。

(11) 经常对所属员工进行针对规章制度的培训，做好员工的考核评估工作，并结合考核情况填写员工的过失单和奖励单。

(12) 负责每日召开班前布置会、班后总结会，严格执行交接班制度。

(13) 贯彻执行上级的指示，保持信息沟通，完成康乐部经理交办的其他工作。

(二) 素质要求

(1) 具有大专及以上学历，受过保龄球专业管理培训。

(2) 懂得设施设备的日常维护保养方法。

(3) 熟悉国际国内保龄球比赛的发展趋势及有关规则，掌握客人的心理，掌握各种技术和发球技巧，具有较丰富的实际操作经验。

(4) 具有一定的外语会话能力。

(5) 身体健康，能较长时间地进行体育运动。

二、保龄球服务员岗位职责及任职要求

(一) 岗位职责

(1) 按时上岗，在领班的指挥下，做好营业前保龄球道的清洁、保养工作。

(2) 球道每天要抹新油，用打油机打球道。打油长度是球道的2/3。球道每月要用专业清洁剂清洗一次。

(3) 保龄球及球瓶每周用洗洁精洗一遍，球鞋每隔3天要用紫外线消毒一次，保龄球指标板、护手定期清理，回球机、记分板、座椅应每天清洁。

(4) 每天营业前检查营业用品并补齐，准备充足，与工程维修组人员配合对每条球道进行试打，发现故障要立即维修。

(5) 接待客人时要问清客人的人数，玩多少局(或多少时间)，主动介绍消费价格。若球道已满，应让客人到酒吧休息区等候或介绍推荐其他康乐项目。

(6) 服务员要根据客人鞋号大小租给客人专用鞋并配上一次性袜子。

(7) 服务员引导客人到球道，并为客人开机，调整好电脑记分装置，看管好客人的衣物。

(8) 客人消费时给予适当的技术指导，并及时纠正不正确或危险的动作。

(9) 客人在消费过程中需要饮品等应及时提供并做好记录。

(10) 客人消费完毕，通知收银员结账，并引导客人交回租用物品。

(11) 认真做好交接班工作。

(二) 任职要求

(1) 具备高中及以上学历。

(2) 能够为客人示范打保龄球，了解保龄球的记分方法和游戏比赛规则。

(3) 具有较高的保龄球运动水平，出球动作标准、规范，能够清楚、明确地向客人讲解保龄球运动的基本知识和技法。

(4) 能够维护和保养保龄球器具及设施。

(5) 具备较强的饭店产品推销能力。

(6) 具备较好的人际关系处理能力，善于处理与客人之间的关系。

三、台球领班岗位职责及任职要求

(一) 岗位职责

(1) 负责制订台球厅的工作计划和盈利计划，负责台球厅日常管理工作。

(2) 制订台球厅员工岗位技能培训计划，按照培训计划对员工进行业务培训，不断提高其服务技能。

(3) 安排下属员工的班次，负责布置服务员的工作任务。

(4) 检查台球厅用具的准备情况，及时纠正存在的问题。

(5) 负责检查台球厅经营活动中的对客服务和接待工作，督导员工为客人提供优质服务。

(6) 检查员工的仪容着装、礼节礼貌、劳动态度和工作效率，准确记录员工的考勤情况。

(7) 检查台球厅营业场地、机器设备的卫生清洁情况及安全防范工作，并做出详细记录。

(8) 督导员工按有关操作规程合理使用和保养设备，定期检查台球厅设备、设施使用和保养情况，如有损坏须立即报修，并对维修结果进行检查，确保设备的良好运作。

(9) 维护台球厅的正常营业秩序，排解客人之间可能发生的纠纷，受理台球厅客人的投诉，并及时进行处理，保证营业活动的正常开展。

(10) 负责台球厅的物品领用，填写领用单，经康乐部经理批准后，向仓库领取并做好保管工作。定期向康乐部经理提出台球厅营业用品的申购计划。

(11) 经常对所属员工进行规章制度的培训，做好员工的考核评估工作，并结合考核情况填写员工的过失单和奖励单。

(12) 负责每日召开班前布置会、班后总结会，认真总结服务经验，做好工作记录。严格执行交接班制度。

(13) 贯彻执行上级的指示，保持信息沟通，完成康乐部经理交办的其他工作。

(二) 任职要求

(1) 身体要求：身体健康，体力旺盛，能够适应现代饭店的走动式管理。

(2) 资历要求：从事过台球室的服务工作两年以上，有一定的管理经验。

(3) 专业要求：有较为丰富的台球专业知识和台球服务知识，具有初步的台球室经营管理经验，具备基层领导者应有的管理知识。

(4) 人际交往：能够在员工中树立管理者形象，妥善处理班组成员以及上下级之间的关系，有处理客人投诉的能力。

(5) 学历要求：毕业于中等职业学校饭店服务与管理专业或具有同等学力。

(6) 道德要求：有毅力，坚强，勇于担负责任，有创新精神。

四、台球服务员岗位职责及任职要求

(一) 岗位职责

(1) 具体负责台球厅的接待服务工作，包括领位服务、台球服务、茶点服务、结账服务以及客人在台球厅消费期间的其他服务工作。

(2) 负责台球厅营业场地的卫生清洁保养工作，其范围包括大厅、包房、吧台、卫生间、衣帽间等公共场所。

(3) 负责台球厅营业前的器材和其他物品的准备工作。

(4) 负责向客人推销酒水和佐酒的小食品，适时向客人推荐酒水饮品并能简单介绍各种酒水饮品的特点。

(5) 认真做好营业期间的消防、安全防范工作，注意观察客人的异常情况，发现问题及时逐级汇报。

(6) 及时处理台球厅发生的突发事件。

(二) 任职要求

(1) 能够根据台球厅工作服务规范和服务程序，为客人提供优质的接待服务。

(2) 能够掌握并熟练地为客人示范台球的比赛方法和技巧，讲解台球的计分方法和游戏比赛规则。

(3) 能够及时发现台球厅的设备设施运转中的非正常情况，并采取相应的对应措施。

(4) 能够及时有效地处理台球厅发生的意外事故，并及时向自己的上级领导汇报。

(5) 具有较强的饭店产品推销能力。

(6) 具有较好的人际关系处理能力，能够妥善处理上下级之间的关系，善于处理与客人之间的关系。

五、网球领班岗位职责及任职要求

(一) 岗位职责

(1) 负责制订网球场的营业计划，批准后执行。

(2) 负责制订网球场员工岗位技能培训计划，批准后，协助实施及考核。

(3) 负责网球场管理员、服务员的工作岗位调配，报康乐部主管批准后执行，并转人力资源部备案。

(4) 负责布置网球场管理员和服务员的工作任务。

(5) 记录网球场管理员、服务员的考勤情况。

(6) 填写网球场管理员、服务员的过失单和奖励单，根据权限，按照项目进行处理。

(7) 负责每日召集网球场管理员、服务员进行营业前布置，以及营业后总结。

(8) 负责处理网球场管理员、服务员在工作中出现的争议。

(9) 负责巡视、检查网球场的各项工作。

(10) 向网球场客人说明有关规定和注意事项，劝阻客人的违规行为和不文明举动，维持网球场的正常营业秩序。

(11) 拒绝不符合规定的客人(如醉酒等)进入网球场。

(12) 受理客人对网球场工作人员的投诉，按照规定进行处理。

(13) 根据服务员提供的记录，整理客人消费的账单，按照项目，请客人付款或签单。

(14) 审批机房管理员提出的报修单，检查维修结果，掌握设备运作的状况。

(15) 记录网球场营业状况的流水账，统计每日的营业额以及成本费用。

(16) 学习网球场管理技巧，了解本行业其他饭店网球场的经营状况。

(17) 熟悉网球场各种设备，熟悉网球活动规则。

(二) 任职要求

(1) 具有大专及以上学历，受过网球专业管理培训。懂得网球场地的管理，有丰富的实际操作经验。

(2) 懂得网球场地等设施设备的日常维护保养方法。

(3) 有一定的外语会话能力。

(4) 身体健康，能较长时间地进行体育运动。

六、网球服务员岗位职责及任职要求

(一) 岗位职责

(1) 有一定的外语会话能力，熟练掌握网球场的工作内容，维护工作秩序。

(2) 熟悉网球运动规则，有一定的运动水平，能够熟练提供服务，能够回答和处理客人提出的各种有关问题。

(3) 着网球场工作服上岗，服装颜色、标志醒目，精神饱满，劝阻无关人员参观、拍照。

(4) 准确运用迎接、问候和告别语言。

(5) 负责做出营业日报表。

(6) 负责为客人提供接待、收款、登记、预约和咨询服务。

(7) 负责场地的卫生工作，保证环境清洁、整齐。

(8) 负责酒水饮料销售、补充和申报补充物品工作。

(9) 负责提供球拍、网球、球鞋及有关体育器材的租用服务。

(10) 负责设备的维护工作，网篷破损要及时维修。

(二) 任职要求

(1) 能够根据网球服务工作规范和服务程序，为客人提供优质的接待服务。

(2) 能够为客人做网球运动示范，了解网球的记分方法和游戏比赛规则以及裁判知识。

(3) 能够维护和保养网球运动器械及设备设施，并能够及时发现设备设施在运转中的非正常情况，并采取相应的措施。

(4) 能够及时、有效地处理网球场地内发生的意外事故，并及时向自己的上级领导汇报。

(5) 具有较强的饭店产品推销能力。

(6) 具有较强的人际关系处理能力，能够妥善处理上下级之间的关系，善于处理与客人之间的关系，争取回头客。

七、高尔夫球领班岗位职责和任职要求

(一) 岗位职责

(1) 负责制订高尔夫球场的工作计划和盈利计划。

(2) 制订高尔夫球场员工岗位技能培训计划，按照培训计划对员工进行业务培训，不断提高其服务技能。

(3) 编排服务员、球童的班次，负责布置服务员、球童的工作任务。

(4) 负责检查高尔夫球场经营活动中的对客服务和接待工作。督导员工为客人提供优质服务。

(5) 检查员工的仪容着装、礼节礼貌、工作态度和工作效率。准确记录员工的考勤情况。

(6) 检查高尔夫球场地的卫生清洁情况及安全防范工作，并做出详细记录。

(7) 负责球场设施、设备及球杆的使用管理工作，定期检查保养情况，如有损坏须立即上报，并对维修结果进行检查，确保设备的良好运作。

(8) 维护高尔夫球场的正常营业秩序，协助排解客人之间可能发生的纠纷，受理高尔夫球场客人的投诉，并及时进行处理，保证营业活动的正常开展。

(9) 负责高尔夫球场的物品领用，填写领用单，经康乐部经理批准后，向仓库领取并做好保管工作。定期向康乐部经理提出高尔夫球场营业用品的申购计划。

(10) 经常对所属员工进行规章制度的培训，做好员工的考核评估工作，并结合考核情况填写员工的过失单和奖励单。

(11) 负责每日召开班前布置会、班后总结会。

(12) 贯彻执行上级的指示，保持信息沟通，完成康乐部经理交办的其他工作。

(二) 任职要求

(1) 具有大专以上学历，受过高尔夫球专业管理培训。

(2) 熟练掌握高尔夫球场的工作内容、工作秩序。

(3) 熟悉高尔夫球场各种设备及高尔夫球相关规则。

八、高尔夫球服务员岗位职责和任职要求

(一) 岗位职责

(1) 换好工作服，准时报到上岗。

(2) 打扫场地卫生，日常卫生须在上班后一小时内完成。

(3) 按规格摆出冰柜、球、手套、球鞋等服务用品。

(4) 检查各种客用品有无损坏，严禁出租松动、爆裂的坏杆。

(5) 熟悉高尔夫球的比赛规则，能指导客人正常练球。客人需要陪练时，还须提供陪练服务。

(6) 及时清洁整个高尔夫球场地及附属设施，为客人提供干净、舒心的运动环境。

(7) 迎宾，主动介绍球场规则，根据客人的需要做好登记、收费等工作。

(8) 注意观察客人的运动状态，主动提供技术指导，经常巡查运动场地，及时解决设备问题。

(9) 及时为客人提供饮料服务。

(10) 熟练操作高尔夫球场内的各种设备，并能排除一般故障。

(11) 适时向客人提供面巾，推销酒水和其他用品。

(12) 有客人时及时填写服务记录，如球数、杆数、客人离开时间等。

(13) 客人离开时及时收球、点数，检查租用品是否完好，并清洁干净重新摆好。

(14) 有需要维修的设备、物品，及时报告工程部调度室。

(15) 营业结束时应完成以下工作：

① 填写交班本，注明客情、维修情况，交班本提交康乐中心台班。

② 填写营业报表，一式两份，一份提交财务，一份提交班台。

③ 清场。将球、球杆、手套、球鞋、发球毯、烟灰缸、酒水牌、太阳伞、冰柜、电话等放入工作间，清倒垃圾。

④ 关灯、锁服务台。

⑤ 将钥匙交到康乐中心服务台。

(二) 任职要求

(1) 能够根据高尔夫球场的工作服务规范和服务程序，为客人提供优质的接待服务。

(2) 熟悉高尔夫球运动规则，有一定的运动水平，能够熟练提供陪练服务，能够讲解高尔夫球的记分方法和游戏比赛规则。

(3) 能够及时发现高尔夫球场的设备设施运转中的非正常情况，并采取相应的措施。

(4) 能够及时有效地处理高尔夫球场发生的意外事故，并及时向自己的上级领导汇报。

(5) 具有较强的饭店产品推销能力。

(6) 具有较强的人际关系处理能力，能够妥善处理上下级之间的关系，善于处理与客人之间的关系，争取回头客。

(7) 能够回答和处理客人提出的有关问题。

(8) 能够运用迎接、问候和告别语言。

九、壁球领班岗位职责和任职要求

(一) 岗位职责

(1) 负责壁球场的日常经营活动，设定营业方式，制定排班表，安排服务员和陪打员的工作。

(2) 巡视检查壁球员工执行各项规章制度的情况，执行服务程序和服务规范的情况，设施设备的完好情况，发现问题及时处理。

(3) 根据经营需要协助康乐部经理做好壁球的促销工作。积极组织比赛活动，拟定活动方案，经过相应的审批手续后，做好组织、接待工作。

(4) 做好对下属员工的培训工作。指导实习生和新员工了解和掌握饭店及部门的规章制度，对员工进行服务技能技巧培训，提高员工的素质和能力。

(5) 做好对员工的培养和考核工作，定期做出评价，并提出对员工的任免建议。

(6) 了解和研究壁球的营业情况，控制物品和费用的消耗。提出改进意见，制定改进措施，保证预算指标的完成。

(二) 任职要求

(1) 具有大专及以上学历，受过壁球专业培训。

(2) 懂得壁球球场各种设施设备的使用方法和日常维护保养方法。

(3) 熟悉壁球相关规则。

(4) 有一定的外语会话能力。

十、壁球服务员岗位职责和任职要求

(一) 岗位职责

(1) 具备较强的外语对话能力，礼貌待客，热情主动，为客人提供优质服务。

(2) 负责对客人的接待、收款、登记、预约和咨询工作。

(3) 熟悉场规，掌握一般打球技术，能指导客人进行击球训练。

(4) 执行球场规则，注意客人安全，劝阻无关人员的参观、游览。

(5) 掌握客人动态，有特殊问题及时上报。

(6) 负责场地的卫生工作，保证环境清洁、整齐。

(7) 负责酒水、饮料销售，补充和申报补充物品工作。

(8) 负责提供球拍、球、球鞋及有关体育器材的租用服务。

(9) 负责设备设施的清洁、维护、保养等工作，能做一般性维修。

(10) 负责做营业日报表。

(11) 填写交接班记录，关好电源开关，锁门并按规定上交钥匙。

(12) 完成上级交办的其他各项临时性工作。

(二) 任职要求

(1) 能够根据壁球室服务工作规范和服务程序，为客人提供优质的接待服务。

(2) 能够为客人做壁球运动示范，了解壁球的记分方法和游戏比赛规则以及裁判知识。

(3) 能够维护和保养壁球运动器械及设备设施；能够及时发现设备设施在运转中的非正常情况，并采取相应的措施。

(4) 能够及时有效地处理壁球场地内发生的意外事故，并及时向自己的上级领导汇报。

(5) 具有较强的饭店产品推销能力。

(6) 具有较强的人际关系处理能力，能够妥善处理上下级之间的关系，善于处理与客人之间的关系，争取回头客。

十一、羽毛球(乒乓球)领班岗位职责和任职要求

(一) 岗位职责

(1) 负责召开班组会，在每班上岗之前检查员工的仪容仪表，保证每名上岗员工仪表整洁、着装规范。

(2) 检查指导下属员工的工作进度，服务规范，检查员工各班工作日志，给员工布置各项具体工作。

(3) 每天检查当日各岗位营业收入账单，保证账单填写清楚、准确和规范，账实相符，并配合财务部定期对所属各岗进行财务检查。

(4) 每日对所属各岗位进行不定时巡查，发现问题及时处理。

(5) 在每天营业前检查员工的营业准备工作，保证当天正常营业。

(6) 定期检查羽毛球(乒乓球)室内各种设施设备的运转情况，发现问题及时处理，保证设备的正常运转。

(7) 定期对所属各岗位的客用品进行检查，发现有遗失或破损要及时补充和更换。

(8) 编排下属员工的排班表，确定员工的作息时间，根据各岗位工作时间，对所属人员进行组织调度。

(9) 汇总分析客人的各类意见或建议，定期向上级汇报，并适时提出个人意见。

(10) 检查所属各岗位的卫生清洁工作，保证各岗位环境整洁卫生。

(11) 负责对所属员工进行业务培训，不断提高其服务技能。

(12) 负责所属员工的考评工作，对其工作表现向上级提出自己的意见。

(13) 完成上级交派的其他工作。

(二) 任职要求

(1) 具备大专以上学历，受过羽毛球(乒乓球)专业培训。

(2) 能够做好设施设备的日常维护工作。

(3) 具备用一门外语同客人进行简单交流的能力，客际关系良好。

(4) 身体素质较好，能较长时间地进行体育运动。

(5) 工作年限要求根据饭店实际要求而定。

十二、羽毛球(乒乓球)服务员岗位职责和任职要求

(一) 岗位职责

(1) 按照上级领导的工作安排和指示做好日常服务工作。

(2) 服从上级命令，遵守饭店和部门各项规章制度。

(3) 每日上岗前按岗位要求整理好自己的仪容仪表，检查自己的着装是否规范。

(4) 做好营业的各项准备工作，确保所在岗位正常营业。

(5) 严格按照财务制度做好营业账款的收记清缴工作，保证账目清楚，各类款项不错收、不漏记，并积极配合财务部人员对本岗位进行财务检查。

(6) 严格按照饭店规章制度和服务程序为客人提供服务，尽量满足客人的一切合理要求。

(7) 按照设施设备的保养计划做好所属场地的各种设备的保养工作，并定期检查设备的运行情况，发现问题及时申报维修。

(8) 定期对室内所需用品进行检查，发现有遗失或破损及时向上级报告。

(9) 如客人需要，教给客人必要的击球技巧，尽可能使客人避免受到意外伤害。

(10) 积极参加各类业务知识培训，不断提高技术水平。

(11) 完成上级交派的其他工作。

(二) 任职要求

(1) 具备高中及以上学历。

(2) 能够根据羽毛球(乒乓球)服务工作规范和服务项目，为客人提供优质的接待服务。

(3) 能够为客人做羽毛球(乒乓球)运动示范，了解羽毛球(乒乓球)的记分方法和游戏比赛规则以及裁判知识。

(4) 能够维护和保养羽毛球(乒乓球)运动器械及设备设施，并能够及时发现设备设施在运转中的非正常情况，采取应对措施。

(5) 能够及时、有效地处理羽毛球(乒乓球)场地内发生的意外事故，并及时向自己的上级领导汇报。

(6) 熟悉羽毛球(乒乓球)运动服务的各项规程、羽毛球(乒乓球)活动的特点和基本知识。

(7) 具有较强的人际关系处理能力，善于处理与客人之间的关系。

十三、沙狐球领班岗位职责和任职要求

(一) 岗位职责

(1) 认真落实部门经理下达的工作指令，贯彻饭店及本部门的各项规章制度，保证管辖范围的日常活动正常进行。

(2) 巡视检查下属的出勤情况、工作态度、服务质量及对客关系。坚持现场督导，执行奖罚制度，随时向经理汇报工作情况并提出整改方法及处理意见。

(3) 制定排班表，科学、合理地安排人力，最大限度地提高工作效率。

(4) 考核下属工作情况，按时向部门提供评估报表。

(5) 制订培训计划，按照岗位服务工作规范及工作技能要求培训下属，使之尽快了解和掌握各项规定，提高员工素质。

(6) 根据管辖区服务项目的特点和经营活动中的情况进行客源、客情分析，收集客人意见，改进工作方法，了解专业技术新动向及发展，努力完成部门下达的营业指标任务。

(7) 负责安全检查工作，为客人活动提供优良的设备及良好的环境。

(8) 按时参加部门例会，及时汇报工作，向下传达会议精神，并认真落实。

(二) 任职要求

(1) 具备大专及以上学历。

(2) 了解沙狐球服务规范和质量标准，懂得卫生消毒和安全救护知识。

(3) 有较强的业务指导和组织协调能力。

(4) 有较强的文字和语言表达能力，外语会话流利。

(5) 熟练使用电脑等办公自动化设备及软件。

十四、沙狐球服务员岗位职责和任职要求

(一) 岗位职责

(1) 热情、周到地为客人服务，主动介绍沙狐球的有关知识和技术，进行动作示范。

(2) 在客人提出要求时陪同客人练习或比赛。

(3) 经常巡视各区域，检查客人是否损坏器具，有无违章行为，如发生情况应及时处理。

(4) 负责室内的环境卫生工作。

(5) 提供饮料和其他物品。

(6) 填写服务记录，负责清场工作。

(7) 完成上级交代的其他任务。

(二) 素质要求

(1) 具有高中及以上学历。

(2) 熟悉沙狐球服务规范和工作秩序。

(3) 具有一定的沙狐球技术水平，熟悉沙狐球活动规则，能够提供陪练服务。

(4) 懂得维护和保养沙狐球器具及场地设施。

(5) 具有较强的人际关系处理能力，善于处理与客人之间的关系。

十五、游泳池领班岗位职责及任职要求

(一) 岗位职责

(1) 负责制订游泳池的营业计划，批准后执行。

(2) 负责制订游泳池员工岗位技能培训计划，并协助培训部实施、考核。

(3) 负责救护员、教练员、机房管理员、服务员的工作岗位调配，报康乐部主管批准后执行，并转人力资源部备案。

(4) 负责布置救护员、教练员、机房管理员、服务员的工作任务。

(5) 巡视检查游泳池的各项工作，记录救护员、教练员、机房管理员、服务员的考勤情况。

(6) 填写救护员、教练员、机房管理员、服务员的过失单和奖励单，根据权限，按照项目规定进行处理。

(7) 关心救护员、教练员、机房管理员、服务员的思想、生活、工作。

(8) 负责每日召集救护员、教练员、机房管理员、服务员进行营业前布置、营业后总结。

(9) 负责处理救护员、教练员、机房管理员、服务员在工作中的争议。

(10) 负责巡视、检查游泳池的各项工作。

(11) 向游泳池的客人说明有关规定和注意事项，劝阻客人的违规行为和不文明举动，维持游泳池的正常营业秩序。

(12) 拒绝不符合规定的客人(如醉酒、患有皮肤病等)进入游泳池。

(13) 受理客人对游泳池工作人员的投诉,按照项目规定进行处理。

(14) 根据服务员提供的记录,整理客人消费的账单,按照项目,请客人付款或签单。

(15) 审批机房管理员提出的报修单,检查维修结果,掌握设备运行状况。

(16) 记录游泳池营业情况的流水账目,统计每日的营业额以及成本费用。

(17) 按照工作项目做好与相关部门的横向联系。

(二) 任职要求

(1) 具备大专以上学历。

(2) 有游泳馆管理经验。

(3) 熟悉游泳池各种设备,熟悉游泳池各岗位的工作,掌握一定的救护技术。

(4) 对工作经验年限的要求应依据所属饭店的实际情况而定。

十六、游泳池服务员岗位职责及任职要求

(一) 岗位职责

(1) 每天在对客人开放前要进行池水净化,具体包括吸尘、去除水中杂物,冲洗地面及池边污迹,搞好池内外环境卫生。

(2) 将游泳池四周的咖啡桌、茶几、躺椅等擦洗干净,摆放整齐。

(3) 服务人员引领客人到更衣室更衣,将客人衣服用衣架挂在柜里,鞋袜放入柜内存鞋处,提醒客人锁好柜门,保管好自己的贵重物品,钥匙由客人自己保管。

(4) 给客人发放游泳所需的浴巾、长巾和方巾。

(5) 若客人未带游泳衣裤,向客人推荐饭店康乐部出售的游泳衣裤,并提供周到服务。

(6) 提醒客人注意安全,对不会游泳的客人应进行技术指导。经常在游泳池边观察情况,防止客人发生意外。

(7) 客人游泳结束时,根据时间及酒水消费情况做好结账工作,对于持会员卡的客人也要做好酒水结账工作。

(8) 客人离开游泳池时,要提醒客人带齐自己的随身物品,不要遗留在游泳池、更衣室和淋浴间。

(9) 营业结束时,应按净化池水的程序和原则,向池水中投放净化物及消毒净化物,进行池水净化和消毒。

(二) 任职要求

(1) 能够做好营业前的各项准备工作,包括测试水温、准备租借用品及浴巾、毛巾等。

(2) 能指导客人正确使用游泳池内的各项设备设施。

(3) 能够及时对游泳池内发生的意外情况做出正确的判断和处理。

(4) 能够掌握客人的消费心理,及时为客人提供周到、细致的服务。

(5) 具有较强的饭店康乐产品推销能力。

(6) 具有较强的人际关系处理能力，能够妥善处理上下级之间的关系，善于处理与客人之间的关系及争取赢得客人的满意。

(7) 具有游泳池设施及设备维修保护、清洁卫生和水上救护常识。

(8) 对VIP客人能称呼其姓名或职衔。

十七、健身(瑜伽)房领班岗位职责及任职要求

(一) 岗位职责

(1) 负责定期调查客人对健身(瑜伽)房服务的满意程度，并以报告的形式上交部门领导。

(2) 合理安排并协调所有的巡场教练和专职健身(瑜伽)教练的工作班次与休息日。

(3) 根据VIP客人的意见与健身计划，协助私人教练做好课程安排。

(4) 对于所有新聘任的健身(瑜伽)房员工进行岗前专业培训。

(5) 依据饭店康乐部的相关规章制度，协助领导管理健身房的员工。

(6) 制定并改进合理的健身(瑜伽)房工作项目。

(7) 定期召集本部员工开会，传达俱乐部政策规定和领导的指导意见。

(8) 负责整理健身(瑜伽)房的文档和工作报表，包括与财务部门协调的费用制定和审核预算。

(9) 对健身(瑜伽)房教练的职业水平进行定期业务综合评估，根据评估的结果和工作表现，制定相应的课时佣金和奖惩制度，并严格贯彻执行。

(10) 确保所有健身(瑜伽)房授课设施的清洁卫生及所有设备的维修与保养，以保证健身房运转的正常进行。

(二) 任职要求

(1) 具有大专及以上学历，持有国家颁发的相关职业资格证书。

(2) 懂得设施设备的日常维护保养方法，熟悉健身器械操作规程。

(3) 具有健身(瑜伽)房营业管理知识，有良好的人力资源管理、组织管理、物资管理、设备管理的知识。

(4) 能妥善处理上下级之间的关系，能正确处理客人投诉，保持良好的客际关系。

(5) 有较强的语言表达能力和沟通能力。

(6) 身体健康，仪容整洁，精力充沛。

十八、健身房(瑜伽)服务员岗位职责及任职要求

(一) 岗位职责

(1) 负责健身房的接待服务工作，包括登记、开单、结账服务等。

(2) 负责健身(瑜伽)房营业前器材和其他物品的准备工作，对设施设备进行营业前的安

全检查。

(3) 热情、周到地为客人服务，根据客人需要介绍健身(瑜伽)房运动项目的特点、器材使用方法和各种器材动作示范等，及时劝阻客人的违规行为，确保客人安全。

(4) 密切关注客人在健身(瑜伽)运动过程中的身体状况，发现异常情况应及时采取紧急措施。

(5) 负责健身(瑜伽)房场地、更衣间、淋浴室和健身器材的清洁卫生工作。

(6) 负责运动器材的检查、报修、保养工作，经常擦拭运动器材，保持器械洁净，出租或收回器械时要认真检查质量。

(7) 收集健身(瑜伽)VIP会员的信息，配合领班做好健身会员的资料管理工作。

(8) 认真做好营业期间的消防、安全防范工作，若发现问题必须及时汇报。

(9) 在客人休息期间为客人提供饮品和休闲食品等消费服务。

(10) 完成上级交办的其他工作任务。

(二) 任职要求

(1) 能够根据健身(瑜伽)服务工作规范和服务程序，为客人提供优质的接待服务。

(2) 能够为客人示范各种健身(瑜伽)设施、器械的使用方法。

(3) 能够维护和保养健身(瑜伽)运动器械及设备设施，并能够及时发现运动器械及设备设施在运转中的非正常情况，并采取应对措施。

(4) 能够及时、有效地处理健身(瑜伽)房内发生的意外事故，并及时向自己的上级领导汇报。

(5) 具有较强的饭店健身(瑜伽)项目的推销能力。

(6) 具有较强的人际关系处理能力，能够妥善处理上下级之间的关系，善于处理与客人之间的关系。

(7) 掌握基础的健身(瑜伽)知识。

十九、室内攀岩领班岗位职责及任职要求

(一) 岗位职责

(1) 负责员工考勤，安排员工的工作，带领员工做好室内攀岩活动区域的接待工作。

(2) 检查员工执行岗位职责的情况，处理客人投诉。

(3) 检查场地安全情况，注意客人安全。

(4) 检查球场内各种器械、设施的保养及维护情况，场地如有损坏要及时报请工程部进行维修或保养。

(5) 检查室内攀岩场地的卫生情况，做到环境洁净。

(6) 负责制订球场的设施、器械领用计划，领用的物品要派专人管理好，领用要有详细登记，器械领用要交旧领新。

(7) 注意开好班前班后例会，认真整理工作日记和工作报告。

(二) 任职条件

(1) 具有大专或同等学历。

(2) 具有良好的对客服务及沟通能力。

(3) 熟悉室内攀岩运动器械的使用技巧和方法。

(4) 具有在高星级饭店从事本岗位的相关工作经验。

二十、室内攀岩服务员岗位职责及任职要求

(一) 岗位职责

(1) 按时上下班，做好营业前的准备工作。

(2) 检查安全措施，全面准备安全防护器材，以方便客人的使用。

(3) 主动、热情地迎接客人，用敬语欢迎客人来室内攀岩场锻炼，随时准备为客人服务。

(4) 在客人攀岩前必须按规定协助每位客人做好防护准备，完全符合安全要求后，方可让客人上攀岩场锻炼。

(5) 在服务中主动询问客人的要求，如客人有不懂之处，应主动为其解说并做示范，并向客人推销饮料及其他服务。

(6) 当客人锻炼完毕后，应主动为其结账并征求意见，欢迎客人下次再来。送别客人，整理客人用具，随时做好准备接待下一批客人。

(二) 任职要求

(1) 具有高中以上学历。

(2) 通过饭店初级英语水平达标测试。

(3) 熟悉室内攀岩运动的安全防范措施。

(4) 在高星级饭店从事本岗位1年以上。

二十一、飞镖领班岗位职责及任职要求

(一) 岗位职责

(1) 负责健身房日常工作的安排，设定营业方式，制定排班表。安排员工的工作，并制定较为具体的规章制度。

(2) 了解和研究营业状况，控制物品和费用的消耗，提出工作的改进意见，保证预算营业指标的完成。

(3) 根据经营情况的需要做好营业工作，以保证有较高的营业额。

(4) 检查领班和员工的工作情况，包括规章制度的执行、服务程序和服务规范的贯彻实施、设施设备的运行等。

(5) 做好对员工的培训工作。指导员工了解和掌握饭店及部门的规章制度，对员工进

行服务技能技巧的培训，提高员工的综合素质和综合能力。

(6) 做好对员工的培养和考核工作。适时指导领班的工作，保证员工之间关系的和谐。

(7) 对员工的工作进行观察和考核，定期做出评价，并对员工的任免提出建议。

(二) 任职要求

(1) 具有大专以上学历。

(2) 了解飞镖服务规范和质量标准，懂得卫生消毒和安全救护知识。

(3) 有较强的业务指导和组织协调能力。

(4) 有较强的文字和语言表达能力，外语会话流利。

(5) 熟练使用电脑等办公自动化软件。

二十二、飞镖服务员岗位职责及任职要求

(一) 岗位职责

(1) 掌握飞镖基本操作知识和服务技能，负责客人的接待服务工作，并负责各种单据的保存。

(2) 负责维护飞镖设备的正常运行，如发现问题应及时上报。每天按规定准备好营业用品，需要补充的用品，应及时报告领班申领。

(3) 负责飞镖场地的清洁卫生工作，保持环境的整洁和空气清新，以达到质量标准。

(4) 遵守饭店和康乐部的各项规章制度，按照饭店的规定规范自己的行为。

(二) 任职要求

(1) 具有高中及以上学历。

(2) 能够为客人示范飞镖技巧，了解飞镖的记分方法和比赛规则。

(3) 具有基本的飞镖运动水平，动作标准、规范，能够清楚、明确地向客人讲解飞镖运动的基本知识和技法。

(4) 能够维护和保养飞镖器具及设施。

(5) 具有较强的人际关系处理能力，善于处理与客人之间的关系。

第三节　休闲娱乐类主要岗位职责及任职要求

一、卡拉OK领班岗位职责及任职要求

(一) 岗位职责

(1) 负责制订卡拉OK厅的工作计划和盈利计划，负责卡拉OK厅的日常管理工作。

(2) 制订卡拉OK厅员工岗位技能培训计划，按照培训计划对员工进行业务培训，不断提高其服务技能。

(3) 安排下属员工的班次，负责布置服务员的工作任务。

(4) 负责检查卡拉OK厅经营活动中的对客服务和接待工作。营业中不断巡视各区域的运作情况，督导员工为客人提供优质服务。

(5) 检查员工的仪容仪表、礼节礼貌、劳动态度和工作效率，准确记录员工的考勤情况。

(6) 检查卡拉OK厅营业场地、机器设备等环境卫生清洁情况及安全防范工作，并根据检查情况做出详细记录。

(7) 定期检查卡拉OK厅设备、设施使用和保养情况，如有损坏须立即报修，并对维修结果进行检查，确保设备的良好运作。

(8) 协助保安维持卡拉OK厅秩序，劝阻客人的违规行为和不文明举动，受理客人的投诉并及时进行处理，保证营业活动的正常开展。

(9) 负责卡拉OK厅的物品领用，填写领用单，经康乐部经理批准后，从仓库领取并做好保管工作。定期向康乐部经理提出卡拉OK厅营业用品的申购计划。

(10) 经常对所属员工进行规章制度的培训，做好员工的考核评估工作，并结合考核情况填写员工的过失单和奖励单。

(11) 负责每日召开班前布置会、班后总结会，认真总结服务经验，做好工作记录，并严格执行交接班制度。

(12) 贯彻执行上级的指示，保持信息沟通，完成康乐部经理交办的其他工作。

(二) 任职要求

(1) 具有大专及以上学历，具备娱乐场所经营管理知识。

(2) 熟练操作各种设备，具有做好设施设备检查、调试、清洁和掌握质量标准的能力。

(3) 能妥善处理上下级成员间的关系，能正确处理客人投诉，保持良好的客际关系。

(4) 能够指导客人进行娱乐活动，有示范能力。

(5) 语言清晰规范，外语会话流利，有一定的文字表达能力。

(6) 身体健康，能适应夜班工作。

二、卡拉OK服务员岗位职责及任职要求

(一) 岗位职责

(1) 按时上班，服装穿着整齐，保持良好的精神面貌。

(2) 准时开例会，接受上级领导的工作安排。

(3) 做好营业前的厅房卫生及一切准备工作。

(4) 与厅房DJ密切配合，按照服务程序为客人提供优质的服务，认真填写饭店KTV服务卡。

(5) 积极参加部门培训，不断增强自身素质和业务技能。

(6) 各项服务工作应做到迅速、准确。

(7) 严格执行政府部门有关娱乐业的规定，维护娱乐场所的秩序。

(8) 负责设备设施的日常清洁卫生和维护保养，发现损坏时，要及时报修。

(9) 按要求在客人到来之前准备好各种服务用品，调试好设备。

(10) 按服务标准为客人提供酒水、食品、点歌、送花等服务。

(11) 发现客人遗忘物品，要及时报告管理员，并尽早归还原主。

(12) 做好交接记录，做好上级安排的其他临时性工作。

(二) 任职要求

(1) 具备良好的职业道德，严格按照工作岗位的程序和标准为客人服务，坚持正确健康的经营方向。

(2) 具备良好的文明素质，包括端庄大方的仪容仪表，礼貌得体的语言艺术，亲切文雅的行为举止，丰富高雅的文化修养等。

(3) 具备娴熟的技能技术。服务员能熟练地操作、使用各种设施、设备，这样才能够为客人提供优质、满意的服务。

(4) 具备较强的综合能力，包括自我控制能力、人际交往能力、推销能力和应变能力等。

(5) 具备良好的心理素质。KTV岗位工作时间较长，容易产生厌倦与烦躁感，同时还要接受来自客人的各种要求，这就要求员工具备很强的心理承受能力。

(6) 具备驾驭自如的语言能力，能够运用恰当的言语与客人沟通并化解矛盾。

(7) 具备较强的记忆能力，能够记住客人对KTV点唱及相关的各类要求，不应出现任何遗忘，最大限度地赢得客人满意。

(8) 具备敏锐的观察能力，善于观察客人身份、外貌，从中捕捉客人的服务需求，善于观察客人的心理状态和情绪。

(9) 具有一定的推销能力。

三、舞厅领班岗位职责及任职要求

(一) 岗位职责

(1) 制订舞厅的日常营业及服务工作计划，并组织实施。

(2) 检查各项设施设备的运行情况，发现损坏须及时上报，并进行处理。

(3) 检查走廊、营业厅和卫生间的卫生情况。

(4) 协助保安维持歌舞厅秩序，确保娱乐服务工作的正常进行。

(5) 根据歌舞厅的经营需要，提出营业用品申购计划，并负责所需用品数的核对及领用工作，控制营业成本。

(6) 进行工作总结，执行奖惩制度。

(7) 每天提前上岗，检查员工仪容、仪表并做好营业前的准备工作。

(8) 组织及指导歌舞厅员工的对客服务与接待工作，确保为客人提供满意的服务。

(9) 接待和处理舞厅客人的投诉，尽量满足客人提出的合理要求。

(10) 随时收集与征求客人对舞厅服务的意见和建议，并提出改善方案。

(11) 布置员工工作，制定排班表。

(12) 做好歌舞厅员工的考勤及绩效评估工作，及时掌握员工的思想状况、工作表现和业务水平等情况。

(13) 根据培训计划，对舞厅员工开展岗位技能培训。

(二) 任职要求

(1) 具有大专及以上学历，具备娱乐场所经营管理知识。

(2) 熟练操作各种设备，具有做好设施设备检查、调试、清洁和掌握质量标准的能力。

(3) 能妥善处理上下级成员间的关系，能正确处理客人投诉，保持良好的客际关系。

(4) 能够指导客人娱乐活动，有示范能力。

(5) 语言清晰规范，外语会话流利，有一定的文字表达能力。

(6) 身体健康，能适应夜班工作。

四、舞厅服务员岗位职责及任职要求

(一) 岗位职责

(1) 提前半小时到岗，按指定服务区域各就各位。

(2) 认真做好舞厅营业前的准备与检查工作，补充营业前的各类用品和用具。

(3) 适时推销。根据客人的需要及时提供酒水、食品及其他服务，记录客人所点的酒水及食品，并将客人的消费单转交相关部门。

(4) 随时为客人清理台面，根据客人的需要及时提供斟酒、更换烟盅等服务。

(5) 检查舞厅的各项设备、设施，如有问题应及时上报领班，由领班报修或更换。

(6) 熟悉歌曲、歌手名称以及影碟、唱片等音像制品的正确使用方法和保管要求。

(7) 熟悉舞厅中音响设备的性能及话筒使用技巧，如出现故障须立即向音控DJ房汇报并要求及时维修或处理。

(8) 负责客人走后的舞厅卫生清洁工作并协助保安员做好安全防范工作。

(二) 任职要求

(1) 具有高中及以上学历，受过舞厅服务专业训练，具备良好的心理素质。

(2) 熟悉舞厅的基本知识和服务程序，熟悉各种酒水知识。

(3) 掌握舞厅的服务技能，能为客人提供标准化的服务。

(4) 掌握舞厅音响设备的使用方法及话筒使用技巧。

(5) 善于与客人相处，人际关系良好。

(6) 具有一定的推销能力。

(7) 身体素质好，能长时间站立服务，能适应夜间服务工作。

五、棋牌室领班岗位职责及任职要求

(一) 岗位职责

(1) 根据营业情况，定期制订棋牌室的各项工作计划并组织实施。

(2) 掌握棋牌室所备棋具、牌具的使用状况，如缺少应及时申购。

(3) 巡视、检查棋牌室的各项工作，每天至少抽查4间棋牌包厢的卫生和安全防范情况。

(4) 监督、检查棋牌室的环境质量、服务质量，以及服务员的仪容仪表、纪律行为、工作秩序等。

(5) 记录棋牌室营业状况的流水账，统计日营业额、日常消耗及成本费用，每周上交康乐部经理一份营业总结。

(6) 按月、按年盘点本部门的固定资产及统计各项费用。

(7) 学习棋牌室的管理技巧，了解本行业其他棋牌室的经营状况，并提出合理化建议。

(8) 组织、检查棋牌室的对客服务与接待工作，确保为棋牌室客人提供令其满意的服务。

(9) 组织下属员工做好VIP客人的接待工作。

(10) 受理客人的投诉，并按照相关程序与规范及时处理。

(二) 任职要求

(1) 具有大专以上学历，具备娱乐场所经营管理知识。

(2) 熟悉棋牌室各种设备及各类棋牌游戏规则。

(3) 具有较强的人际关系处理能力，善于处理与客人之间的关系。

(4) 懂得棋牌室的管理技巧。

六、棋牌室服务员岗位职责及任职要求

(一) 岗位职责

(1) 服从上级命令，遵守饭店和部门各项规章制度。

(2) 每日上岗前按岗位要求整理好自己的仪容仪表，检查自己的着装是否规范。

(3) 做好棋牌室的卫生清洁工作，保持棋牌室的整洁、卫生。

(4) 严格按照饭店规章制度和服务程序为客人提供服务，尽量满足客人的一切合理要求。

(5) 严格按照财务制度做好营业账款的收记清缴工作，保证账目清楚。各类款项做到不错收、不漏记，并积极配合财务部人员对本岗位进行财务检查。

(6) 对住店客人租用棋牌类游戏用品要严格登记，并按饭店规定收取租借费用。

(7) 热情服务，礼貌待客。

(8) 禁止以各种方式向客人索要小费。

(9) 认真听取客人意见，整理好工作日志，发现问题及时处理，对当时难以处理的问题要及时向上级领导报告，并提出个人的解决建议。

(10) 完成上级交派的其他相关工作。

(二) 任职要求

(1) 根据棋牌室工作服务规范和服务程序，为客人提供优质的接待服务。

(2) 掌握并熟练使用棋牌室内的各种设备设施。

(3) 为客人示范、讲解各种棋牌类游戏的操作方法和比赛记分规则。

(4) 及时、有效地处理棋牌室内发生的各种意外、突发事件，并及时向自己的上级领导汇报。

(5) 具有较强的饭店产品推销能力。

(6) 具有较强的人际关系处理能力，善于处理与客人之间的关系，最大限度地满足客人的合理要求。

七、电玩游戏领班岗位职责及任职要求

(一) 岗位职责

(1) 负责制订游艺厅的工作计划和盈利计划，负责游艺厅的日常管理工作。

(2) 制订游艺厅员工岗位技能培训计划，按照培训计划对员工进行业务培训，不断提高其服务技能。

(3) 安排下属员工的班次，负责布置服务员的工作任务。

(4) 负责检查游艺厅经营活动中的对客服务和接待工作，督导员工为客人提供优质服务。

(5) 检查员工的仪容仪表、礼节礼貌、劳动态度和工作效率，准确记录员工的考勤情况。

(6) 检查游艺厅营业场地、机器设备等环境卫生清洁情况及安全防范工作。

(7) 对检查情况做出详细记录。

(8) 定期检查游艺厅设备、设施的使用和保养情况，如有损坏须立即报修，并对维修结果进行检查，确保设备的良好运作。

(9) 协助保安维持游艺厅的正常营业秩序，劝阻客人的违规行为和不文明举动，受理客人的投诉并及时进行处理，保证营业活动的正常开展。

(10) 负责游艺厅的物品领用，填写领用单，经康乐部经理批准后，向仓库领取并做好保管工作。定期向康乐部经理提出游艺厅营业用品的申购计划。

(11) 按照工作程序做好与相关部门的横向联系工作。

(12) 根据游艺厅的工作情况及市场情况，适时地提出游艺项目的更新计划，并上交康乐部经理审批。

(13) 经常对所属员工进行规章制度的培训，做好员工的考核评估工作，并结合考核情况填写员工的过失单和奖励单。

(14) 负责每日召开班前布置会、班后总结会，认真总结服务经验，做好工作记录，严格执行交接班制度。

(15) 贯彻执行上级的指示，保持信息沟通，完成上级交办的其他工作。

(二) 任职要求

(1) 具有大专及以上学历。

(2) 熟练操作游艺厅各种设备并且熟悉各类游戏规则。

(3) 具备游艺厅营业管理知识。

(4) 能妥善处理上下级和部门成员间的关系，能正确处理客人投诉，保持良好的客际关系。

八、电玩游戏服务员岗位职责及任职要求

(一) 岗位职责

(1) 熟悉游戏机室的服务特点和服务程序，具体负责所管游戏机的接待服务和使用保养以及简单的故障排除。

(2) 负责游戏机室的清洁卫生工作，在领班的督导下做好环境卫生和设备卫生工作，保持环境整洁、空气清新，符合质量标准。

(3) 负责维护游戏机的正常运行，发现问题及时向上级汇报。

(4) 负责营业前的各项准备工作，每天按时准备好各项营业用品，如需补充应及时申领，保证营业期间的供应。

(5) 随时注意现场的活动情况，避免意外事故的出现。

(6) 在客人间歇期间，为客人提供饮料和休闲食品以及其他服务。

(7) 认真执行饭店的交接班制度，做好交接班工作记录。

(二) 任职要求

(1) 根据游戏机室的工作服务规范和服务程序，为客人提供优质的接待服务。

(2) 掌握并熟练使用各种游戏机设备。

(3) 为客人示范、讲解各种游戏机的操作方法和记分规则。

(4) 及时、有效地处理游戏机室内发生的各种意外、突发事件，并及时向自己的上级领导汇报。

(5) 具有较强的饭店产品推销能力。

(6) 具有较强的人际关系处理能力，能够妥善处理上下级之间的关系，善于处理与客人之间的关系，争取回头客。

九、酒吧领班岗位职责及任职要求

(一) 岗位职责

(1) 保证酒吧处于良好的工作状态。

(2) 正常供应各类酒水，做好销售记录。

(3) 督导下属员工努力工作，做好员工激励，充分调动员工的工作热情。

(4) 负责各种酒水服务，熟悉各类酒水的服务程序和酒水价格。

(5) 根据销售需要保持酒吧的酒水存货。

(6) 负责各类宴会的酒水预备和各项准备工作。

(7) 管理及检查酒水销售时的开单、结账工作。

(8) 控制酒水损耗，减少浪费，防止失窃。

(9) 指导下属员工做好各项准备工作。

(10) 检查每日工作情况，做好员工考勤，合理安排下属员工工作，防止出现岗位缺人的情况。

(11) 分派下属员工工作。

(12) 检查仓库酒水存货状况。

(13) 处理客人投诉，调解员工纠纷并及时汇报上级。

(二) 任职要求

(1) 具有大专以上文化程度，具备一定的英语会话能力。

(2) 通晓饭店内服务的标准和要求，了解酒水服务的过程和要求。

(3) 通晓酒单所包含的全部内容，包括名称、价格和产地等，能够与客人保持良好关系。

(4) 有能力督导下属员工按标准进行工作。

十、酒吧服务员岗位职责及任职要求

(一) 岗位职责

(1) 在酒吧范围内招呼客人。

(2) 根据客人的要求填写酒水单，到吧台取酒水，并负责为客人结账。

(3) 按客人要求供应酒水，提供能令客人满意而又恰当的服务。

(4) 做好营业前的一切准备工作，保持酒吧的整齐、清洁。

(5) 清理垃圾及客人用过的杯、碟并送到洗碗间彻底清洗。

(6) 熟悉各类酒水特点、各种杯子类型，熟悉各类酒水的价格以及服务程序和要求。

(7) 协助调酒师清点存货，做好销售记录。

(8) 协助相关人员填写酒吧用的各种表格。

(9) 清理酒吧内的设施，如吧台、椅子等。

(二) 任职要求

(1) 具有高中以上文化程度。

(2) 了解酒单内容，具备丰富的酒水知识和服务知识。

(3) 了解为客人提供服务的程序，善于实际操作。

(4) 具有针对酒吧服务的基本英语会话能力。

(5) 能够礼貌、得体地为客人提供酒水服务。

第四节 保健养生类主要岗位职责及任职要求

一、SPA水疗领班岗位职责及任职要求

(一) 岗位职责

(1) 依据水疗部门的经营计划，结合饭店经营总目标，拟定本部门的目标与工作计划，并随时予以追踪、控制，以便有效地执行。

(2) 完成水疗的日常工作计划、组织和控制工作，并传达饭店例会决议及上级下达的经营管理指令。

(3) 制订水疗营销计划及销售策略，对水疗的营销策略提出合理化的建议。

(4) 对销售部人员进行合理分配，布置工作并保证部门工作正常运行。

(5) 组织人员进行市场调查，收集外部信息，认真做好市场分析报告，为销售工作提供准确、详细的基本数据。

(6) 负责制定及完善销售部的各项规章制度，改进服务方法和优化工作流程。

(7) 协调各方面的关系，力求工作有序、高效地运行。

(8) 做好销售业绩的日、周、月报告工作。

(9) 指导部门建立健全客人档案，完善部门其他工作文档资料。

(10) 督导部门员工工作，确保工作质量、工作流程及各项工作的落实，并对下属进行考核、评估，实行奖罚制度。

(11) 定期对部门员工进行培训，确保为客人提供优质服务。

(二) 任职要求

(1) 具有大专以上学历，服务类相关专业毕业。

(2) 具有同行业或饭店两年以上从业经验，熟悉SPA服务的各个流程。

(3) 具有较强的沟通能力和执行力。

二、SPA水疗服务员岗位职责及任职要求

(一) 岗位职责

(1) 按时上班，仪容、仪表整洁大方，保持良好的精神状态。

(2) 具有娴熟的沟通技巧和销售技巧。

(3) 能够加强与休息厅服务员的沟通，全方位配合休息厅服务员做好服务工作。

(4) 引导客人进入休息厅、按摩区、康乐区等部门，并直接做好各部门服务交接以及送客工作。

(5) 收集并处理客人的各类投诉、意见及建议。

(6) 按领班的指令完成接待、沟通和咨询工作。

(7) 推荐水疗项目产品，介绍其用途，销售会员卡，建立良好的饭店形象。

(8) 与客人保持正常、健康的关系，进行广泛交流和心理沟通。

(9) 遵守饭店及部门各项纪律制度，严格执行操作服务规范以及其他规范。

(10) 熟悉各区域设施、设备的使用，达到细节服务要求。

(11) 建立客人的完整信息档案，以便更好地提升服务质量和销售业绩。

(二) 任职要求

(1) 具有高中以上学历，接受过SPA服务方面的专门训练。

(2) 具有良好的语言表达能力，能够与客人进行有效沟通。

(3) 熟知SPA服务项目和资费标准。

三、保健按摩领班岗位职责及任职要求

(一) 岗位职责

(1) 在康乐部经理的指导下，定期制订按摩室工作计划。

(2) 检查按摩室营业用品的使用情况，填写按摩室所需营业用品的申购单，并交康乐部经理审核。

(3) 负责按摩室各项设备、设施的使用管理工作，定期检查其保养情况，如有损坏立即上报。

(4) 检查按摩室的卫生清洁工作。

(5) 组织按摩室员工做好对客服务工作。

(6) 监督及检查按摩室员工的服务质量，发现问题及时处理。

(7) 处理客人对按摩室的投诉，尽量满足客人的合理要求。

(8) 编制按摩师、足疗师、钟房服务员、按摩室服务员的每周排班表。

(9) 依照部门培训计划，对按摩室员工开展技能培训。

(10) 记录下属员工的考勤情况，并考核其工作。

(二) 任职要求

(1) 具有大专及以上学历，受过服务业按摩专业训练，熟悉按摩管理的各项规章制度。

(2) 熟悉卫生保健知识，熟悉按摩推拿知识，掌握人体肌肉结构和骨骼组织结构。

(3) 掌握和正确运用按摩的整套程序及各种指法。

(4) 具有一定的组织管理能力和文字表达能力，能与客人沟通并处理日常投诉问题。

四、保健按摩服务员岗位职责及任职要求

(一) 岗位职责

(1) 检查按摩室用品的准备情况及卫生状况。

(2) 及时补充不足，做好迎客准备。

(3) 根据钟房的安排，将客人带入按摩室。

(4) 根据客人需要适时推销，为客人提供饮料服务，并做好消费记录。

(5) 按摩结束后，将客人送走。

(6) 及时整理客人使用过的房间，并更换用过的布巾类等客用物品。

(7) 认真检查及保养按摩室的设备、设施，若发现问题及时上报。

(8) 及时将客人的酒水消费记录递交给收银员。

(9) 时刻保持按摩室的清洁卫生。

(二) 任职要求

(1) 具有高中及以上学历，有一定的外语会话能力。

(2) 能够根据按摩室服务工作规范和服务程序，为客人提供优质的接待服务。

(3) 能够维护和保养按摩室器械及设备设施。

(4) 具有较强的饭店产品推销能力。

(5) 具有较强的人际关系处理能力，善于处理与客人之间的关系。

五、桑拿浴室领班岗位职责和任职要求

(一) 岗位职责

(1) 熟悉桑拿浴服务的各项规程以及桑拿浴的特点和基本知识。

(2) 负责桑拿浴服务的预订、开单、接待工作。

(3) 负责桑拿浴营业场所的环境卫生清洁工作，保持卫生整洁，使其各项卫生指标达到规定的标准。

(4) 负责营业前的各项准备工作，每天按时准备好各项营业用品，如需补充，应及时申领，保证营业期间的供应。

(5) 调节好室温和蒸汽密度。

(6) 负责维护保养桑拿浴的设备设施，保证其运转正常。

(7) 主动向客人提供浴巾、香皂、拖鞋和一次性短裤等用品。

(8) 客人进入桑拿浴室时，主动询问客人室温及蒸汽密度是否舒适，并按客人要求，调节到客人满意为止。

(9) 向客人讲明注意事项，提醒客人注意安全。

(10) 做好每一位客人进入桑拿浴室的时间记录，以防止长时间使用引起缺氧昏迷的事

故发生。

(11) 每天对按摩池水质取样化验，确保pH值符合标准。

(12) 经常检测桑拿浴室的温度和按摩池的水温，确保达到规定标准。

(13) 在客人休息期间，为客人提供饮料和休闲食品以及其他服务。

(14) 每天营业前和下班前清点布巾类用品并做好数量记录。

(15) 认真执行饭店的交接班制度，做好交接班工作记录。

(二) 任职要求

(1) 具有大专及以上学历，具有组织管理能力。

(2) 能够为客人示范各种设施的使用方法。

(3) 能够维护和保养桑拿浴室内的设备设施，能够及时发现设备设施在运转中的非正常情况，并采取相应的应对措施。

(4) 能够及时、有效地处理桑拿浴室内发生的意外事故，并及时向自己的上级领导汇报。

(5) 具有较强的饭店产品推销能力。

(6) 具有较强的人际关系处理能力，能够妥善处理上下级之间的关系，善于处理与客人之间的关系，争取回头客。

(7) 能够根据桑拿浴室服务工作规范和服务程序，为客人提供优质的接待服务。

六、桑拿浴室服务员岗位职责和任职要求

(一) 岗位职责

(1) 负责制订桑拿房的工作计划和盈利计划，负责桑拿房的日常管理工作。

(2) 制订桑拿房员工岗位技能培训计划，按照培训计划对员工进行业务培训，不断提高其服务技能。

(3) 安排下属员工的班次，负责布置服务员的工作任务。

(4) 负责检查桑拿房经营活动中的对客服务和接待工作，督导员工为客人提供优质服务。

(5) 检查员工的仪容仪表、礼节礼貌、劳动态度和工作效率，准确记录员工的考勤情况。

(6) 检查桑拿房营业场地、机器设备的卫生清洁情况及安全防范工作，并根据检查结果做出详细记录。

(7) 督导员工按有关操作规程合理使用和保养设备，定期检查桑拿房设备、设施的使用和保养情况，如有损坏须立即报修，并对维修结果进行检查，确保设备的良好运作。

(8) 受理桑拿房客人的投诉，并及时进行处理，保证营业活动的正常开展。

(9) 负责桑拿房的物品领用，填写领用单，经康乐部经理批准后，向仓库领取并做好保管工作。定期向康乐部经理提出桑拿房营业用品的申购计划。

(10) 经常对所属员工进行规章制度的培训，做好员工的考核评估工作，并结合考核情况填写员工的过失单和奖励单。

(11) 负责每日召开班前布置会、班后总结会，认真总结服务经验，做好工作记录，严

格执行交接班制度。

(12) 贯彻执行上级的指示，保持信息沟通，完成康乐部经理交办的其他工作。

(二) 任职要求

(1) 具备高中以上学历，受过桑拿房管理专业培训。

(2) 懂得设施设备的日常维护保养方法。

(3) 具备较丰富的桑拿专业知识和物资管理、设备管理的知识。

(4) 能妥善处理上下级和部门成员间的关系，能正确处理客人投诉，保持良好的客际关系。

(5) 有较强的文字和语言表达能力，有一定的外语会话能力。

(6) 身体健康，精力充沛。

(7) 了解有关浴场服务方面的法律法规。

七、美容美发室领班岗位职责及任职要求

(一) 岗位职责

(1) 负责召开部门例会，在每班上岗之前检查员工的仪容仪表，保证每名上岗员工仪表整洁、着装规范。

(2) 检查指导下属员工的工作进度、服务规范，检查员工各班工作日志，给员工布置各项具体工作。

(3) 每天检查当日各岗位营业收入账单，保证账单填写清楚、准确和规范，确保账实相符，并配合财务部定期对所属各岗进行财务检查。

(4) 定期对美容美发厅的客用品进行盘查，发现缺损及时领补。

(5) 在每天营业前检查员工的营业准备工作，保证当天正常营业，补充当日所需的化妆品并登记入账。

(6) 编制下属员工的排班表，确定员工的作息时间。

(7) 汇总分析客人的各类意见或建议，定期向上级汇报，并适时提出个人合理化建议。

(8) 检查美容美发厅内的卫生清洁工作，保证室内环境的整洁、卫生，并定期检查美容美发设备，督促员工做好消毒处理。

(9) 负责对所属员工进行业务培训，不断提高其服务技能。

(10) 礼貌劝阻个别客人的不文明行为，维护美容美发厅内的秩序和气氛，对客人提出的不合理要求要婉言拒绝。

(11) 负责所属员工的考评工作，对其工作表现提出自己的意见。

(12) 完成上级交派的其他工作。

(二) 任职要求

(1) 具有大专以上学历，接受过美容美发服务方面的专门培训。

(2) 具备美容美发管理、心理学、市场营销学等方面的知识。

(3) 熟识饭店康乐部美容美发服务项目和标准。

(4) 具有一定的组织及管理能力，能够激发美容美发员工的积极性和主动性。

(5) 对工作经验年限的要求应依据所属饭店的实际情况而定。

八、美容美发室服务员岗位职责及任职要求

(一) 岗位职责

(1) 必须穿着整洁的制服，注重自己的仪表，处处给客人以"美"的享受。

(2) 营业前，把美容室的器材调试好，清洁并消毒。提前做好一切准备工作，以迎候客人到来。

(3) 认真执行饭店各项制度规定和本岗位责任制的各项内容，严格遵守操作规程，做好本职工作。

(4) 服务热情、周到，服务用语恰当，既要提高工作效率，又要保证服务质量，不得冷落客人。

(5) 工作时间坚守岗位，不擅自脱岗。保持室内及个人卫生，确保衣帽整洁、干净，上班前不吃异味食物。毛巾、剪刀等物品要坚持用后消毒。

(6) 美发室所有设备、物品应建账登记，妥善保管。现金收入要逐笔记账，当天收的现金要当天交到财务部。

(7) 提高警惕，认真做好防火、防盗、防破坏工作，下班前应检查总电源是否切断，避免火灾事故的发生。

(二) 任职要求

(1) 具有高中以上学历，接受过美容美发方面的专门培训。

(2) 身体健康，五官端正。

(3) 了解有关美容美发服务的法律法规。

(4) 具有良好的语言和沟通能力，能够与客人进行有效交流。

(5) 熟悉美容美发服务项目和标准。

(6) 对工作经验年限的要求应依据所属饭店的实际情况而定。

九、氧吧领班岗位职责及任职要求

(一) 岗位职责

(1) 按照氧吧管理要求，负责完成氧吧各项工作计划及工作安排。

(2) 每天都要制订并且实施各项工作安排和计划，监督其实施情况。

(3) 按照氧吧制度要求，做好氧吧新员工岗前及岗中培训工作。

(4) 对员工进行合理的工作分配,并予以严格、细致的监督。

(5) 负责做好本部门员工工作成绩的统计和核对工作。

(二) 任职要求

(1) 具有大专以上学历,英语会话能力较强。

(2) 掌握氧吧的服务方式和方法。

(3) 能够熟练制作各类营业报表。

(4) 熟知饭店的规章制度。

(5) 具有较强的管理能力和组织能力。

十、氧吧服务员岗位职责及任职要求

(一) 岗位职责

(1) 每天须提前15分钟上班,做好接班的各类准备工作。

(2) 严格执行卫生法及食品法的相关规定。

(3) 掌握销售情况,每天填好领料单,领取当天所需物品,领料时要当面验收,如出现短缺应赔偿。

(4) 清洗、清理吧台内各器具以及做好其他清洁工作。

(5) 认真做好营业时间所需各种物品的准备工作。

(6) 保持工作场地的卫生整洁,用过的器具必须及时清洗,每逢周一、周五进行全面消毒。

(7) 各类商品、物品需陈列整齐、摆放合理,确保干净卫生、无油渍、无灰尘。

(8) 熟悉出售的所有物品的名称及价格,保管好工作间的物品,以防止丢失、变质、腐烂。

(9) 保持良好的工作态度,礼貌对待吧台前的每一位来宾。

(10) 降低消耗,节支增收,合理控制成本,正确使用各种设备、器具,减少其损耗。

(11) 做好安全防范工作,经常检查水、电是否关闭,如出意外应及时处理,同时迅速向上级报告。

(12) 吧台必须做到见单出品,不允许无单据和私自拿出任何物品,更不允许偷吃客人所消费物品。

(13) 做好当天的销售工作,领取物品统计报表上交财务。

(14) 认真做好每项交接班工作,记录出现的各种问题,双方签名方可交接。

(二) 任职要求

(1) 了解为客人提供服务的程序,善于实际操作。

(2) 具备氧吧服务基本英语会话能力。

(3) 具有高中以上文化程度。

(4) 能够大方、礼貌、得体地为客人提供氧吧服务。

(5) 具备一定的医疗保健常识。

十一、足疗领班岗位职责及任职要求

(一) 岗位职责

(1) 协助主管做好本部门的日常管理工作。

(2) 了解部门运作，主管休假时行使主管权责，安排各项服务工作并负责迎宾及安排包房。

(3) 监督技师上钟时各项服务是否有违规现象并及时指正，事后报告主管，根据具体情况给予相应处罚。

(4) 具备较高水平的足疗技术，定期给技师做培训。

(5) 了解部门各种足疗用品的使用和库存情况。

(6) 善于与员工沟通，了解员工心理并及时向上级反馈员工意见，降低员工离职率。

(7) 善于与顾客沟通，听取顾客意见及建议并反馈上报，以便公司对经营方针和经营策略做相应调整。

(8) 督促部门卫生检查工作。

(9) 督促并检查本部门节能工作。

(10) 督促并检查本部门设施设备完好情况，如有异常及时报修和提出更新添置意见。

(二) 任职要求

(1) 具有大专以上学历。

(2) 从事足疗工作3年以上，熟练掌握足疗各项技术。

(3) 具备相当的培训能力，负责新技师的培训工作。

(4) 具备一定的管理能力，工作中能起带头作用。

(5) 有敬业精神，热爱本职工作。

十二、足疗服务员岗位职责及任职要求

(一) 岗位职责

(1) 与客户讨论他们的医疗史和压力或疼痛造成的病情，决定如何按摩才能达成最好效果。

(2) 提供高质量的身体按摩或足疗服务。

(3) 使用补充辅助技术，例如红外线灯、湿敷料、冰块和旋流温水浴等，以促进患者康复、放松和健康。

(4) 为客户提供改善姿势、伸展、用力、放松和复健运动等技巧的指引和资讯。

(5) 微笑迎接和迎送客人，恰当处理客人投诉，确保客人满意。

(6) 准备充足的护理用具、用品，并时刻保持整洁。

(7) 积极了解、学习(足疗)按摩方面的最新知识和技能。

(二) 任职要求

(1) 具有一定的工作经验和从业资格证书。

(2) 具备按摩、护理方面的完备知识。

(3) 具有良好的职业素质和专业素养。

(4) 具有良好的身体素质。

(5) 具有良好的沟通能力，能倾听顾客的要求和建议。

(6) 对所有的按摩(足疗)专业知识和技术有一定的了解。

本章小结

本章首先介绍了康乐组织机构设置的基本原则：专业化分工协作的原则、适应经营任务的原则、垂直统一领导的原则和因才用人的原则。其次，介绍了康乐部常见的组织形式。康乐部作为饭店的重要业务部门，一般作为一个独立的服务部门或隶属于某个部门，其设置的原则与其他部门基本相同，但应与饭店自身规模、档次和经营理念相适应。通常而言，康乐部的常见组织形式有独立成部和隶属他部两种形式。再次，介绍了康乐部经理、副经理和主管等中高级管理岗位的职责和任职要求。最后，详细介绍了康体运动、休闲娱乐和保健养生各领班和服务人员的岗位职责和任职要求。通过本章的学习，可对康乐部所有岗位的职责和任职要求有较清晰的认识和了解，为更好地开展对客服务明确了具体的方向。

知识链接

康乐部员工当日工作情况汇报一览表见表2-1。

表2-1　康乐部员工当日工作情况汇报一览表

年　月　日

项目 ＼ 内容	上班时间	姓名	下班时间	姓名
考勤				

钥匙物品交样情况	早班		中班		夜班	
	交收		交收		交收	
	备注		备注		备注	

（续表）

检查情况	设备设施检查	
	电源切断	
	门窗检查	
	消防安全	
	客人活动意见反馈	
	若其他项目有问题请注明	

填写人： （当班服务员）

联数：一式一联。

用途：用于记录当日工作情况并汇报。

注：若无任何问题，请写"一切正常"，并由当班人员签字。

当班负责人签字：

（资料来源：中国饭店员工素质研究组.星级饭店康乐部经理案头手册[M].北京：中国经济出版社，2008.）

🔖 案例分析

果岭上的意外

一天早晨，何先生和朋友来到下榻饭店的高尔夫练习场，想打一场高尔夫球的推杆比赛。服务员很热情地接待了他们，一切都进行得很顺利，何先生和他的朋友很高兴地进了练习场。这是一个小型的高尔夫球练习场，有两个练习推杆的果岭，何先生和他的朋友就在这里进行比赛。就在比赛快要结束的时候发生了一起小事故，何先生不小心在果岭上摔倒了，手中的推杆在果岭上划出了一道长长的浅沟。服务员见状连忙赶到现场，搀何先生起来，扶他到会所休息，问他是否受伤。何先生十分生气，埋怨果岭表面太湿，要求饭店派人陪他去医院检查。

服务员看到何先生没有什么严重的问题，就去报告了部门钱经理。钱经理急忙赶到果岭旁边，先给何先生道歉，然后检查果岭的湿度问题，又仔细询问了今早的灌溉操作情况。当这一切都调查清楚之后，钱经理告诉何先生一切正常，球场全部都是按照服务规范进行操作的，没发现有违规行为。然后钱经理表示，饭店愿意陪何先生到医院检查，只是因为饭店方面并没有出现任何的操作和服务问题，造成这起事故的原因在于何先生自己不小心，因此一切医疗费用由何先生自己负责。何先生自己觉得身体没什么大碍，错又在自己，所以就不再坚持去医院，准备离开球场。

这时，钱经理上前一步，用很亲切的口吻对何先生说："何先生，您经常光临我们饭店，给我们饭店带来了极大的效益，先谢谢您一直以来对我们的支持。"然后，钱经理接着说："出现这样的事，我们也很难过。但果岭现在出现了很大的损伤，按照饭店的服务惯例，希望何先生能赔偿饭店的损失。"钱经理一条条地摆事实、讲道理，态度很坚决。何先生一听火气就上来了："怎么，我摔伤了，我还得赔偿啊！"他断然拒绝了钱经理的要求。钱经理依然很平静地对何先生解释，如果是由于饭店方面的操作出现失误，饭店不仅不需要客人赔偿，还会给客人赔偿道歉，但这次并不是因为饭店方面的失误，所以造成的损失只能由客人赔偿。钱经理的话合情合理，何先生没办法反驳。然后，钱经理很快叫来了维修部经理，对损失进行估算。考虑到何先生是饭店的老客户，而且他也是无意造成损失的，钱经理选取了一种赔偿最少的补偿方案。何先生虽然玩得很不高兴，但还是对钱经理的处理方案和态度无话可说，同意赔偿。

(资料来源：李舟.饭店康乐中心服务案例解析[M].北京：旅游教育出版社，2007.)

试分析：

1. 在本案例中，钱经理在处理这一起赔偿事件的时候，做法是否妥当？为什么？

2. 通过此案例，你觉得当客人利益与饭店利益发生冲突时，作为饭店员工应如何应对和处理？

实训练习

每8名学生组成1个调研小组，实地调研5家以上同星级饭店康乐部组织机构的设置情况，比较分析其岗位设置是否与饭店的规模和经营模式相匹配，并完成调研报告的撰写。同时，选择2～3个康乐岗位进行调研，了解其岗位职责和任职要求。

复习思考题

1. 饭店康乐部的常见组织形式有哪些？

2. 试分析饭店康乐组织机构设置的基本原则。

3. 饭店康乐部经理职责及素质要求有哪些？

4. 简述游泳池领班的岗位职责和任职要求。

5. 简述桑拿浴室服务员的岗位职责和任职要求。

6. 简述棋牌室领班的岗位职责和任职要求。

第三章

康体运动类服务项目基本知识

知识目标

- 了解康体运动类项目的起源和发展
- 熟悉康体运动类项目的主要设施设备
- 熟悉康体运动类项目的主要组织

能力目标

- 了解康体运动类项目的比赛规则
- 掌握康体运动类项目的计分标准
- 掌握康体运动类项目的常用术语(中、英文)

本章导语

康体运动类项目是指借助一定的运动设施设备和环境，为客人锻炼身体、增强体质而设的健身项目。饭店可供选择的康体运动类项目较多，主要提供保龄球服务、台球服务、网球服务、高尔夫球服务、壁球服务、羽毛球服务、乒乓球服务、沙狐球服务、游泳池服务、健身房服务、室内攀岩服务、飞镖及射箭服务。由于大部分康体运动类项目都具有竞技性的特点，且对技术规则均有一定要求，因而需要服务人员掌握相关项目的知识和技能，熟悉康体运动项目设施设备的使用。只有掌握相应的知识和技能，才能为客人提供优质服务，确保康体运动类项目的良好经营和有序管理。

案例导入 | 不要和"上帝"冲突

某日晚上六时许，康乐中心保龄球馆人来人往，收银处小孙正忙着为一组客人办理结账手续。这时，有两位客人走到柜台前对小孙说："我们要一条球道。"小孙说："请您稍等一下，我马上为这位客人办好手续，就替你们找空球道。"其中一位姓于的客人说："今晚六点半我们约好朋友一起过来打球，希望你能先替我们办一下。"小孙为了尽可能照顾这两位客人，只好一边继续办理结账手续，一边用电脑查找空球道。结果还剩一条球道，35元每局，他如实告诉了客人。那位于先生听后突然大发脾气："上次我来的时候还是每局25元，怎么就突然调成35元了呢？这不是宰人么？"小孙刚要回话，这位姓于的客人突然拿起服务台上的介绍单朝小孙砸去，小孙没有防备，结果介绍单飞得满天都是！小孙面孔变得煞白，真想回敬对方一下，但他马上想到自己的身份，绝不能意气用事。于是尽量克制情绪，使自己镇定下来，并以尊重的语气向客人解释说："先生，您上次过来离现在该有3个月了吧？价格是根据饭店的有关条例在3个月前统一调整的，我建议你们先预订一条，到时也好来得及请朋友。"

这时另一位客人李先生见他的朋友于先生理亏，想找个台阶下，就劝于先生说："这个服务员服务态度还可以，都这么说了，我们就先预订吧。"于先生见势也就软了下来。小孙立刻招手让服务员把客人带到球道，并弓身去捡介绍单，从他微微颤抖的后背可以看出他正在极力压抑着内心的委屈。周围的客人都纷纷对于先生的粗鲁行为表示不满，于先生一声不响地和李先生办好手续便匆匆去球道了。事后于先生深感自己的无礼，终于在结账离开时亲自到服务台向小孙表示歉意，为自己的冒失行为道歉。

案例评析：

当客人突然做出过激行为时，饭店康乐中心的从业人员该如何应对，才能既挽留住客人，又保护自己不受到伤害，小孙在这方面做了一个榜样。他用自己的言行诠释了"客人永远是对的"这句话的丰富内涵。当客人情绪过于激动时，小孙没有正面与客人理论，和客人发生冲突，而是选择忍让，克制自己，尽量保证客人在消费过程中的愉快心情。在这件事情上，于先生的做法当然是不对的，而小孙用自己的行为最终赢得更多客人的尊敬，也为饭店树立了良好的形象。

(资料来源：李舟.饭店康乐中心服务案例解析[M].北京：旅游教育出版社，2007.)

第一节 保龄球服务基本知识

一、保龄球运动概述

(一) 保龄球运动的起源

1.保龄球的发祥地

英国考古学家福兰达斯·培德理在挖掘公元前5200年的埃及古墓时，发现在一座儿童坟墓中有与现代保龄球类似的大理石材质的球状物。据说，古埃及有用死者生前最喜欢或最重视的东西陪葬的风俗。因此，我们可以推测福兰达斯·培德理先生所发现的球与球瓶，应该是那儿童未出生前便已流行的玩具。

2.打击恶魔的宗教仪式

目前，虽然无法明确查出此游戏究竟是经由何种途径流传的，但是根据某些文献记载可知，保龄球第二次出现是在公元三四世纪的欧洲。当时在德意志帝国的教会里，有一种被称为"打击恶魔"的宗教仪式曾风靡一时。所谓的"恶魔"，便以圆棒来代替，并将此圆棒当作恶魔置于走廊的角落，在规定的距离处投出一球状物，利用球体滚动的力量将圆棒撞倒。如果能将圆棒顺利撞倒，即表示操作者对上帝的信仰极为虔诚；反之，若无法撞倒，则表示其信仰不够忠诚。所以，对当时的人来说，与其说这是一种游戏方式，不如说是一种预卜自己命运的严肃宗教仪式。但是，"打击恶魔"这个仪式在预习的时候，的确会令人感到相当具有趣味性，于是渐渐地演变成与信仰没有关联的娱乐方式，最后脱离教会而成为以娱乐为主要目的的游戏，并且流传到英国、法国、荷兰等国家，并以户外活动的方式受到大众的欢迎，盛行各地。

3. 九瓶制保龄球在欧洲的流行

自16世纪到17世纪，欧洲各国正面临许多革命性的宗教改革，这是由1571年德意志人马丁路德公开责难天主教贩卖免罪券的行为而提出五项意见书所致。这位被称为"宗教革命之父"的马丁路德，实际上也可称为"保龄球之父"。今天我们所玩的十瓶制保龄球，是由九瓶制演变而来的，而这九瓶制保龄球就是马丁路德发明的。马丁路德综合当时种类繁多的保龄球玩法，统一规定其瓶数为九瓶，排列成菱形，并制定各种游戏规则。如此一来，更增添了此项游戏的趣味性。随着九瓶制保龄球的流行，玩法逐渐改良，从最原始的在户外土地上滚动球状物，渐渐改良为以抹石灰、铺地板作为投球台的形式，最后甚至加盖围墙及屋顶，成为现在的户内运动。

4. 流行于英国的草坪滚地球

当九瓶制保龄球刚开始流行于德意志、荷兰时，英国也正盛行草坪滚地球的游戏。这是在户外草坪上进行的一种游戏，以预先滚动于地面上的白球为目标，参与游戏的人员一只脚踩在固定的小型垫子上，投出手中的球状物，以最靠近白球的投球者为优胜。虽然此项比赛被视为高贵的娱乐活动流行于上流社会，但由于许多贵族因热衷于此游戏而怠慢了武艺训练，致使爱德华三世在1366年颁布禁令，禁止此项游戏，时间长达170年之久。直到亨利八世时才解除禁令，再次盛行。如今在英国，"On The Green"名称仍沿用于社会中。此后，在"草坪滚地球"游戏中，用瓶子取代目标物，有力地促进了保龄球的发展与演变，保龄球(Bowling)的语源，相信也是由草坪滚地球演变而来的。

5. 在美国的第一次黄金时代

流行于欧洲各地的九瓶制保龄球，在1626年时，由于荷兰移民横渡大西洋到美洲，使这项娱乐活动进入美国。大约同一时期，与此类似的草坪滚地球亦已传至美国，这对美国拓荒者而言，正是最佳的娱乐方式，特别是九瓶制保龄球。1800年以后，可说是九瓶制保龄球的第一个黄金时代。由于被渗入金钱赌博的方式，民众更加为之疯狂。因此，此项游戏遭到清教徒的猛烈抨击，导致九瓶制保龄球最终在美国销声匿迹。

6. 从九瓶制演变到十瓶制

上述禁令使那些将九瓶制保龄球视为健康娱乐方式的人们感到相当遗憾，于是这些人便绞尽脑汁地将球瓶数增加一个，并排列成正三角形，以十瓶制保龄球的姿态出现。由于十瓶制保龄球受到保龄球迷压倒性的支持，1847年，纽约州的古利尼吉小镇的一个地下室首先开设了一个保龄球俱乐部。第二年，又成立了全国保龄球协会(National Bowling

Association——NBA)，并将种类繁多、规格不定的球道距离、球体加以统一，制定比赛规则，近代保龄球运动就此诞生。

(二) 保龄球运动在中国的发展

保龄球运动是以健身、休闲为特色的体育项目，它非常适合当前我国加速现代化建设的社会环境。中国保龄球运动协会成立以来，我国保龄球运动蓬勃发展，各地大量兴建保龄球场馆。20世纪90年代后，我国各种保龄球比赛逐渐规模化、正规化，除了中国保龄球协会每年主办的全国四大赛事(锦标赛、青少年锦标赛、精英赛、国际公开赛)外，各省市也组织了多种多样的地方性比赛，参加保龄球运动的人数大大增加，推动了保龄球运动的广泛开展。保龄球场馆如图3-1所示。

图3-1　保龄球场馆

与欧美国家相比，我国保龄球运动起步较晚，在技术方面、比赛成绩方面还有一定的差距，但我国保龄球运动发展形势喜人，特别是近几年来保龄球场馆数量大大增加，打保龄球的人越来越多，技术水平也在不断提高。我国采取"请进来、走出去"的方式，通过各种渠道，积极开展对外技术交流，不断提高自身的保龄球技术水平。

二、主要保龄球组织简介

(一) 国际保龄球联合会

国际保龄球联合会(简称FIQ)于1952年在芬兰赫尔辛基成立，它以奥林匹克精神为宗旨发展保龄球运动。目前，已有几十个国家和地区加入国际保龄球联合会。国际保龄球联合会把全世界划分为美、欧、亚三大区域，每年在不同的国家和地区举行一次世界杯赛，每两年举行一次区域大赛，每四年举行一次世界大赛。第一次正式的国际比赛是1954年在赫尔辛基举行的，当时只有7个欧洲国家参加；1963年7月，举行第一届世界锦标赛；1964年11月，举行第一届世界杯赛。

(二) 中国保龄球协会

中国保龄球协会(简称CBA)成立于1985年5月24日，总部设立在北京。中国保龄球协会每年组织举办五大赛事，分别是全国保龄球锦标赛、全国青少年保龄球锦标赛、中国保龄球精英赛、中国国际保龄球公开赛、保龄球俱乐部杯赛。

三、保龄球的主要设施设备

(一) 球道

球道是保龄球投出后向前滚动的路径，标准球道的长度为1915.63cm，宽104.2～106.6cm，球道最前方是置瓶区，球瓶呈倒正三角形排列。球道两侧各有一条球沟，球道的后方是发球区，作为球员持球及助走掷球的区域。保龄球球道如图3-2所示。

图3-2 保龄球球道

(二) 助走道

助走道是球员走步、滑行及掷球的区域，长度一般为427.3cm，宽度与球道的宽度相同，为104.2～106.6cm。

(三) 犯规线

犯规线是指助走道和球道的连接线，宽为0.95cm，上面设有光控犯规监测装置。

(四) 助走标识

在助走道的起点处有两组共10个标识点，被称为助走标识，也叫站位标识，是供球员选择站位位置的标志。

(五) 脚步标识

在助走道与犯规线之间，有一组(7个)标识点，被称为脚步标识，也叫滑步标识，这是为球员助走时掌握最后滑步的位置而设的。

(六) 目标标识点

球道上的一组箭头标记，距犯规线365.97～487.95cm，这组箭头叫做目标标识点，是供球员打球时瞄准用的。每隔5块木板有一个箭头，从左向右数，依次分布在第5、10、15、20、25、30、35块木板上，一共有7个箭头。

(七) 引导标识点

球道上的一组小圆点标记，距犯规线约243.97cm，这种圆点叫做引导标识点。引导标识点分为左半组和右半组，两组相互对称。右半组依次分布在从右数第3、5、8、11、14块木板上，左半组则分布在从左数同样的位置上。

(八) 球瓶

保龄球瓶是选用上等枫木为主要材料，经过钻孔、黏合、打磨定型和喷涂等特殊工艺加工而成的梭形木瓶。每一只球瓶的重量为1.261～1.641kg，高38.85cm，最大直径为12.1cm。每条球道备有两组球瓶，每组10个。将10个瓶凑成一套时，其中最重与最轻的相差不可超过112g。球瓶排列成倒正三角形，10个瓶以30.48cm的间距依次排列成4行，如图3-3所示。

(九) 球

保龄球是用硬质塑胶或合成树脂塑胶制成的实心球，由球核、重量堡垒、外壳三部分组成。球的直径为21.8cm。保龄球的重量按国际规定有11种规格：6磅、7磅、8磅、9磅、10磅、11磅、12磅、13磅、14磅、15磅、16磅(1磅等于0.454kg)。保龄球的重量可以不同，但大小必须相同。球上有3个小孔，便于手指插入推球。球表面有商标、编号及重量堡垒等识别标记，如图3-4所示。

图3-3　保龄球瓶

图3-4　保龄球

(十) 记分系统

现代化的球场均装有计算机记分系统，如图3-5所示。

图3-5 保龄球自动计分系统

(十一) 自动化控制系统

自动化控制系统是现代保龄球场的必备设施，由程序控制箱控制，通过机械装置来完成回球、升球、扫瓶、送瓶、夹瓶、竖瓶等操作，并将瓶位信号、补中信号、犯规信号通过计算机记分系统显示在记分台和悬挂式彩色记分器上。自动化控制系统包括保龄球送球机和保龄球置球机等，如图3-6、图3-7所示。

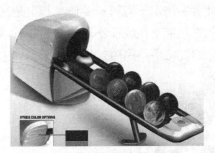

图3-6 保龄球送球机

图3-7 保龄球置球机

(十二) 附属设备设施

保龄球馆附属设备设施包括球员休息椅、茶几、公用鞋存放柜、公用球存放架、备用球、清洁打磨机、加油机等。

(十三) 保龄球的服饰及其他用品

1. 保龄球鞋

保龄球鞋是运动员的基本装备，一般有通用鞋和阴阳鞋两种。通用鞋左右脚的鞋底都由皮革制成，右手球员和左手球员均可使用。阴阳鞋右手球员左鞋底用皮革，右鞋底用橡胶，右鞋底尖部有一块皮革，以确保助跑和滑步的稳定性；左手球员则相反。阴阳鞋全部用线缝制而成，如图3-8所示。

2. 保龄球服装

图3-8 保龄球鞋

保龄球运动员的服装式样很多，最基本的要求是宽松舒适。宽松的目的在于使动作自如，便于施展，当然也不能过于肥大。一般男球员适宜穿运动长裤和质地柔软的T恤衫；

女球员适宜穿短袖衫和短裙。保龄球是一种高雅的运动，无论是平时训练还是正式比赛都严禁穿背心和短裤，但也不必穿着西装打领带；球员通常不戴首饰，以免分散注意力。长发的女球员要将长发束好以免遮挡视线，影响投球。保龄球服装见图3-9、图3-10。

图3-9　保龄球服装(男士)　　图3-10　保龄球服装(女士)

3. 护腕

护腕的种类和式样很多，目的在于保护和固定手腕。这首先是因为运动员腕部的运动量和承受力都很大，长时间的训练或比赛，在疲劳的情况下有可能受伤；其次是在投掷过程中需要运用十分细腻的手法，微小的动作变化都可能产生完全不同的结果，所以用护腕固定和保护手腕非常重要，护腕是球员获得高分的好帮手，如图3-11所示。

图3-11　保龄球护腕

4. 保龄球其他用品

球员还应备有不同类型的胶贴，以便对球的指孔作必要的修理和调整，指孔松时贴上，紧时揭掉。吸潮粉、干粉、滑石粉等也是每个球员的必备用品，因为在投掷过程中手会出汗，汗手不利于握球、投掷和出球。为保持手部干燥，除需要用干毛巾擦拭或在风口自然吹干外，也可以根据具体情况使用备好的不同类型的粉。

四、保龄球的比赛及计分规则

(1) 比赛由抽签决定道次。每局在相邻的一对球道上进行比赛。每轮互换球道，直至全局结束。

(2) 保龄球比赛时，均以6局总分决定名次。

(3) 保龄球按顺序每轮允许投2个球，投完10轮为1局。

(4) 每击倒一个球瓶得一分。投完一轮将每个球的"所得分"相加，为该轮的"应得分"，10轮一次累计为全局的总分。

(5) 保龄球运动有统一的记分表(见表3-1)。第一球将全部木瓶击倒时，称为"全中"，应在记分表上部的左边小格内用符号"×"表示，该轮所得分为10分。第二球不得再投。但根据规则，应奖励下轮两个球的所得分，所得分之和为该轮的应得分。

(6) 当第一球击倒部分木瓶时，应在左边小格内记上被击倒的木瓶数，作为第一球的所得分。如果第二球将剩余木瓶全部击倒，则称为"补中"，应在记分表上部的右边小格内用符号"/"表示。该轮所得分亦为10分。按规定，应奖励下轮第一球的所得分，所得分之和为该轮的应得分。

(7) 第十轮全中时，应在同一条球道上继续投完最后两球结束全局，这两个球的所得分应累计在该局总分内。

(8) 第十轮为补中时，应在同一条球道上继续投完最后一个球结束全局，这个球的所得分应累计在该局总分内。

(9) 某轮的第一个球落入边沟，即为失误球，用符号"/"表示，这一球的得分为0。凡是第二球失误，在右边小格内用符号"—"表示，此球得分也为0。若投球时犯规，则用字母"F"表示，该球的得分为0。失误和犯规都不影响该轮的第二球投掷。

(10) 如果从第一轮至第十轮全部是"全中"，也就是打出12个"全中"，则其总分便是300分。

表3-1　保龄球记分表

轮次	一	二	三	四	五	六	七	八	九	十
积分	8 /	9 /	7 —	9 /	7 /	×	9 /	×	×	× 9 /
	19	36	43	60	80	100	120	150	179	199

五、保龄球的运动技巧

(一) 持球

初学打球的人可以选择轻一些的球，将拇指、中指、无名指放入相应的指孔内，这时各手指与指孔间应略有间隙。如手指能自由地转动，说明指孔过大；相反若是有阻滞感，则表明指孔过小，指孔过大或过小都对打球不利。投球前，拿球的手法不能"提"或"举"，应一手持球，另一只手托住。用右手拇指、中指、无名指插入保龄球的指孔将球抓起，小指和食指紧贴球面以保持平衡和控制方向，左手辅助右手将球托在腰与肩之间，球的中心与手臂呈一条直线。两肘紧靠肋部，腰部挺直，并略向前倾，两肩与目标瓶保持同等距离。调整站位，两手将球拿正，球的重量全部落在托球的手腕上，身体重心由上至下保持在一条直线上，两脚并拢。瞄准箭头，使目标瓶、箭头、球心3点呈一条直线。

(二) 助走

投保龄球时需要助走，基本要点是在迈出第一步之后，开始随步伐送球、自然下垂、后摆，另一只手臂抬起以保持身体平衡，接着滑步。在送球时，身体摆正，放松肩膀，维持手与脚的配合。在投球时，身体重心降低，使球自然出手而不要高抛，且投球时不宜用力过猛。保龄球助走的步法依个人习惯不同，有三步、四步和五步，其中以四步最为常见。

四步助走投球法的要领如下所述。

第一步，将球前推。先从右脚起步，步幅要小，同时将球向前轻轻推移。

第二步，将球下摆。向前推出的球，借助本身的重量自然向下摆落，这时踏出第二步(左脚)，步幅稍大，同时右手顺势将球摆动到身体右侧。当左脚踏出时，球的位置要恰好摆动到曲线的最低点。

第三步，将球后摆。在球由下向后摆动的同时，右脚做稍大幅度的跨步，身体重心同时向前移动以保持平衡，并且在前倾时保持肩部位置的平衡移动。

第四步，前摆出球。在球从后摆顶点开始向前摆动的瞬间顺势迈出左脚，这时左脚采用滑步，左膝弯曲，腰部重心向前移动。当球运动到最低点时，全身的重量完全压在左腿上，右脚则向后方摆动以保持身体平衡。此时因摆动与助步的惯性会使左脚自然向前滑动20～40cm，但左脚要控制在距犯规线5cm处停止，同时利用球的重量在自然向前滑行过程中将球顺势掷出。眼睛瞄准箭头，放球之后，手臂随着球的脱手向前垂直上摆，上身也充分伸展向前倾，如图3-12所示。

图3-12　保龄球四步助走示意图

(三) 瞄准

一般来说，在1号与3号、1号与2号球瓶之间的区域，是打全中时保龄球最先接触木瓶的地方，这个区域被称为入球位。

(四) 投球

投球分为直线球和曲线球。打直线球时应瞄准箭头而不是看球瓶，投直线球时要让球通过中间的目标箭头，也就是4号箭头。落点准、球路直，球的中心击中1号与3号、1号与2号球瓶之间的区域，就基本可以达到全中的目的。直线球中的"飞碟"打法较为流行。曲线球又分弧线、反旋、钩球，威力比直线球大，但非专业选手很难掌握。

（五）要点

精神与动作要保持协调一致，始终保持正确的姿势，使用适合自己体格的保龄球。初学者最好从比较轻的球开始，等到手臂肌肉发达和有所习惯以后，再逐渐增加保龄球的重量。球指孔的大小与间隔要适合自己的手，大拇指要全部插入，中指与无名指约能插入到第二关节为宜。

六、保龄球常用术语中英文对照

(1) 全中 Strike；

(2) 连续两次全中 Double；

(3) 连续三次全中 Triple；

(4) 补中 Spare；

(5) 失误 Error；

(6) 分瓶 Split；

(7) 死球 Dead Ball；

(8) 犯规 Foul；

(9) 记分 Scoring the Game；

(10) 得分(原则上每撞倒一瓶算一分) Score；

(11) 一局 One Game；

(12) 一格 One Frame；

(13) 一节 One Block；

(14) 最高局分 High Game；

(15) 平均分 Average；

(16) 保龄球设备 Bowling Equipment；

(17) 球道 Lane；

(18) 快球道 Fast Lane；

(19) 助走道 Approach；

(20) 犯规线 Foul Line；

(21) 边沟 Gutter；

(22) 球瓶 Pin；

(23) 投球 Delivery；

(24) 投球区 Runway；

(25) 扬球 Follow Through；

(26) 下摆 Downswing；

(27) 后摆 Backswing；

(28) 投球顺序 Order of Bowling；

(29) 单人赛 Singles；

(30) 双人赛 Doubles；

(31) 三人赛 Trios;

(32) 手腕 Wrist;

(33) 拇指孔 Thumb hole;

(34) 飞碟球 UFO;

(35) 站位 Stance;

(36) 步伐 Step;

(37) 直球 Straight Ball;

(38) 由十格组成的一局 Line;

(39) 计分格 Frame;

(40) 局 Game。

第二节 台球服务基本知识

一、台球运动概述

(一) 台球运动的起源

1510年，台球出现在法国，法国国王路易十四在凡尔赛宫玩的台球是"单个球"(Single Pool)，在桌上放一个用象牙做的拱门(Port)和一根称为"王"(King)的象牙立柱，用勺形棒来打球，把球打进门或碰到上边便可行分。路易十四的御医建议国王餐后做台球活动，这样有利于健身，因此该项运动得到国王的喜爱和关注。到17世纪，台球在法国逐渐风行起来，这可能就是台球源自法国的根据。

据说台球的玩法初始是在户外地面上挖洞，参与者把球用木棒打进洞内即可，后来才从室外改在室内桌子上。自从台球出现至今已有几百年的历史，它并不是一出现就尽善尽美，而是在长期流传中经过人们的不断改进和丰富，才达到比较完善的程度。一开始在室内桌子上玩球时，在桌子中心开了1个圆洞，后来又在桌子四角开了4个洞，洞增加的同时也激发了人们的玩球兴趣，直到在桌子上开了6个圆洞，才演变成今天的落袋式台球球台的雏形。到了19世纪初，台球运动的发展开始走向成熟阶段，在提高技术水平的同时，设备用具也随之发展，许多大大小小的改进和发明创造不断涌现。

(二) 台球运动在中国的发展

21世纪初，各类台球在中国再度兴起，并得到长足的进步，由街头台球向健康、娱乐型运动迅速发展。中国顶尖球手在世界顶级比赛中也取得良好成绩，在世界排名前12位的球手中，中国占据三席。中国制造的台球产品也走向世界，逐渐成为世界顶级赛事的指定用品。

二、主要台球组织简介

(一) 国际台球组织

国际上主要的台球组织是世界职业台球联盟和国际台球联合会。世界职业台球联盟主要致力于发展职业台球，举办世界职业选手参加的职业排名系列赛，如世界职业锦标赛等，像亨德利、戴维斯、沙利文等世界著名职业球手都参加此类职业比赛。而国际台球联合会旨在推广和普及台球运动，世界斯诺克锦标赛便是该组织举办的比赛。世界职业斯诺克联赛和国际台联组织的比赛是同等重要的。

(二) 中国台球协会

中国台球协会是中华全国体育总会单位会员，于1986年成立，总部设在北京。中国台球协会的最高权力机构是全国委员会，执行机构是常务委员会领导下的秘书处，下设训练、竞赛、开发和新闻4个专项委员会。该协会于1988年加入国际台球联合会。1998年，协会编辑出版《中国台球》刊物。台球协会经常举办全国花式台球锦标赛、全国台球锦标赛、全国台球精英赛、全国台球争霸赛、全国台球比赛和全国台球南北明星对抗赛等。

三、台球的主要设施设备

(一) 台球室

台球室设计要美观，面积大小与球桌安排应相适应；球桌、球杆、台球、记分显示等运动器材和设备，应符合国际比赛标准；球桌坚固平整；室内照明充足，光线柔和；各种设备齐全、完好、无损坏。台球室如图3-13所示。

图3-13　台球室

(二) 球杆

球杆是台球运动中的灵魂，好球技要配合好球杆，才能发挥得淋漓尽致。选择球杆最重要的条件是全杆笔直，其次是接头部分要密合。此外，适合自己的长度和重量也是要考虑的要素，如图3-14所示。

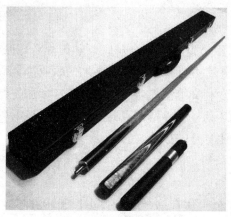

图3-14　台球球杆

(三) 球台

球台是台球室的基本设施，按制作原理的不同可分为许多种，但都要求台面平整。台面底部应铺上厚厚的大理石，使其既平整又有相应的重量，不易移动。石上应蒙上一层绷得很紧的绿色细呢绒，使球在台面上运行时不会随意转弯。

球台一般分为法式球台和英式球台。法式球台有两种规格，一种是137.16cm×274.3cm(包边)，另一种是152.4cm×304.8cm(包边)。法式开伦球的球台没有球袋。无袋的开伦球台现今使用较少。英式15球及9球的球台一般为127cm×254cm。英式斯诺克台球则要求台面大些，一般应达到182.88cm×365.76cm。英式(美式)球台在球台四角及两侧的中部各有一个直径为10cm或13cm的袋，中袋稍大一点，为14.2cm，袋向台面的开口有一定的规格(9～11cm)。台面四周设有硬橡皮条制成的库，分为顶库、边库和库底。顶库，即相对于开球区的另一端的台边；边库，即左右两侧的台边(左边库、右边库)；底库，即开球区一端的台边。台边的弹力要求：在开球区以中等力度击球，使球经顶库折回底库，再经顶库回到开球区，以运动将近两个来回为标准。球台的高度一般为80～85cm，便于打球者伏于台面击球。台球球台如图3-15所示。

图3-15　台球球台

(四) 台球

过去的台球以象牙磨制而成，现在都以硬质塑胶为材质。塑胶制的球不会因温度、湿度的改变而产生变化，具有耐撞、耐冲击、球体质量均匀等优点，如图3-16所示。

图3-16　台球

(五) 其他设备

1. 粉块

粉块用来摩擦球杆的撞锤部分。粉块的粉附着在撞锤皮革上，可以增加其摩擦力，避免击球时打滑，造成滑杆，产生失误，如图3-17所示。

2. 手套

架杆的手戴上手套，可减小球杆和手之间的摩擦力。

3. 台球的杆架

每张球台旁都应有摆放球杆的杆架，球杆用完后，要顶朝上、柄朝下，整齐地排列在杆架上，如图3-18所示。

图3-17　台球粉块

图3-18　台球架杆

4. 台球的记分牌

每张球台旁都要配备记分牌，常见的记分牌有三种：第一种是横拨珠算式的，每得1分拨1个子；第二种是同乒乓球记分牌一样的翻牌式；第三种是电子记分表。台球记分牌如图3-19所示。

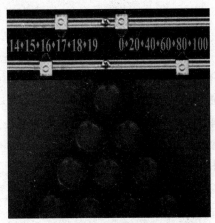

图3-19　台球记分牌

5. 台球助滑粉

与防滑粉相反，为了防止手上有汗发涩，每张球台旁应备有滑石粉袋，以便击球者随时擦抹在做支架的手上。

6. 台球的球台灯罩

为了节电，也为了聚光，每张球台上应吊两个距台面1米多高的梯形灯罩。

7. 台球定位器

如果在比赛进行中发现球台面有脏物或台球停留处有杂物，需要把球拿起擦揩或清扫，这时就要用台球定位器放在这个球的停留处，然后把球拿起来清扫，清扫完后放回原处，以防错位，如图3-20所示。

图3-20　台球定位器

四、台球的比赛及计分规则

台球按球台结构和运动方法的不同，可分成两类，即有袋式和无袋式。无袋式台球叫开伦台球，也叫撞击式台球。有袋式台球又分为英式斯诺克、比列、美式落袋三种。本部分将重点介绍英式斯诺克、美式落袋和开伦台球三种类型的比赛规则。

(一) 斯诺克台球比赛规则

每盘比赛前，由裁判员组织双方运动员掷币或抽签决定开球权，然后将红色球15个，黄色球、绿色球、棕色球、蓝色球、粉色球、黑色球(称为"彩球"，均为高分球)各1个按规定的位置摆好。另有一个白色球是主球，开球运动员将主球摆在开球区内有利的位置上。开球时，必须先瞄击红色球，而且球员每次上场都必须先以主球撞击红球，任何一方只有先击进一个红球，才有权选击其他颜色球，第三击也必须再击进一个红球，第四击才能再选击其他颜色球，依此类推。如果得手，则可以一个红球、一个高分球地连续打到底。每次击进袋内的高分球均需取出放回开球时的球位上，凡是击进袋内或击出界外的红球一律不许取出。最后一个红球被击入袋后，被选择击进的高分球也应取出放回原位。红球全部落袋后，再按顺序击落的高分球就不必取出放回原位了。这时不管是两人轮流打还是一人打到底，每次击球必须先击进球台上分值最小的彩球(在此之前击高分球时不受分值限制)。分值顺序为：红色球1分；黄色球2分；绿色球3分；棕色球4分；蓝色球5分；粉色球6分；黑色球7分。如果球员没有按顺序击球，就算犯规，会被罚分，罚分有以下几种情况。

(1) 未击到球，罚4分。

(2) 主球失误落袋，罚4分。

(3) 送红球时先击到其他彩球，罚4分；如果所击球球分值超过4分，则按所击彩球分值罚分。

(4) 送红球时误将其他彩球送入袋中，则按被送入球的分值罚分，如果该球分值小于4分，则罚4分。

(5) 送指定彩球时，误将红球送入袋中，则按彩球分值罚分，低于4分者按4分罚。

(6) 送指定目标球时，先击到红球或其他彩球，则按该球分值罚分，若分值低于4分，则罚4分。

(7) 送指定彩球入袋，同时撞入其他彩球，除送入球得分无效外，还将按最高分值罚分。

(8) 击球时如发生连击或推球，如果目标球低于4分则罚4分，如果目标球高于4分则按其分值罚分。

(9) 如果目标球不是红球，主球不准同时撞两个不同颜色的球，否则将按两球中最高分值罚分。

(10) 击球时不得双脚离地，衣服、架杆和其他物体不得触及球，否则将按犯规处罚，按目标球分值罚分，低于4分时则罚4分。

斯诺克台球的比赛规则比较严格，对犯规的处罚也较重。一盘比赛，一方运动员很可能因为犯规、违例次数过多而失利。因此，球员平时练习时，应熟记有关规定，并养成严格遵守比赛规则的良好习惯，尽量避免或减少犯规。斯诺克台球如图3-21所示。

图3-21 斯诺克台球

(二) 美式落袋台球比赛规则

1. 美式15球

美式15球由于简单易学而受到普遍欢迎，它只有1只白球作为主球，其他球只作为目标球，这是适合初学者的一种最简单的打法。首先将球分为两组，将1~7号球作为小号码球，全部涂上颜色；9~15号球作为大号码球，用白色涂上一层色带，所以也称为色球和带球；将8号球涂成黑色，最后将黑色8号球打入袋即为胜。

开始打球时，打入的第一个球所在的一组球(色球或带球)即为自己的球，打球过程中无须质疑自己组内的分值顺序。如果误将对方的球送入球袋，无须取出。谁先将自己的7

颗球全部送入袋，谁就可以打黑色8号球，将8号球送入袋者即为胜者。在击球过程中，如果自己的目标球未能入袋，或主球进袋，都将由对手获得击球权。美式15球如图3-22所示。

图3-22　美式15球

2. 美式9球

美式9球以9颗彩球作为目标球，打法与规则较为简单，是当今盛行的一种打法。一般从1号球开始打起，按顺序把球打进袋。谁先把9号球打入袋，就算胜一盘。双方共用一个白色主球，其余9个彩球摆放成菱形，9个彩球1号至9号，颜色分别为黄、蓝、红、紫、粉、绿、棕、黑和黄条花色。比赛采用盘局制，事先定好胜负盘局数，也可以限定在某一时间，开盘多者为胜。

比赛时，选手必须先撞击1号球，并且至少要有4个彩球撞到台边或入袋才算开球成功，要是9号球在开始时便合法入球，就算赢一盘。获得本盘胜利的球手，可以取得下一盘的开球权。开球后，选手利用彩球或主球撞击其他彩球进袋有效，可继续击球，若将9号球击进袋则算一盘的胜利。美式9球如图3-23所示。

图3-23　美式9球

(三) 开伦台球比赛规则

开伦式台球源自法国，后来在日本盛行，有"日本撞击式台球"之称，是国际大赛项目之一。开伦式台球所用的球台没有球袋，它是以球杆击球得分的一种台球打法。开伦台球打法分为颗星开伦、三星开伦、四球开伦、直线开伦、台线开伦等，但最流行的是四球开伦。

四球开伦有4个球，两个红球和两个白球，两个白球为比赛双方各自的主球。新规则全部采用一分制，只要碰到三个目标球中的两个，就可以得1分，消除了因球的配置所产生的得分差距，计算也比较简单。比赛的胜负是以谁先获得约定的分值为准。所以，当本方获得击球权时，应尽量争取多得分。因四球开伦用的球稍重些，所以球杆比其他类型的球杆粗些。四球开伦开局的摆球方法为：两个白球之间有两个红球，且四个球在同一条直线上。当球在台面上放好后，双方各向底边击打一空杆，决定击球顺序。球离底边近者获选择权；也可以抽签决定选择权。开球方以带黑点的白球为主球，另一方以全白色的球为主球。规则规定，对方的主球可为本方的目标球。

按照规则，开球第一杆先撞击对方白球方为有效，否则，将判作失机，交换击球权。因开局的摆球是主球与白球之间有两个红球，且四个球在同一条直线上，因此开球方一般是撞击台边，打两边球(即撞击两个台边)，使主球撞台边后再击中双球。在四球开伦打法中，台边的作用非常大。如果不能采用直线命中法，就要尽量利用一次、两次、三次甚至多次台边反弹以达到触及双球的目的。开伦式台球如图3-24所示。

图3-24 开伦式台球

五、台球常用术语中英文对照

(1) 台球(总称) Billiards；

(2) 无袋式台球(开仑) Carom；

(3) 有袋式台球(落袋) Pocket Game；

(4) 英式22球(斯诺克) Snooker；

(5) 美式台球 America Pocket Billiard；

(6) 九球打法 Nine Ball；

(7) 台球规则 Rules of Play；

(8) 记分 Scoring；

(9) 记分牌 Scoring Board；

(10) 开球 Break off；

(11) 开球区(英式D形区) the "D"；

(12) 开球区(美式) Kitchen；

(13) 开球线 Serve Line；

(14) 球台 Table；

(15) 球袋 Pocket；

(16) 顶袋 Top Pocket；

(17) 中袋 Middle Pocket；

(18) 底袋 Bottom Pocket；

(19) 台边 Cushion；

(20) 出界 Forced off the Table；

(21) 球 Ball；

(22) 球杆 Cue；

(23) 架杆 Rest；

(24) 灯罩 Lampshade；

(25) 巧克 Chalk；

(26) 杆头 Tip；

(27) 滑石粉 Powder；

(28) 球框 Tri-Angle；

(29) 主球 Cue-Ball；

(30) 目标球 Object-Ball；

(31) 一击(球) Stroke；

(32) 一杆(球) Break；

(33) 手中球 in-Hand；

(34) 自由球 Free-Ball；

(35) 罚球 Penalty；

(36) 进球 Pot；

(37) 盘 Frame；

(38) 局 Game；

(39) 场 Match；

(40) 总分 Total Points。

第三节 网球服务基本知识

一、网球运动概述

(一) 网球运动的起源

古代网球运动可以追溯到古希腊时期，在当时是一种"掌上游戏"。据说该项运动是由一位云游诗人带入欧洲的，到13世纪传到法国的宫廷之中，成为宫廷游戏。当时这些贵族们所打的"网球"既无网也无拍，球也不能在地上弹跳。他们用的球是由一块布裹制而成的，里面塞上毛发等物，"球网"则是一条绳索，双方用手做球拍将球打来打去，而后英国人将以掌托球改为用羊皮拍打球，形成现代网球的雏形。到17世纪，这种运动已走出宫廷，在上流社会流传开来，成为欧洲十分流行的一种游戏。19世纪中叶，欧洲人掌握了橡胶制造技术后，做出了可以弹跳的球。当时以埃及的坦尼斯镇生产的球质量最好，所以人们开始称这项运动为"坦尼斯"。同时，球拍也发生了变化，由原来的羊皮拍发展成弦线拉成的球拍。

1873年，英国有一位名叫温菲尔特的乡村绅士将这项古老的宫廷游戏搬到了室外，运动场地也由室外草坪代替室内的地板，从此产生了现代网球运动。1877年，在英国伦敦的温布尔顿举办了第一次草地网球锦标赛，即温布尔顿网球公开赛。当时以亨利·琼为裁判组成了一个两人委员会，草拟了比赛规则，并作为网球比赛规则的基础沿用至今。现代网球用的盘制、局制以及球、球拍、球网和相关练习方法都基于此而形成。

(二) 网球运动在我国的发展

我国的网球运动是在19世纪后期由英、美等国的商人、传教士带入的。新中国成立后，网球运动得到了较快的发展。近年来，网球运动开始在我国普及开来，不仅专业运动员的水平得到迅速提高，作为健身娱乐活动，也正受到越来越多人的喜爱。它的优点首先是活动适应面较广，由于运动量大小可随活动者的情况来调节，男女老少皆宜。该运动难度不是很高，只要反复练习可以较快提高技术水平。运动中具有竞争性，能提高运动者的活动兴趣。在运动的同时还能提高人们的反应能力，增强灵敏度和身体的协调能力。随着运动量的增大，能有效提高人们的耐力和爆发力。此外，这项运动所需的场地不是很大，可有效利用场地。所以一般的饭店和度假村都能根据情况，利用现有场地，通过有效的规划来设置网球场。

■ 二、主要网球组织简介

(一) 世界主要网球组织概况

1. ITF——国际网球联合会

国际网球联合会(International Tennis Federation，ITF)，简称国际网联，于1913年在法国巴黎成立。现有协会会员191个，其中119个为正式会员，72个为无表决权的联系会员。国际网联的正式用语为英语、法语和西班牙语，当文本有歧义时，以英语为准。国际网联的任务是制定、修改和实施网球规则，在各级水平上促进全世界网球运动的发展，在国际上维护网球运动的利益，促进和鼓励网球的教学，为国际赛事制定实施规则，裁定国际网联认可的正式网球锦标赛，增强协会会员的影响力，维护联合会的独立，确定运动员的资格，管理业余、职业及业余-职业混合型比赛，合理使用联合会的资金，维护网球界的团结及监督相关规则的实行等。

从1896年到1924年，网球成为奥运会的比赛项目。此后，国际网联因运动员参赛资格问题与国际奥委会发生冲突，网球不再是奥运会项目，直到1988年才重新进入奥运会。

2. ATP——国际职业网球联合会

国际职业网球联合会(Association of Tennis Professionals，ATP)也称职业网球球员协会。国际职业网球联合会是世界男子职业网球选手的"自治"组织机构，于1972年成立于美国公开赛举办之时。它的主要任务是协调职业运动员和赛事之间的伙伴关系，并负责组织和管理职业选手的积分、排名、奖金分配，以及制定比赛规则和给予或取消选手参赛资格等。ATP系列赛包括以下6种比赛：大师杯赛、世界双打锦标赛、世界队际锦标赛、网球大师系列赛，也就是所谓的超九赛事、国际黄金系列赛、国际系列赛。

3. WTA——职业女子网球协会

国际女子职业网联(Women's Tennis Association，WTA)成立于1973年，总部设在佛罗里达的圣彼得斯堡，属于女子职业网球运动员的组织。WTA的主要职责是组织职业选手的各种比赛，管理职业选手的积分、排名、奖金分配等。WTA还负责协调赞助商与主办者之间的关系，以推动女子网球运动的发展。

(二) 中国网球协会简介

中国网球协会(Chinese Tennis Association，CTA)，简称中国网协。中国网球协会是具有独立法人资格的全国性、公益性、群众体育组织，是中华全国体育总会的团体会员，是中国奥林匹克委员会承认的全国专业性运动协会，是代表中国参加国际网球联合会(ITF)和其他国际网球体育组织的唯一合法组织，是由全国网球工作者、运动员、教练员和网球活动积极分子以及关心支持网球运动发展的社会各界人士及海内外人士自愿结成的非营利性社会组织。

三、网球的主要设施设备

(一) 网球场地

1. 网球场地类型

网球可分为室外和室内两大类，且有各种不同的球场表面，其主要由经济因素所决定。主要的网球场地包括以下几种。

1) 草地球场

草地球场是历史最悠久、最具传统意义的一种场地。它的特点是球落地时与地面的摩擦小，球的反弹速度快，对球员的反应速度、灵敏度、奔跑速度和技巧等要求非常高。因此，草地往往被看做"攻势网球"的天下，发球上网、随球上网等各种上网强攻战术几乎被视为草地网球场上制胜的法宝，加之气候的限制以及保养与维护费用高昂，很难被推广到世界各地。目前，每年寥寥几个草地职业网球赛事几乎都是在英伦三岛上举行的，且时间集中在6月和7月。温布尔登锦标赛是其中最古老也是最负盛名的一场比赛。草地网球场见图3-25。

2) 红土球场

红土球场更确切的说法是"软性球场",它最典型的代表就是法国网球公开赛。另外,常见的各种沙地、泥地等都可称为软性场地。此种场地的特点是球落地时与地面有较大的摩擦,球速较慢,球员在跑动中特别是在急停急回时会有很大的滑动余地,这就决定了球员必须具备比在其他场地上更出色的体能、奔跑和移动能力以及更顽强的意志。在这种场地上比赛对球员的底线相持功夫是极大的考验,球员一般要付出数倍的汗水及耐心在底线与对手周旋,获胜的往往不是打法凶悍的发球上网型选手,而是在底线艰苦奋斗的一方。红土地网球场见图3-26。

图3-25 草地网球场

图3-26 红土地网球场

3) 硬地球场

现在大部分比赛都是在硬地网球场上进行的,它是最普通、最常见的一种场地。硬地网球场一般由水泥和沥青铺垫而成,其上涂有蓝、绿色塑胶,表面平整、硬度高,球的弹跳非常有规律,但球的反弹速度很快。需要注意的是,硬地不如其他质地的场地弹性好,地表的反作用强而僵硬,因此容易对球员造成伤害。硬地网球场见图3-27。

图3-27 硬地网球场

2. 网球场地规格

标准网球场呈长方形,长线称为边线,它表示球场的长度;两端的短线为底线或端线,它表示球场的宽度。网球双打球场的长度与单打一样,为23.77m,双打宽度为

10.98m，单打宽度为8.23m。球场设计时合在一起，仅以白线作区分界线。处在场地中间的球网高度为91.4cm(中间最低处)，将场地分隔成相等的两个半场，每一半场靠端线处为发球区，从端线至发球区的长度为5.485m。另外，端线以外至少要有6.40m的空地，边线以外至少要有3.66m的空地，以方便接长球或大角度球。

(二) 网球

比赛用球一般为白色或黄色有弹性的橡胶球，中空，外面以毛质纤维均匀覆盖。球面上的短毛有稳定方向、延滞球速的功能，短毛脱落严重的旧球会变得不易控制，最好换掉。网球如图3-28所示。

(三) 网球拍

网球拍根据材质的不同可分为木制、铝制、玻璃纤维和碳素纤维等几个种类。目前最受欢迎的是碳素纤维球拍，它具有弹性好、韧度够、重量轻等特点。球拍上的弦线有尼龙线和羊肠线之分，尼龙线坚韧耐用，不怕雨淋，但弹力较差，旋转力不够；羊肠线属于较高级的弦线，弹力足，旋转力强，但遇雨天或潮湿天气时容易断裂。网球拍如图3-29所示。

图3-28　网球

图3-29　网球拍

(四) 网球服装

按照国际网球运动的标准要求，无论是商务客人在室内网球场里参加运动，还是度假客人在室外网球场里参加团队比赛，必须换上统一品牌和颜色的专用网球服与鞋袜。在室外网球场上，如果阳光很强烈，还要戴上和衣服颜色匹配的白色或蓝色网球帽，具体要求有以下几点。

1. 服装颜色与质地

在三星级以上的度假村的室外网球场上，凡是参加网球运动的客人，网球服的颜色与质地要统一，这不仅成为网球场上的一道亮丽风景，而且可使客人感到放松和愉快。网球服的上衣部分主要以短袖有领的棉衫为主；下身部分，男性客人主要穿短裤，女性客人主要穿短裙。假如在冬天，室内网球场的客人参加运动时，一般都穿用羊毛质料制成的网球衫。这种网球衫的质地，一般都要求达到通风吸汗的标准。网球服装如图3-30所示。

图3-30　网球服装

2. 鞋袜的选择

参加网球运动的客人在选择专用网球鞋时，一是要求轻便、轻巧；二是要求抓地力强；三是要求质量好。在选择专用网球袜的时候，以透汗性强的厚短棉袜为最佳。网球鞋见图3-31，网球袜见图3-32。

图3-31　网球鞋

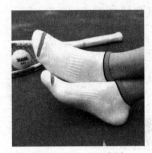

图3-32　网球袜

四、网球比赛和计分规则

网球比赛开始前，双方可掷钱币或旋转网拍，得胜者获选择发球权或有权选择场地。网球比赛开始时，发球方先在底线中点的右区发球，将球向空中抛起，在球接触地面以前用球拍击球。只要球拍与球接触，就算完成发球，发球时必须从自己一侧发球区将球发到对方另一侧的发球区才算有效。到对方场区内，允许落地一次或不落地回击。每一分有两次发球机会，第一次发球出界或下网叫一次失误，第二次发球再失误叫双失误，失一球。第二球换在左区发球，第三球又回到右区，如此轮换，直到一局结束，下一局由对方发球。比赛中双方应在每盘的第一、三、五等单数局结束后，交换场地。

网球比赛的每一局采用15、30、40(40是45的简称)的记分方法。整个一局的分数为60，均等地分为4级，每级15分。比赛时得一球呼报15，再得一球呼报30，得第三球时呼报40，先得60分者即胜了这一局。如果比分是40比40，叫做平分，一方必须连得两分才算胜这一局，先胜六局的叫做胜一盘。若局数是5比5，一方必须连胜两局才能结束这一盘。为缩短比赛时间，目前普遍采用平局决胜制，即当局数为6比6时，只再打一局决胜负，这一局中，先赢得七球者为胜方。

五、网球常用术语中英文对照

(1) 底线 Base Line；

(2) 发球线 Service Line；

(3) 边线 Side Line；

(4) 中线 Center Line；

(5) 占先区，左区 Advantage Court；

(6) 平分区，右区 Deuce Court；

(7) 网柱 Net Post；

(8) 后场 Back Court；

(9) 中场 Mid Court；

(10) 前场 Front Court；

(11) 网 Net；

(12) 单打场地 Singles Court；

(13) 双打场地 Doubles Court；

(14) 正手 Forehand；

(15) 挑高球 Lob；

(16) 反手 Backhand；

(17) 扣杀球，高压球 Overhead /Smash；

(18) 截击 Volley；

(19) 切削球 Slice；

(20) 发球 Serve；

(21) 穿越球 Passing Shot；

(22) 接发球 Service Return；

(23) 球落点 Placement；

(24) 界内 In/Inside；

(25) 破发点 Break Point；

(26) 界外 Out/Outside；

(27) 盘点 Set Point；

(28) 重打 Let；

(29) 赛点 Match Point；

(30) 发球方 Server；

(31) 局点 Game Point；

(32) 接发球方 Receiver；

(33) 制胜球 Winner；

(34) 发球直接得分 Service Winner；

(35) 零分 Love；

(36) 优势分 Advantage；

(37) 球拍 Racket；

(38) 硬度 Stiffness；

(39) 拍线 String；

(40) 拍头 Head。

第四节　高尔夫球服务基本知识

一、高尔夫球运动概述

(一) 高尔夫球运动的起源

"高尔夫"原意为"在绿地和新鲜空气中的美好生活"。这从"高尔夫球"的英文单词"GOLF"可以看出来：G——绿色；O——氧气；L——阳光；F——脚部活动。它是一种集享受大自然乐趣、体育锻炼和游戏于一身的运动。相传，苏格兰是高尔夫球的发源地。当时，牧羊人经常用驱羊棍击石子，比赛谁击得远且准，这就是早期的高尔夫球运动。1860年，英格兰举行了最早的高尔夫球公开赛。同年，印度、加拿大、新西兰、美国等国家也相继举办该项比赛，继而进行国际、洲际乃至世界性的比赛。现在的世界杯、英格兰和美国公开赛可以说是高尔夫球的最高水平的竞赛。

(二) 高尔夫运动在中国的发展

1896年，中国上海高尔夫球俱乐部成立，标志着这项已有几百年历史的运动进入中国。改革开放以后，高尔夫球重新进入中国。1985年5月，中国高尔夫球俱乐部在北京成立。随着社会的发展、人们生活水平的提高，高尔夫球运动逐渐被中国人所接受，热衷这项运动的人也越来越多。

二、主要高尔夫球组织简介

(一) 世界职业高尔夫协会

世界职业高尔夫协会于1926年由Bobby Jones等职业球员发起，并于1993年由Gregory John Norman正式创立组织机构，总部设在美国佛罗里达，得到了美国联邦政府的许可。世界职业高尔夫协会是具有独立法人资格的世界性体育社会团体，目前在全世界17个国家和地区设有代表机构。

世界职业高尔夫协会的宗旨是团结全世界高尔夫球工作者、运动员和爱好者，指导发展全世界的高尔夫球运动，为促进全世界高尔夫球运动的发展服务；推动高尔夫球运动的普及和技术水平的提高；增进与各国、各地区高尔夫球协会和组织的交流和友谊；加强与国际高尔夫球组织的联系与合作。

(二) 中国高尔夫球协会简介

中国高尔夫球协会(China Golf Association，CGA)，简称"中国高协"或"中高协"。中国高尔夫球协会成立于1985年5月24日，是由各省、自治区、直辖市、各行业体协、解放军所属高尔夫球运动组织，及其他合法的高尔夫球社会团体、俱乐部等单位自愿组成的具有独立法人资格的全国性体育社团，是经由国家民政部批准的非营利性社会组织。中国高尔夫球协会同时也是中华全国体育总会的团体会员，是中国奥林匹克委员会承认的全国性运动协会，是代表中国参加国际高尔夫球组织、亚洲高尔夫球协会及相应的国际高尔夫球活动的唯一合法组织。

三、高尔夫球的主要设施设备

(一) 室外高尔夫

1. 场地

大部分高尔夫球场是运用自然起伏的地形规划出来的。正式的球场通常有18个洞，也有9个洞的小型球场，较大球场则有27个洞或36个洞。洞数的多寡只不过表示球场规模大小而已，规则没有什么变化。但在正式比赛的时候，如选择18个球洞的球场可按排列顺序打下去，如选择9个球洞的场地则要绕两遍才能完成比赛。洞穴的直径一般为10.8cm，深10.2cm，洞罐上沿低于地面1inch。室外高尔夫球场见图3-33。

2. 球杆

球杆由杆头、杆身与握把三部分组成，其长度为0.91～1.29m。根据击球远近不同的需要，每个选手最多可带14根各种类型的球杆进场。这14根球杆应以如下配置为宜：4根木杆、9根铁杆和1根推杆，如图3-34所示。

图3-33　室外高尔夫球场

图3-34　室外高尔夫球杆

3. 球道

高尔夫球道分为长、中、短3种。长球道共4条，前后9洞各2条，男子距离为431m以上，女子距离为376m以上；中球道共10条，前后9洞各5条，男子距离在430m以内，女子距离在336m以内；短球道共4条，前后9洞各2条，男子距离在229m以内，女子距离在192m以内。

4. 果岭

果岭是指修整得很好的设置球洞的短草草坪，是每条球道的终点区域，中间设置球洞洞穴，如图3-35所示。

5. 球洞洞穴

球洞洞穴是指埋入地下、供球落入的金属杯。洞穴直径为10.8cm，深10.2cm，杯的上沿低于地面约2.5cm。穴间距离为91.44～548.64m不等，如图3-36所示。

图3-35　高尔夫果岭

图3-36　高尔夫球洞

6. 高尔夫球

高尔夫球是在一块压缩的小橡皮上，用橡皮筋缠绕成圆球，再包上有微凹的坚硬合成材料做外壳，重量为45.93g，美国高尔夫球协会规定球的直径为4.27cm，如图3-37所示。

图3-37　高尔夫球

7. 高尔夫球服饰

高尔夫球被称做"绅士运动"和"贵族运动"，打球者的穿戴必须遵守约定俗成的规矩。首先，运动衣和衬衣必须有领子，无领汗衫或T恤衫在禁穿之列。当然如果天气较冷，也可穿质地较好的休闲西装或夹克衫。最好不要穿普通的运动短裤或牛仔裤，而改穿"正统"的长西裤或短西裤。高尔夫球鞋的鞋底有12个左右的鞋底钉，可防止滑动，使选手挥杆时保持身体平衡。固定这些鞋钉的螺丝一定要牢靠。同时，为了在手握杆时，使手与球杆能轻松而牢固地联成一体，避免磨手，更好地挥杆击球，也为了防寒，在打室外高尔夫球时要戴手套。同时，不妨戴上一顶浅色的阔边太阳帽，既可防止阳光直射，又可增添翩翩风度，如图3-38所示。

8. 标志旗

标志旗是系于细长旗杆上的小旗，插入每一洞穴用于指明洞穴的号数。近距离向洞穴击球时，旗杆可暂时拔出，如图3-39所示。

图3-38　高尔夫球服饰　　　　图3-39　高尔夫标志旗

9. 球座、球杆袋及附属设施、设备

球座是用木头或塑料制成的锥状物，在发球台上发球时用于托架球，打一场球需要准备多个球座。球杆袋也叫球包，是装球杆的袋子，除放球杆外，还可以放球、球鞋、雨伞、毛巾等物。附属设施、设备是指打球时用来拉球杆袋和人员的电瓶车，修补草坪的沙袋和沙子等。

(二) 室内高尔夫

1. 显示屏幕

显示屏幕即用投影机投射的大屏幕，由耐用的尼龙纤维织成，具有较高的清晰度、防火和耐击打性能，用来显示所选的球场景观，投影清晰度高，如图3-40所示。

图3-40　室内高尔夫显示屏

2. 击球平台和防护篷支架

击球平台由在木条上面覆盖厚的胶合板及人造草坪构成，这个击球平台同时也是防护篷支架的基础。防护篷支架是立在击球平台上的支撑防护篷。

3. 计算机

计算机用来显示系统功能菜单和球道的俯视全貌图，帮助打球者定位。其中，设有计算机球童——仿真的服务生，它具备多种语言系统(英文、中文、日文或韩文等)，并且视打球者的水平和需求为其选择合适的球杆，客人每挥一杆，计算机球童会立即报告击球的速度、角度和落点距离，并建议客人选用的球杆号码，随着球落地的状况配有现场声响效果，整个过程如置身于真正的高尔夫球场。

4. 投影机

将球场和击球状况进行投影，具有高频扫描作用，并装配方便的数字聚集系统，可悬挂在支架上或安装在天花板上。

5. 测量器

安装在仿真人造草坪上，负责测量击球的距离等指标。

6. 缓冲墙

安装于显示屏侧面的辅助墙面上。

四、高尔夫球比赛规则

高尔夫球的比赛形式一般分为比杆赛及比洞赛两种。无论是职业赛还是业余赛均以比杆赛的形式较为常见。

(一) 比杆赛

所谓比杆赛，就是将每一洞的杆数累计起来，待打完一场(18洞)后，把全部杆数加起来，以总杆数来评定胜负。

(二) 比洞赛

比洞赛亦是以杆数为基础，其不同之处在于比洞赛是以每洞之杆数决定该洞之胜负，每场再以累积洞数之胜负来裁定成绩。

五、高尔夫球常用术语中英文对照

(1) 球场 Golf Course；

(2) 果岭区 The Green；

(3) 击球区 Hitting Area；

(4) 开球区 Tee Mark；

(5) 球道 Fairway；

(6) 球洞 Hole；

(7) 旗 Flag；

(8) 球座 Tee；

(9) 球杆 Club；

(10) 球袋 Golf Bag；

(11) 比洞赛 Match Play；

(12) 比杆赛 Stroke Play；

(13) 球童 Caddie；

(14) 开球 Tee Off；

(15) 小鸟球(指某洞的杆数低于标准杆一杆) Birdie；

(16) 老鹰球(指某洞的杆数低于标准杆两杆) Eagle；

(17) 双鹰球(比标准杆少三杆) Double Eagle/Albatross。

第五节 壁球服务基本知识

一、壁球运动概述

(一) 壁球运动的起源

19世纪初，在伦敦的老城中心有一个"舰队监狱"，专门关押欠债人和触犯刑律、教规的贵族，他们自然不能去从事繁重的体力劳动，如何打发枯燥乏味的囚禁时光呢？他们用类似拍子的器具对墙击打小球自娱自乐，这可以说是壁球的雏形。

真正意义上的壁球，是由著名的贵族学校——哈罗公学的学生发明的，时间约为1830年。学生们虽身为贵族子弟，却过着囚徒般枯燥的住校生活，于是，一种对墙击球的室内运动被发明并流行开来。因球在猛烈触及墙壁时发出类似英文"Squash"的声音而得名，即现今公认的壁球。很快，这一娱乐健身运动在学校中流行开来。1864年，第一块专门用于打壁球的场地在哈罗修建成功，这也成为该运动正式创立的标志。随着学生长大成人，步入政界、军界和商界，壁球也传遍了英联邦国家和世界各地。

(二) 壁球运动在中国的发展

20世纪90年代初，壁球运动逐渐进入我国。目前，从全国范围来看，北京、上海和香港等地的壁球运动发展得很快。21世纪初期，壁球运动逐渐进入我国的旅游饭店，其康乐部门设置的壁球运动，吸引了大批商务客人与休闲度假客人。

但壁球在发展过程中仍受到一些因素的制约。首先是场地设施不足，场地少在很大程度上使其价格不能降至大众能接受的范围，同时直接影响和限制了人员的参与数量。其次是大众对壁球的认知程度较差。壁球从走进中国并发展至今，自始至终都是以一种"贵族运动"的形象呈现在大众面前，壁球好像是白领、老板等有钱人才玩得起的一项运动，这完全是一种错觉。错觉源自壁球所在的场所——高星级饭店的门槛太高，壁球自然也显得不够亲民。其实，壁球是一项高品位的时尚健身运动，而非高高在上的"贵族运动"。

二、主要壁球组织简介

(一) 世界壁球联合会

1985年，国际壁球联合会与国际女子壁球联合会合并，1992年更名为世界壁球联合会。时至今日，世界壁联已发展成为一个庞大的、组织严密的、管理有序的官方机构。世界壁球联合会所设立的正式国际比赛有：男子、女子世界锦标赛，男子青年、女子青年世界锦标赛，以及为中老年球员设立的大师赛。每年，世界壁联下设的男子职业选手协会和女子国际壁球选手协会都要举办近百站各种大型职业赛事。如同网球有四大公开赛一样，职业壁球界也有著名的四大赛事，即历史最久的英国公开赛、中国香港公开赛，以及在美国纽约举行的冠军赛和世界公开赛。

(二) 中国壁球协会

中国壁球协会(Chinese Squash Association，CSA)，简称"中国壁协"。中国壁球协会同时也是中华全国体育总会的团体会员，是中国奥林匹克委员会承认的全国性运动协会，是代表中国参加国际壁联及相应的国际壁球活动的唯一合法组织。该协会亦是由各省、自治区、直辖市、行业体协、解放军所属壁球运动组织，及其他合法的社会团体、俱乐部等单位自愿组成的具有独立法人资格的全国性体育社团，是非营利性社会组织。

三、壁球的主要设施设备

康乐部门为客人提供的壁球设施设备，主要有壁球室场地、墙体、壁球和球拍等。

(一) 壁球室场地

壁球室场地主要分左右两个运动区和发球区。它的形状像一个矩形盒子，面积较小，长9.6m，宽6m，高6.5m，墙面与地面自然形成90度角。墙壁和天花板一般为透明体，正面墙体上画着红色的界线，墙壁表面坚固程度一致，平滑无缝，使球可以很好地反弹，如图3-41所示。

(二) 墙体

壁球室的墙体，一般采用透明材料装饰，允许观众观看比赛，墙面的下半部是由金属锡制成的，墙体主要由弹性地板、玻璃后墙和标准五金配件等系统组成。

图3-41　壁球室场地

(三) 壁球

壁球,是一种圆形的黑色空心橡胶球体,直径一般为3.95～4.05cm,重量为23～24g。有关壁球,按球飞行的速度快慢可分为蓝点(快速)、红点(中速)、白点(慢速)和黄点(超慢速)。双黄点球是专业练习和比赛用球,其他颜色和黄色单点球作为初级练习用球。壁球内填充稀有气体,当壁球被击打的时候,气体因摩擦受热膨胀,其飞行速度可达150m/h,速度仅次于速度之王羽毛球,是一项快速且剧烈的运动。壁球如图3-42所示。

(四) 球拍

壁球的球拍,重量一般为255g,形状比羽毛球拍稍短一点,它的外框是用线将石墨材料织成双层的方形网形图案,如果线被损坏,可以将它取出,用尼龙线代替。球杆比较长,球拍头与球杆的连接处通常是挖空的,目的是减少振动。球拍的头部线和线端,一般都陷进球的顶部,并被一种缓冲带保护起来,缓冲带一般由能变形的白色材料制成。球拍共有两层网线,统一组成球拍顶端的一个平面,不但与扣眼和线缝形成牢固的拉力,而且美观、大方、实用,如图3-43所示。

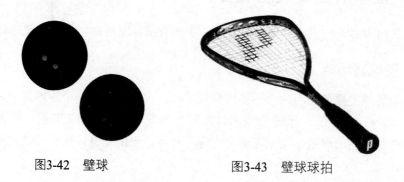

图3-42　壁球　　　　　　　　图3-43　壁球球拍

四、壁球比赛与计分规则

(1) 发球规则。发球时至少一脚须踩在发球区内,将球发至前墙发球红线以下并反弹至对方的T形球区内才算有效。

第一局发球权用转拍方式决定，取得发球权的一方得胜，该球才能算分，若失误，对手得胜不计分，只得发球权。

发球区分左、右边，当发球方第一次在左方发球区得胜后，必须转换至右方发球区发球，再得胜后换至左方发球，直至连续取得9分，才算获得一局胜利。

若发球方失误，由对方取得发球权，可重新选择在左边或右边发球，发球得分后，须再换边发球，依此类推。谁先胜一局，第二局发球权就归谁，由胜利者先发球。

(2) 职业赛规则。通常由靠右边位置的选手发球。比赛开始后，上局的优胜者有权选择发球场地(即左方或右方场地)。壁球比赛大都为三局或五局。经过一段时间的试行，WSF(世界壁球联合会)已在全球范围内统一实行"PARS 11"计分制，即每球得1分，采取11分制(在10平时，领先2分者胜)。

五、壁球常用术语中英文对照

(1) 前墙 Front Wall；

(2) 侧墙 Side Wall；

(3) 后墙 Back Wall；

(4) 出界线 Out Line；

(5) 前墙线 Front Wall Line；

(6) 侧墙线 Side Wall Line；

(7) 后墙线 Back Wall Line；

(8) 切线/发球线 Cut Line/Service Line；

(9) 底界线 Board；

(10) 底板 Tin；

(11) 短线 Short Line；

(12) 半场线 Half Court Line；

(13) 四分一场 Quarter Court；

(14) 发球格 Service Box。

第六节　羽毛球服务基本知识

一、羽毛球运动概述

(一) 羽毛球运动的起源

早在两千多年前，一种类似羽毛球运动的游戏就在中国、印度等国出现，中国称之为打手健，印度称之为浦那，西欧等国则称之为健子板球。

现代羽毛球运动诞生于英国。1873年，在英国格拉斯哥郡的伯明顿镇有一位叫鲍弗特的公爵在他的领地开游园会，有几位从印度回来的退役军官就向大家介绍了一种隔网用拍子来回击打健球的游戏，人们对此产生了很大的兴趣。因这项活动极富趣味性，很快就在上层社交场上风行开来。"伯明顿"(Badminton)成为英文羽毛球的名字。1893年，英国14个羽毛球俱乐部组成羽毛球协会。

(二) 羽毛球运动在中国的发展

羽毛球运动约于1920年传入我国，新中国成立后得到迅速发展。20世纪70年代，我国羽毛球队已跻身世界强队之列。20世纪70年代，国际羽毛球坛由印度尼西亚与我国平分秋色。20世纪80年代，优势已转向我国，说明我国羽毛球运动已达到世界先进水平。同时，羽毛球运动也在广大群众中蓬勃开展，成为人们康体健身的主要运动。

二、主要羽毛球组织简介

(一) 国际羽毛球联合会

国际羽毛球联合会(International Badminton Federation，IBF)，简称"国际羽联"，于1934年由加拿大、丹麦、英格兰、法国、爱尔兰、荷兰、新西兰、苏格兰和威尔士等发起成立，现有147个协会会员。国际羽联的任务是普及和发展世界羽毛球运动，加强各国羽毛球协会之间的联系，举办奥运会、世界锦标赛、世界杯赛和其他国际比赛。

(二) 中国羽毛球协会

中国羽毛球协会(Chinese Badminton Association，CBA)，简称"中国羽协"，于1958年9月11日在武汉成立。中国羽毛球协会为中华全国体育总会的团体会员，是中国奥林匹克委员会承认的全国运动协会。本协会接受国家体育总局和民政部的业务指导和监督管理，其总部设在北京市。协会设主席、副主席、秘书长、副秘书长、委员等，同时下设教练委员会、裁判委员会、新闻委员会、科研委员会、少年委员会、开发委员会，各委员会由一名主任、若干名副主任和委员组成。

三、羽毛球的主要设施设备

(一) 球场

羽毛球球场呈长方形，长度为13.40m，单打球场宽5.18m，双打球场宽6.10m。画场地时，一般都会画成单、双打两用的球场，场地线的颜色最好是白色、黄色或其他容易辨别的颜色。球场外边的两条边线是双打场地边线，里面的两条边线叫前发球线，与端线相平行的线为双打后发球线。前发球线中点与端线中点连接起来的一条线叫中线，在中线两侧的长方形区为左、右发球区，如图3-44所示。

图3-44　羽毛球场馆

(二) 网柱与球网

从球场地面起，网柱高1.55m。网柱必须稳固地同地面垂直，并使球网保持紧拉状态。在双打球场上，无论进行的是双打还是单打比赛，网柱或代表网柱的条状物均应置于双打边线上。球网应由深色、优质的细绳织成。网孔为方形，各边长均为15～20mm，网上下宽760mm，网的顶端用75mm的白布对折而成，用绳索或钢丝从夹层穿过。白布边的上沿必须紧贴绳索或钢丝。绳索或钢丝须有足够的长度和强度，能牢固地拉紧并与网柱顶部取平。球场中央网高1.524m，双打边线处网高1.55m。球网的两端必须与网柱系紧，它们之间不应有空隙。

(三) 羽毛球

羽毛球可由天然材料、人造材料或两者混合制成，只要球的飞翔性能与用天然羽毛和包裹羊皮的软木球托制成的球的性能相似即可。羽毛球应有16根羽毛固定在球托部，羽毛长64～70mm，但每一个球的羽毛从托面到羽毛尖的长度应一致，羽毛顶端围成圆形，直径为58～68mm。羽毛应用线或其他适宜材料扎牢，球托直径25～28mm，底部为圆形，羽毛球重4.74～5.50g，如图3-45所示。

图3-45　羽毛球

(四) 球拍

羽毛球球拍由拍柄、排弦面、拍头、拍杆、连接喉组成整个框架。拍柄是击球者握住球拍的部分，拍弦面是击球者用于击球的部分，拍头界定了拍弦面的范围，连接喉连接拍杆与拍头，拍头、连接喉、拍杆和拍柄总称拍框。拍框总长度不超过680mm，宽不超过230mm。拍弦面应是平的，用拍弦穿过拍头十字交叉或以其他形式编织而成，编织的式样应保持一致，尤其是拍面中央的编织密度不得小于其他部分，拍弦面长不超过

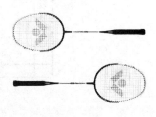

图3-46　羽毛球拍

280mm，宽不超过220mm。不论拍弦用什么方式拉紧，一般拍弦伸进连接喉的区域不应超过35mm，连同这个区域在内的整个拍弦面长不超过330mm，如图3-46所示。

四、羽毛球比赛及计分规则

(一) 计分规则

(1) 羽毛球记分采用21分制，即双方分数先达21分者胜，3局2胜制。每局双方打到20平后，一方领先2分即算该局获胜；若双方打成29平后，一方领先1分，即算该局取胜。

(2) 新制度中每球得分，并且除特殊情况(比如地板湿了，球打坏了)外，球员不可再提出中断比赛的要求。但是，每局一方以11分领先时，可给予1分钟的技术暂停，让比赛双方擦汗、喝水等。

(3) 得分者方有发球权，如果本方得单数分，从左边发球；得双数分，从右边发球。在第三局或只进行一局的比赛中，当一方分数首先达到11分时，双方交换场区。

(二) 单打规则

(1) 发球员的分数为0或双数时，双方运动员均应在各自的右发球区发球或接发球。

(2) 发球员的分数为单数时，双方运动员均应在各自的左发球区发球或接发球。

(3) 如"再赛"，发球员应以该局的总分数来确定站位。若总分为15分(单数)，双方运动员均应在各自的左发球区发球或接发球；若总分为16分(双数)，双方运动员均应在各自的右发球区发球或接发球。

(4) 球发出后，双方运动员就不再受发球区的限制，可自由将球击到对方场区的任何位置，运动员的站位也可以在自己这方场区的界内或界外。

羽毛球单打规则示意图如图3-47所示。

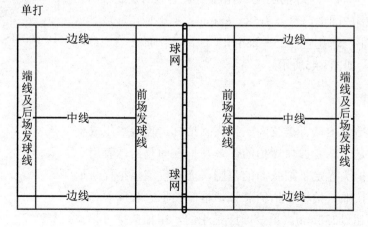

图3-47　羽毛球单打规则示意图

(三) 双打规则

(1) 一局比赛开始，应从右发球区开始发球。

(2) 只有接发球员才能接发球；如果他的同伴去接球或被球触及，发球方得一分。

① 在发球方得分为0或双数时，应该由发球方站在右侧的运动员发球，接发球方站在右侧的运动员接发球；发球方得分为单数时，则应由站在左发球区的运动员发球或接发球。

② 每局开始首先接发球的运动员，在该局本方得分为0或双数时，都必须在右发球区接发球或发球；得分为单数时，则应在左发球区接发球或发球。

③ 与上述内容相反形式的站位适用于他们的同伴。

(3) 任何一局的本方发球员失去发球权后，同时对手获得一分，接着由他们的对手之一发球，如此传递发球权，此时双方4位运动员都不需要变换站位。

(4) 运动员不得有发球错误和接发球的错误，或在同一局比赛中有两次发球。

(5) 一局胜方的任一运动员可在下一局先发球，负方中任一运动员可先接发球。

(6) 球发出后就不再受发球区的限制了。运动员可在本方场区自由站位和将球击到对方场区的任何位置。

羽毛球双打规则示意图如图3-48所示。

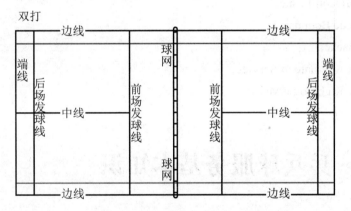

图3-48 羽毛球双打规则示意图

五、羽毛球常用术语中英文对照

(1) 球场 Court；

(2) 羽毛球 Shuttle；

(3) 球拍 Racket；

(4) 球网 Net；

(5) 发球 Serve；

(6) 接发球 Receive Service；

(7) 正手握拍 Forehand Grip；

(8) 反手握拍 Backhand Grip；

(9) 回球 Return；

(10) 吊球 Drop (a shot)；

(11) 正手扣球 Forehand Smash；

(12) 高远球 Deep Clear；

(13) 平抽球，快平球 Drive；

(14) 网前球 Net Shot；

(15) 低发球 Short Service；

(16) 高飞球 Deep/High Service；

(17) 发球区 Half Court；

(18) 交换发球区 Alternate Courts；

(19) 右发球区 Right Service Court；

(20) 单打球场 Singles Court；

(21) 双打球场 Doubles Court；

(22) 单打发球区 Singles Service Court；

(23) 双打发球区 Doubles Service Court；

(24) 双打发球线 Doubles Service Line；

(25) 中线 Midcourt Line；

(26) 边线 Side Boundary；

(27) 端线 Backcourt；

(28) 换发球 Alternate in Service；

(29) 发球权 Right to Serve。

第七节 乒乓球服务基本知识

一、乒乓球运动概述

(一) 乒乓球运动的起源

1890年，几位驻守印度的英国海军军官偶然发觉在一张不大的台子上玩网球颇为刺激。后来他们改用空心的小皮球代替弹性不大的实心球，并用木板代替网拍，在桌子上进行这种新颖的"网球赛"，这就是Table Tennis的由来。欧洲人至今把乒乓球称为"桌上的网球"，由此可知，乒乓球是由网球发展而来的。

Table Tennis出现不久，便成为一种风靡一时的热门运动。20世纪初，美国开始成套生产乒乓球的比赛用具。最初，Table Tennis有其他名称，如Indoor Tennis。后来，一位美国制造商根据乒乓球撞击时所发出的声音创造出Ping-Pong这个新词，作为他制造的"乒乓球"专利注册商标。Ping-Pong后来成为Table Tennis的另一个正式名称。当它传到中国后，人们又创造出"乒乓球"这个新的词语。在日语里，乒乓球叫做"桌球"。乒乓球运动的很多用词是从网球演变而来的。打乒乓球所用的球叫Ping-Pong Ball或Table-Tennis Ball，乒乓球台叫Ping-Pong Table，台面称Court，中间的球网称Net，支撑球网的架子叫Net Support，乒乓球拍叫Ping-Pong Bat。

20世纪初，乒乓球运动在欧洲和亚洲盛行。1926年，德国柏林举行了国际乒乓球邀请赛，后被追认为第一届世界乒乓球锦标赛，同时成立了国际乒乓球联合会。乒乓球运动的广泛开展，促使球拍和球有了很大改进。最初的球拍是块略经加工的木板，后来有人在球拍上贴一层羊皮。随着现代工业的发展，欧洲人把带有胶粒的橡皮贴在球拍上。20世纪50年代初，日本人又发明了贴有厚海绵的球拍。

(二) 乒乓球运动在中国的发展

1904年12月，乒乓球运动从日本传入中国。开始是由上海一家文具商从日本购回一些乒乓球器材，并在店内做表演，于是买乒乓球、打乒乓球的人逐渐增多，各大城市也先后推广了这项活动。当时的乒乓球拍是木拍，板面光滑，很难使球旋转，所以打法只有推挡和抽球两种。

20世纪50年代，我国第一代乒乓球运动员徐寅生等代表中国参加了多次国际比赛，获得了金牌或银牌，不但为国争光，而且拉开了全民参与乒乓球运动的序幕。20世纪90年代，在我国三星级以上的饭店或度假村里，康乐部门根据商务客人和度假客人的运动需求，不仅设置了乒乓球运动室，还为客人提供了规范化的服务。

二、主要乒乓球组织简介

(一) 国际乒乓球联合会

国际乒乓球联合会(International Table Tennis Federation，ITTF)，简称"国际乒联"，于1926年成立于柏林，现有186个协会会员，分属国际乒联承认的欧洲乒联、亚洲乒联、非洲乒联和南美洲乒联。国际乒联是国际单项体育联合会总会成员。1988年，乒乓球被列为奥运会比赛项目，设男、女单打和男、女双打4个小项。在2011世界乒乓球单项锦标赛中，当地时间5月10日，国际乒联年会在鹿特丹世乒赛期间召开。会上沙拉拉主席宣布，国际乒联的成员协会新增5个，目前已达到215个国家和地区，实现了平稳的逐年递增，这个数字也是对乒联全球推广工作的肯定。

(二) 中国乒乓球协会

中国乒乓球协会(Chinese Table Tennis Association， CTTA)是具有独立法人资格的全国性群众体育组织，简称"中国乒协"。中国乒乓球协会是代表我国乒乓球项目活动的最高社会团体，并且是代表中国参加相应的国际乒乓球活动及国际乒联的唯一合法组织。中国乒乓球协会于1953年3月正式加入国际乒联，从而使乒乓球成为新中国成立以后最早获得国际新时期体育组织代表资格的项目之一。从1953年至今，中国乒乓球协会作为世界乒乓球大家庭的七成员之一，多年来一贯支持国际乒联的工作，同时中国乒协还向乒乓球运动不够普及的国家和地区选派了大量的教练员和其他技术人员，并提供了大量器材，为世界乒乓球运动的普及和发展做出了巨大贡献。

三、乒乓球的主要设施设备

(一) 场地

按照国际标准要求，乒乓球场地为长方形，其长度不得小于14m，宽度不得小于7m，天花板高度不得低于5m。

(二) 球台

按照国际标准要求，乒乓球台一般长度为2.74m，宽度为1.525m，高度为0.76m；球台的台面应与水平面平行；球台的弹性标准，是球从0.3m的高度落到台面后弹跳的高度，其值约为0.23m。乒乓球台如图3-49所示。

(三) 球网

乒乓球网主要包括网绳、网柱和将它们固定在球台上的夹钳部分。球网应悬挂在一条绳子上，绳子两端系在高15.25cm的直立网柱上，网柱外缘离开边线外缘的距离为15.25cm。球网的顶端距离球台的台面15.25cm，球网的底边应尽量贴近台面，其两端应尽量贴近网柱，如图3-50所示。

图3-49　乒乓球台

图3-50　乒乓球网

(四) 乒乓球

按照国际标准要求，乒乓球为圆球体，直径一般为40mm，其重量为2.5g。球一般由赛璐珞或类似的材料制成，呈白色、黄色或橙色，且无光泽，如图3-51所示。

(五) 球拍

球拍的大小、形状和重量不等，但底板应平整、坚硬，底板中至少有85%的天然木料。为了加强底板的黏合层，可采用诸如碳纤维、玻璃纤维或压缩纸等纤维材料，每层的黏合层不超过底板总厚度的7.5%，或为0.35mm。球拍是指用来击球的拍面部分，一般用一层颗粒向外的普通颗粒胶覆盖，连同黏合剂厚度不超过2mm；或用颗粒向内或向外的海绵胶覆盖，连同黏合剂厚度不超过4mm。球拍两面不论是否有覆盖物，必须无光泽，且一面为鲜红色，另一面为黑色，如图3-52所示。

图3-51　乒乓球　　　　　　图3-52　乒乓球拍

四、乒乓球比赛和记分规则

乒乓球比赛分团体、单打、双打等数种。在乒乓球比赛中，单打的淘汰赛采用七局四胜制，团体赛中的一场单打或双打采用五局三胜制。在一局比赛中，先得11分的一方为胜方；10平后，先多得2分的一方为胜方。在获得2分后，接发球方变为发球方，依此类推，直到该局比赛结束，或直至双方比分为10平。当采用轮换发球法时，发球和接发球次序不变，但每人只轮发1分球。在双打中，每次换发球时，前面的接发球员应成为发球员，前面的发球员的同伴应成为接发球员。在一局比赛中，首先发球的一方在该场比赛的下一局中应首先接发球。在双打比赛的决胜局中，当一方先得5分后，接发球一方必须交换接发球次序。一局中，在某一方位比赛的一方，在该场比赛的下一局应换到另一方位。在决胜局中，一方先得5分时，双方应交换方位。

五、乒乓球常用术语中英文对照

(1) 远台 Back Court；

(2) 中台 Middle Court；

(3) 近台 Short Court；

(4) 反手扣球 Backhand Smash；

(5) 中线 Center；

(6) 反手直线球 Back Straight；

(7) 台角 Corner of Table；

(8) 全台 Full Court；

(9) 削球 Chop；

(10) 台的边缘 Edge of Table；

(11) 前冲弧圈球 Accelerated Loop；

(12) 球台端线 Front Edge of Table；

(14) 再平分 Again；

(14) 接球员的左半区 Receiver's Left Half Court；

(15) 接球员的右半区 Receiver's Right Half Court；

(16) 底线区 Goal Zone；

(17) 反手斜线推挡 Angled Backhand Block；

(18) 斜线球 Angle Shot；

(19) 发球抢攻 Attack After Service；

(20) 进攻性发球 Attacking Service；

(21) 两面攻 Attack on Both Sides；

(22) 远台 Back Court；

(23) 进攻位置、攻击点、进攻时机 Attack Point；

(24) 反手对攻 Backhand Attack and Counter Attack；

(25) 反手斜线球 Back Cross；

(26) 反手进攻打法 Backhand Attacking Play；

(27) 反手连续攻球 Backhand Attacking Rally；

(28) 发反手下旋球 Backhand Backspin Service；

(29) 反手推挡 Backhand Block；

(30) 反手削球 Backhand Chop。

第八节 沙狐球服务基本知识

一、沙狐球运动概述

(一) 沙狐球运动的起源

沙狐球又名沙壶球，源自15世纪初期的英国。当时人们喜欢在桌上玩一种推硬币的游戏，用的是一种很大的银币，后来逐渐出现了专用的沙狐球以取代银币。不久，此项运动便推广到美国，美国橱柜制造商在为纽约的富人家庭制造沙狐球桌时，加入了其制作橱柜时采用的精细镶嵌工艺，沙狐球从此告别了初始阶段时的粗糙简陋。19世纪末，沙狐球从最初的游戏演化成竞技比赛和休闲娱乐体育项目，经媒体的大肆渲染及推广，沙狐球运动一度与职业拳击、棒球一样占据了纽约报纸的大幅版面。自此举办了多次沙狐球锦标赛，球迷包括商界、戏剧界人士，甚至政界要员。如今，沙狐球已进入成熟发展阶段并风靡欧美，世界各地也纷纷成立国家级和地方级的沙狐球协会。

由于沙狐球游戏要求桌面非常光滑、平整且耐磨性好，但沙狐球桌面容易被划伤，影响游戏质量，因此用于球桌表面的保养费用远远高于球桌本身的价值。而这些高额的费用只有富人才能承受，这也是沙狐球游戏发展缓慢的一个原因。随着现代科技的迅猛发展，一种高科技技术工艺的出现解决了这一难题，即在球桌的木质表面上加上一种经特殊工艺制成的、极具光滑性和耐磨性的涂层。这一难关的突破，使沙狐球的普及向前迈了一大步，逐渐从高级场所进入寻常百姓家。

(二) 沙狐球运动在中国的发展

沙狐球是新近从国外引进的时尚运动。20世纪末，沙狐球引入我国并在北京、天津等发达城市盛行。我国国家体育总局已把沙狐球运动作为全民健身计划中的重要项目向全国推广，并在2002年举办了第一届沙狐球比赛。

沙狐球运动既秉承了保龄球、台球的时尚休闲性，又具有一定的运动强度，同时在运动过程中能够陶冶意志和精神，提高修养，因此各种年龄、各个阶层、各类人群都适宜打沙狐球，都会从沙狐球运动中找到乐趣。虽然沙狐球在国内落户并没有多长时间，但已经成为继台球、保龄球之后的一项老少咸宜的体育运动。沙狐球运动是一项高雅、时尚且富文化内涵的游戏，追求的是对意志、精神的陶冶和对体质的锻炼，倡导的是永远超越、永远拼搏的精神和友好、公平竞争的良好氛围。即便是身体有障碍的人也可以正常参加这项运动，是一种很好的休闲消遣方式。

二、沙狐球的主要设施设备

(一) 沙狐球桌

沙狐球桌由滑道、桌架、记分器组成，有直滑式和反弹式两种，并根据不同尺寸分成各种规格以适用于不同的比赛目的或场所。其中，直滑式沙狐球桌的滑道两端轮流为发球区，相对的一端为记分区，比赛时竞技者站在球桌一端，另一端为发球区。沙狐球桌如图3-53所示。

(二) 沙狐球

沙狐球由金属和塑料球盖两部分组成，标准配置为两组不同颜色，每组4枚共8枚球，沙狐球的颜色一般有红色、蓝色、绿色、褐色和橙色，分标准用球和专业用球两种，如图3-54所示。

图3-53 沙狐球桌

图3-54 沙狐球

(三) 球沙

球沙是由化工合成材料制成的等径球形颗粒，直径为0.3～0.4mm，其功能是使沙狐球在沙狐桌道上易于滑动。球沙分快速沙、中速沙和慢速沙三种，可适应不同规格的沙狐球桌或竞技比赛要求。

(四) 沙狐球专用计分尺

沙狐球专用计分尺为T字形，用于在直滑式球桌竞赛中准确判断双方两枚球的先后位置，使用时将计分尺从正前方向两球平移，先动的球为胜方。如两枚球同为有效悬球，则应将计分尺从球的后方向两球平移，先动的球为负方。

(五) 挠度调节器

地域、环境、湿度的改变会导致沙狐球桌滑道的平整度发生变化，挠度调节器是专门矫正这种变化的标准配置工具。

(六) 刮沙板

刮沙板是用于清理滑道球沙的专用工具。

(七) 球沙回收器

球沙回收器是用于从球槽中回收球沙的吸尘设备。

(八) 滑道区域

在滑道区域中，依次为发球区、无分区和记分区。

(九) 记分区分界线

记分区分界线为一分区和无分区的分界线，4米以上的直滑式球桌有两条记分区分界线，靠近发球区的为第一条记分区分界线，靠近记分区的为第二条记分区分界线。

(十) 记分区

计分区按球桌所示数字分为一分区、二分区、三分区等，如图3-55所示。

图3-55　沙狐球计分区

(十一) 球槽

球槽即球桌滑道与桌边框之间的凹槽部分。

(十二) 分值线

分值线即两个分区之间的分界线,如二分区与三分区之间的分界线为二分线。

三、沙狐球比赛和计分规则

(一) 沙狐球比赛规则

康乐中心为客人提供的沙狐球运动项目一般是直滑式沙狐球,属于国际流行的沙狐球运动项目,主要有两种形式:一是双人直滑式,二是4人直滑式,其运动规则各不相同。

1. 双人直滑式运动规则

(1) 双方客人站在球桌的同一端,通过抛硬币决定开球方,并确定各自的颜色,后出球者更具优势。

(2) 开球的一方向球桌的另一端推出第一枚球,第二位球手以同样的方式也推出第一枚球,并设法将对手的球击落或超过,双方交替出球,直到8枚球全部推出为止。

(3) 推出最远球的球手为本轮的胜方,按标准记分区的记分办法计算分值,将胜方总得分记到记分器上。

(4) 双方走到沙狐球桌的另一端,用与第一轮完全相同的方法进行下一轮比赛,由上一轮的胜方先出球,比赛持续进行,轮数无限定,直至一方先达到或超过15分为止,即为本局胜者。

2. 4人直滑式运动规则

(1) 4名客人分为两组,每组两人,分别站在球桌两端,互为对手,各自的搭档位于桌子的另一端。

(2) 4人直滑式的开球方法、比赛过程和记分办法与双人直滑式相同。

(3) 当一轮比赛结束后,站在球桌另一端的两名球手清理桌面,并从他们所在的那一端开始下一轮比赛。

(4) 比赛持续进行,轮数无限定,直至其中一组积满21分为止,即为本局胜者。

(5) 当一轮比赛结束时,桌面上没有余球,双方不分胜负,均不得分,下轮仍由上一轮的胜方先出球。

(二) 沙狐球运动记分方法

(1) 在一轮比赛中,当球全部推出后,推出最远球的球手为本轮的胜方。

(2) 在每一轮比赛中,只有胜者得分,负者不得分。

(3) 计算胜者的得分,一般是超过对手最远球的每一枚球的分值。分值的总和,即胜者本轮的得分。如球位于分值线上，即按低分计算。

(4) 如球位于记分区边界线之外或压线处，则不得分，未超过第一条记分区边界线或压线的球，应立即移离滑道，放入球槽；未超过第二条记分区边界线或压线的球，不可移离滑道。

(5) 球悬于滑道尽头，称为舰球或有效悬球，就在最高分的基础上额外再加1分；如球悬于滑道两边，称为框球或无效悬球，不额外加分，但原分值有效。

(6) 对于有效悬球的判定，一般是用一枚沙狐球竖直紧贴滑道的远端边侧，垂直边缘后，轻轻划过，如球被撞动，则判定此球为有效悬球。

四、沙狐球常用术语

(1) 开球。一轮中打出的第一枚球称为开球。

(2) 锤球。一轮中的最后一枚球称为锤球，是一轮竞技的决胜球。

(3) 护球。使推出的球抵达自己领先球的后方以设置保护障碍，从而使之免遭对手的攻击。

(4) 埋球。受到保护球很好的保护，从而使对手无法将之直接击落的球。

(5) 死球。未能越过第一条记分区边界线的球；推出的球正面颠倒朝下；落入球槽后又弹回桌面的球；反弹式竞技中没有按约定的回弹方式回弹而不再参与竞技的无效球。

(6) 舰球。亦称有效悬球，指球被击出后悬于记分区远端的底端之上的球，可获得额外加分。

(7) 框球。亦称无效悬球，指球被击出后悬于球桌两侧的边线上，无额外加分，记原分值。

(8) 旗球高手。擅长打出位于球桌尽远端高分位置的沙狐球高手。

(9) 短球。刚好越过离出球球手较近的第一条记分区边界线的球。

第九节 游泳服务基本知识

一、游泳运动概述

(一) 游泳运动的起源

游泳是有着悠久历史的一个运动项目，但关于游泳运动的产生和发展，现在还没有完整、系统的史料可供考证，从现有的某些资料和人类社会发展的历史来看，在很早以前就有了游泳活动。现代游泳运动源自英国，据史料记载，17世纪60年代，英国很多地方的游泳活动已开展得相当活跃。随着游泳活动的日益普及，1828年，英国在利物浦乔治码头建造了第一个室内游泳池。现代游泳在产生和发展过程中，不仅逐渐形成了自由泳、仰泳、蛙泳和蝶泳等类型，而且成为康体休闲的重要项目之一。经常进行游泳锻炼，能使神经、呼吸和循环系统的机能得到改善，而且能促进身体匀称、协调和全面发展。一般游泳场所有海滩、湖泊、天然泉水、江河、激流等新开发的天然游泳设施和各种室内外游泳池。

(二) 游泳运动在我国的发展

游泳虽然在我国古代已经有了很长的历史，但由于长期的封建统治和生产力低下，并没有在技术上得到较大的发展和改进。竞技游泳作为一项专门的体育运动项目出现是在19世纪后期。自1896年(即清光绪二十二年)起，欧美的体育运动随着西方文化的传入开始在我国传播。1949年新中国成立后，随着我国工农业的发展，人们的物质生活水平也在一天天提高。在这种形势下，我国的游泳运动进入了一个新的发展阶段。党和政府为了保证体育运动的发展，先后采取了一系列措施，如在各地兴修体育场馆和游泳池，先后成立体育学院，举办各种类型的短训班和学习班，培养游泳专项教师和教练员，组织有才能的运动员出国学习和训练，聘请外国专家来我国讲学和培训游泳专项教练员及游泳专业教师等。所有这一切都加速了我国游泳运动事业的发展，并为我国游泳运动水平的提高奠定了基础，促使群众性的游泳运动不断发展，游泳竞赛活动逐年增加。

二、主要游泳运动组织简介

(一) 国际业余游泳联合会

国际业余游泳联合会(International Swimming Federation，FINA)，简称"国际泳联"，于1908年由比利时、丹麦、芬兰、法国、德国、英国、匈牙利和瑞典等国倡议成立，现有协会会员179个。国际泳联是国际单项体育联合会总会成员，正式用语为英语和法语，工作用语为英语。从1896年第一届奥运会起，游泳就是奥运会的竞赛项目。国际泳联的任务是确定奥运会和其他国际比赛中游泳、跳水、水球和花样游泳的规则，审核和确认世界纪录，指导奥运会中的游泳比赛。国际泳联总部设在瑞士的洛桑。

(二) 中国游泳协会

中国游泳协会为中华全国体育总会单位会员，于1956年成立，总部设在北京，管辖游泳、花样游泳、跳水、水球4个分项。它的最高权力机构是全国委员会，常务委员会是执行机构，秘书处负责日常工作。下设教练、科研、裁判、少儿训练指导、长距离游泳、老年人游泳、冬泳和救生等专项委员会。1952年4月，国际游泳联合会承认中国为会员。中国游泳运动协会经常举办全国春季游泳分区达标赛、全国少年儿童年龄组室内短池游泳比赛、全国游泳冠军赛、全国游泳夏季分区达标赛、全国少年儿童年龄组游泳分区赛、全国游泳锦标赛、全国花样游泳冠军赛、全国花样游泳锦标赛、全国跳水冠军赛、全国跳水锦标赛、全国水球锦标赛和全国青年水球比赛等赛事。

三、游泳池及配套设施

(一) 游泳池

游泳池根据其池底结构和使用范围通常可分为比赛型、训练型、教学型和普通型4种类型。饭店业设置的游泳池一般为普通型游泳池，它既可以供比赛、教学、训练使用，也可以作为戏水休闲的场所供客人使用。

游泳池设计美观，面积宽敞，顶部高大，顶棚与墙面玻璃大面积采光良好。池底设低压防爆照明灯，底部满铺瓷砖，四周设防溢排水槽。分深水区和儿童嬉水区，深水区水深不低于1.8m，儿童嬉水区深度不高于0.48m。在合理的部位装有安全的游泳梯和跳水板。配有自动池水消毒循环系统、池底清洁系统及相应的机房和加热设施。池边满铺不浸水的绿色地毯，设躺椅、座椅和餐桌，大型盆栽盆景点缀其间，配备固定数量的遮阳伞。游泳池有专用出入通道，入口处有浸脚消毒池，如图3-56所示。

图3-56　游泳池

(二) 配套设施

游泳池旁边设有与接待能力相适应的男女更衣室、淋浴室和卫生间。更衣室配备锁、更衣柜、挂衣钩、衣架、鞋架与长凳。淋浴室各间互相隔离，配冷热双温水喷头和浴帘。卫生间配隔离式抽水马桶、挂斗式便池、洗手台、大镜及固定式吹风机等卫生设备。各配套设施墙面和地面均满铺瓷砖或大理石，并有防滑措施。游泳区内设饮水处。各种配套设施材料的选择和装修，应与泳池设施设备相适应。

四、常见的游泳类型

(一) 自由泳

自由泳是现在最常见的一种游泳姿势，速度较快并具有较强的实用性。现在所说的自由泳一般是指爬泳，而爬泳最早是在1900年由澳大利亚人首先采用的。自由泳一般要求身体俯卧在水中，头部和肩部稍高出水面。游进过程中，双手轮流划水是推动身体前进的主要动力，同时身体要围绕中轴左右转动，以便手臂更好地发挥作用。游泳过程中，速度越快，身体位置越高，但注意不要故意抬头挺胸来提高身体位置，这样会破坏身体的流线型，增加阻力而消耗更多的体能，并且使身体下沉，如图3-57所示。

(二) 蛙泳

蛙泳是最古老的游泳姿势之一，因其划水与蹬腿的动作极似青蛙的游泳姿势而得名。游蛙泳时身体平稳，动作省力，呼吸也比较方便，所以比较适合长时间、长距离等持久性的游泳。蛙泳因其动作较隐蔽、声音较小，长期以来具有很强的实用价值。游蛙泳时要求身体俯卧在水中，双臂伸直后向两侧分开，向后屈肘划水，到肩侧面结束后在胸前汇合，再次向前伸出水面；腿的配合方面要注意将小腿和脚向外侧翻出，在身体两侧呈半弧形向后加速蹬水，如图3-58所示。

图3-57　自由泳

图3-58　蛙泳

(三) 蝶泳

蝶泳是在蛙泳的基础上发展起来的，最初是为了提高速度。在采用蛙泳划水后双臂不在胸前汇合，而是举出水面前摆后再次入水，因这种姿势很像蝴蝶所以称为蝶泳。现在的蝶泳又汲取了海豚利用其半圆形尾鳍和躯干做上下波浪动作快速推进的原理。蝶泳时，双手手心向外，向侧下后方划水，并由外向内划到腹下，然后在大腿两侧出水，从空中向前摆动双臂，腿部要上下打水，如图3-59所示。

(四) 仰泳

仰泳是人体仰卧在水中的一种游泳姿势，仰泳技术的产生和发展有较长的历史，1794年就有了关于仰泳技术的记载，但是直到19世纪初，人们在游仰泳时仍采用两臂同时向后划水、两腿蹬水的动作，即现在的"反蛙泳"。游进时身体仰卧，臂腿动作没有规则限制，多用交替划水和交替踢水配合技术。仰泳技术由于头部露出水面，呼吸方便；躺在水面上，比较省力，因此深受中老年人和体质较弱者的喜爱，如图3-60所示。

图3-59　蝶泳

图3-60　仰泳

五、游泳常用术语中英文对照

(1) 游泳池 Swimming Pool；

(2) 更衣室 Changing Room；

(3) 淋浴 Shower；

(4) 跳台 Diving Platform；

(5) 浅水池 non-Swimmer's Pool；

(6) 深水池 Swimmer's Pool；

(7) 出发台 Starting Block；

(8) 水线 Rope with Cork Floats；

(9) 泳道 Swimming Lane；

(10) 蛙泳 Breaststroke；

(11) 自由泳 Crawl Stroke；

(12) 仰泳 Back Stroke；

(13) 蝶泳 Butterfly Stroke；

(14) 踩水 Treading Water；

(15) 潜泳 Underwater Swimming；

(16) 游泳衣 Bathing Costume；

(17) 换气 Alternated Breathing；

(18) 泳裤 Swimming Trunks；

(19) 泳衣 Swimsuit，Swimming Suit；

(20) 泳帽 Swimming Cap；

(21) 游泳池 Swimming Pool；

(22) 池边 Pool Side；

(23) 救生员 Lifeguard；

(24) 池壁 Pool Wall；

(25) 救生圈 Cork Hoop；

(26) 泳道 Swimming Lane；

(27) 标志线 Markings；

(28) 分道线 Lane Rope；

(29) 出发台 Starting Platform；

(30) 仰泳 Back Stroke；

(31) 蛙泳 Breast Stroker；

(32) 游泳帽 Bathing Cap。

第十节　健身服务基本知识

一、健身产业概述

(一) 国外健身产业的发展

经历了近半个世纪的发展，国外的健身产业发展趋向成熟，国外的健身俱乐部呈现出规模经济的优势，种类较多可满足不同健身人群的健身需要。在健身俱乐部的经营等各个方面形成了系统管理和规划，从人力资源的开发和管理，市场销售，广告的制作投放计划到健身项目的开发，国外的健身俱乐部都有一整套测评开发系统。此外，国外健身产业和科研力量紧密结合，致力于寻找新的市场需要，他们会提前2～3年对市场进行研究和预测，结合大量的市场调查和数据分析，除了现有会员的运动方式和习惯外，人口的分布、年龄的分布、老化的速度、健康的影响因素、医疗的发展趋势、文化的发展等各个方面和市场有关的因素都是他们研究的内容。

(二) 我国健身产业的发展

我国的健身俱乐部也经历了十多年的发展，只是受制于经济发展水平和文化观念，去俱乐部健身只在近几年来才为更多的人所接受和推崇。我国的体育健身俱乐部呈现出以下几点变化：首先，营业面积不断扩大，从单店经营向连锁经营发展；其次，从纯粹的饭店经营发展到各种商业，包括社区健身俱乐部；再次，健身行业的从业人员素质也在不断提高；最后，俱乐部向健身项目多、体系全面的方向发展。

二、主要健身组织简介

(一) 国际健美联合会

国际健美联合会(IFBB)成立于1946年，现有169个协会会员。1969年，国际健美联合会加入国际单项体育联合会总会。该联合会的正式工作用语是英语，总部设在加拿大。国际健美联合会的任务是在国际上促进、发展和管理健美运动，通过体育、合理的营养和力量练习促进健康状况，发展其成员之间的友好与合作关系，支持国家协会的活动，制定、实施和监督业余和职业健美运动竞赛的规则。在国际上代表健美运动组织进行活动，与国际奥委会、国际单项体育联合会总会及其他组织合作，对国际业余和职业健美裁判进行资格认定，奖励对健美运动有突出贡献者。

(二) 中国健美协会

1986年，中国举重协会成立分支机构——健美运动委员会。1985年11月，中国加入国际健美联合会(英文缩写IFBB)，国内现有30个省、自治区、直辖市，12个计划单列市，4个行业体协和国家体委的6所直属体院开展健美运动。健美项目已列入我国大学体育统编教材。自1994年以来，中国健美协会成功举办了多次国际重要的健美赛事和会议。目前，国内现有国际级健美裁判2人，国家级健美裁判22人。为提高我国大众健身健美运动水平，中国健美协会每年举办一届全国健美锦标赛、中国健身小姐大赛、全国健美俱乐部排位赛、沙滩健美暨健身风采大赛。根据健身市场发展的需要，协会还定期举办等级健身指导员培训班，健美教练员、裁判员培训班，并对具有一定规模的健美组织实行等级评定。

三、健身房的主要设施设备

健身房的实际使用面积应根据健身项目和器材数量的多少和配套设施的实际需要确定，通常为几十平方米到几百平方米不等。为避免客人运动时产生压抑感，普通健身房的天花板距离地板的高度一般都在3m以上。同时，各健身器材之间均有1.5～2m的距离，供客人活动。普通健身房在其服务范围内通常做如下分区，各区域内设置相应的项目。

(一) 体能测试中心

客人通过身体测试，能够准确了解自己的体质和体能，便于自己或专业指导人员制订正确、科学的训练计划，避免不必要的伤害，达到更佳的运动训练效果。目前，体能测试中心配备的基本身体体能测试仪器主要有以下几种。

1. 计算机皮层脂肪测定仪

这种仪器通过激光来测定和分析客人体内的脂肪、水分和肌肉组织的分布情况，并能够根据检查结果打印健身报告单。

2. 心率、血压和体重组合仪

这种仪器可以同时测出客人的心率、血压和体重，并能够根据检查结果打印健身报告单，提供健身前后的比较表，使用方便。

3. 肺功能分析仪

这种仪器能够准确测量客人的肺部排气量(肺活量)。

另外，体能测试中心还配有体能量度尺(量度体形的标准板)、肌肉力量测试仪、身体柔软度量度仪(量度人体柔软弹性)等各种仪器，便于客人使用。

(二) 器械健身区域

器械健身区域的面积可以随健身器械的多少而定，区域内装修简洁、明快，墙面配有玻璃镜子，地面铺设地毯或木质地板，使人感到舒适和放松，所配置的基本设备仪器主要有以下几种。

1. 跑步机

这是根据人们标准的跑步动作设计的，能够帮助客人做原地慢跑、竞走、短跑、长跑等运动。客人可以根据自身的情况和需要选择合适的速度和坡度进行锻炼。使用这种设备能够克服室外跑步对环境、气候、时间和场地的限制，可锻炼人的脏器协调能力，如图3-61所示。

2. 划船健身器

这种器械可模拟划船时的有氧运动，锻炼腹部、腰部、背部、腿部和手臂肌肉，边健身边娱乐，如图3-62所示。

图3-61　跑步机　　　　　　　　　　图3-62　划船健身器

3. 台阶练习器

这种器械可模拟登山动作，练习者脚踏在高低不同的踏板上，手扶扶手，由计算机测量和分析其动作强度和运动量，如图3-63所示。

4. 健骑机

这是一种模拟骑马的全身性运动器械，简单而富有趣味性，可锻炼腹部和腿部肌肉。如图3-64所示。

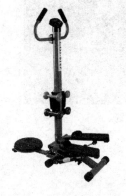

图3-63　台阶练习器　　　　　　　　图3-64　健骑机

5. 举重架

这是一种锻炼臂力和胸部肌肉力度且运动量很大的训练器材，如图3-65所示。

6. 多功能组合练习器

这种器械可以模拟完成多种体育锻炼项目，通过动作借钢丝绳、滑轮、重量调节块等把腿部、背部、胸肌等多种练习综合在一起，能对身体各部位起到健美、锻炼的作用，如图3-66所示。

图3-65　举重架

图3-66　多功能组合练习器

(三) 体操健身区域

体操健身区域是客人做各种健美韵律操的区域。体操区的装修也比较简洁、明快，墙壁上安装玻璃镜子，四周配置把栏，地面铺设木质地板或地毯，室内设有大屏幕电视和背景音响。体操健身区域的主要活动包括有氧舞蹈、地板运动、伸展运动和韵律操等。体操健身区域设置的设备仪器通常比较简单，主要就是按摩器、软垫、踏板等，如图3-67所示。

图3-67　体操健身区域

四、健身常用术语中英文对照

(1) 平衡 Balance；

(2) 助力 Cheating；

(3) 弯曲 Flexion；

(4) 伸展 Extensions；

(5) 强度 Intensity；

(6) 间歇 Rest Pause；

(7) 停息时间 Rest Time；

(8) 训练组数 Set；

(9) 匀称 Symmetry；

(10) 伸展动作 Stretching；

(11) 有氧训练 Aerobic Exercise；

(12) 卧推 Benching；

(13) 极限训练 Blasting；

(14) 体脂 Body Fat；

(15) 超量消耗 Burnout；

(16) 掌粉 Chalk；

(17) 循环训练 Circuits；

(18) 放松活动 Cool Down；

(19) 耐久力 Endurance；

(20) 柔韧性 Flexibility；

(21) 自由调节重量 Free Weights；

(22) 训练手套 Gloves；

(23) 腿筋 Hams；

(24) 强度 Intensity；

(25) 腿弯举 Leg Curls；

(26) 腿屈伸 Leg Extensions；

(27) 腿保暖器 Leg Warmers；

(28) 健身器械 Machines；

(29) 训练垫 Mats；

(30) 护膝 Wraps；

(31) 力量 Power；

(32) 重锤拉力器 Pulleys；

(33) 重量训练 Pumping Iron；

(34) 形体 Shape；

(35) 肌肉力度 Shredded；

(36) 深蹲架 Squat Rack；

(37) 体力 Strength。

第十一节 室内攀岩服务基本知识

一、攀岩运动概述

(一) 攀岩运动的起源

攀岩是由登山运动衍生的竞技运动项目。20世纪50年代源于苏联，当时是军队中的一个军事训练项目。1974年列入世界比赛项目。进入20世纪80年代，现代竞技攀登比赛开始兴起，引起人们广泛的兴趣，并于1985年在意大利举行了第一届难度攀登比赛。

(二) 攀岩运动在中国的发展

近几年来，攀岩运动在我国的发展已初具规模，并吸引了越来越多的年轻人参加。从1997年开始，国内每年要举行两次以上全国或国际性比赛。在中国北方地区，特别是北京，了解攀岩的人为数不少，而参与攀岩已成为许多青少年的时尚行为。尽管目前攀岩还没有在全国范围内得到很好的普及与推广，但值得欣喜的是，通过近几年新闻媒体的大力宣传，东南沿海、西南及西北等地区也纷纷提出开展这项运动，全国各地区陆续修建各种各样的天然及人工攀岩场地供人们训练和娱乐。攀岩正以其特有的魅力、突出的个性感染着人们。参与攀岩，会让您在与悬崖峭壁的抗衡中学会坚强，在征服攀登路线后享受成功与胜利的喜悦。

二、主要攀岩组织简介

(一) 国际攀岩联合会

国际攀岩联合会(International Federation of Sport Climbing，IFSC)于2007年1月27日在德国法兰克福宣布成立，48个成员组织一致通过了IFSC章程、规则及各项实施细则。至此，一个全新的监管竞技攀岩项目的组织诞生了。1989年，首届世界杯攀岩赛分阶段在法国、英国、西班牙、意大利、保加利亚和苏联举行，运动员参加在各地举行的比赛，然后根据每站比赛的得分，进行年度总排名，总成绩最好者即为世界杯得主。此后，每年都举行世界杯赛。1991年举办了首届世界攀岩锦标赛。1992年举行了首届世界青年攀岩锦标赛。

(二) 中国登山协会

中国登山协会是中华人民共和国组织、管理和推进登山运动的唯一的全国性机构，自1958年成立以来组织过数十次在国内外有重大影响的高山探险活动。中国登山协会近年来开始大力发展登山运动的相关运动，如攀岩、攀冰、户外运动、拓展运动、蹦极运动等，先后举办了多次国际及全国比赛，对推动中国登山运动的发展、促进全民健身计划的实施、增进国际登山界的交流，都起到了积极的作用。

三、室内攀岩的主要设施设备

目前，饭店康乐部提供的大多是室内攀岩服务，所以本节着重介绍室内攀岩的相关知识。

(一) 安全带

攀岩用安全带与登山安全带有所不同，属于专用，并不适合登山。我国大部分攀岩者使用登山安全带，而攀岩爱好者又常是登山人，于是两种安全带也就混用了。攀岩安全带如图3-68所示。

(二) 下降器

目前，8字环下降器是使用最普遍的下降器，如图3-69所示。

图3-68　攀岩安全带　　　　　　　图3-69　攀岩下降器

(三) 安全铁锁和绳套

在攀登过程中休息或进行其他操作时，安全铁锁和绳套可做自我保护之用，如图3-70所示。

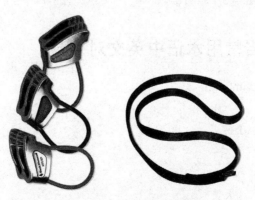

图3-70　攀岩安全铁索和绳套

(四) 安全头盔

在攀岩过程中，一块小小的石块落下来砸在头上就有可能造成极大的生命危险，因此，头盔是攀岩的必备装备，如图3-71所示。

(五) 攀岩鞋

攀岩鞋是一种摩擦力很大的专用鞋，可以帮助攀岩者节省很多体力，如图3-72所示。

图3-71　攀岩安全头盔　　　　　图3-72　攀岩鞋

(六) 镁粉

在攀岩过程中，攀岩者的手出汗时，抹一点装在粉袋中的镁粉，就不会出现手滑的情况。

(七) 岩石锥

岩石锥是固定于岩壁上的各种锥状、钉状、板状的由金属材料制成的保护器械，可根据裂缝的不同选用不同形状的岩石锥，如图3-73所示。

(八) 岩石锤

岩石锤是钉岩石锥时使用的工具，如图3-74所示。

图3-73　岩石锥　　　　　图3-74　岩石锤

四、室内攀岩常用术语中英文对照

(1) 器械攀登 Aid Climbing；

(2) 绳梯 Aider；

(3) 冰镐的铲型头 Adze；

(4) 保护 Belay；

(5) 岩石栓 Bolt；

(6) 防滑粉 Chalk；

(7) 胸式安全带 Chest Harness；

(8) 攀岩馆 Climbing Gym；

(9) 攀岩鞋 Climbing Shoes；

(10) 将绳子放入铁索 Clip；

(11) 双绳 Double Rope；

(12) 下攀 Down Climbing；

(13) 岩石表面的尖利边角 Edge；

(14) 攀登没有裂缝的岩石 Face Climbing；

(15) 坠落 Fall；

(16) 脚点 Feet；

(17) 一坠落地(绳子没能吸收动能) Grounder；

(18) 遍带圈 Runner；

(19) 头盔 Helmet；

(20) 支点 Hold；

(21) 尖角 Horn；

(22) 铁锁 Karabiner；

(23) 用锤子敲 Nailing；

(24) 岩石塞 Nut；

(25) 岩石钉 Piton；

(26) 岩石上的凹坑 Pocket；

(27) 下降保护点 Protection；

(28) 整套攀登器材(一般指保护器材) Rack；

(29) 很容易的攀登 Rally；

(30) 缓慢上升的斜坡 Ramp；

(31) 下降 Rappel；

(32) 技术攀登的等级 Rating；

(33) 为下降和上方保护使用的大铁环 Ring；

(34) 绳 Rope；

(35) 路线，线路 Route。

第十二节　飞镖服务基本知识

一、飞镖运动概述

(一) 飞镖运动的起源

飞镖运动于15世纪兴起于英格兰，20世纪初，成为酒吧中常见的休闲活动。20世纪30年代，飞镖运动日趋职业化，出现了职业协会、职业比赛以及大量的职业高手。今天，飞镖在英国、法国、美国已是非常普及的大众运动。

(二) 飞镖运动在中国的发展

20世纪80年代，飞镖运动在我国出现。近几年来，北京、上海、广州、天津、大连等地掀起了不大不小的飞镖热，各大商场中都能购买到飞镖器材，飞镖爱好者的队伍不断扩大，各种规模的飞镖比赛层出不穷，选手水平提高很快。飞镖在我国是一项新兴的体育运动，人们对它的喜爱程度并不亚于一些流行体育项目。城市的酒吧和休闲场所也为飞镖爱好者提供了运动场所。此外，由于飞镖具有平民化这一特点，它很快走进了千家万户，成为一项重要的家庭健身和娱乐活动。为了推动全民健身运动在全国的深入开展，进一步普及飞镖运动，国家体育总局社会体育指导中心于1999年5月把飞镖运动列为正式体育项目，这标志着飞镖运动在我国得到了认可，成为一项名副其实的运动项目。总之，飞镖运动在我国方兴未艾，参加此项运动的人会越来越多，我国的飞镖水平也会不断地提高。

二、主要飞镖组织简介

(一) 国际飞镖联合会

国际飞镖联合会(International Dart Federation，IDF)，是注册在瑞士的非官方非营利性的软式飞镖国际体育组织。IDF的成立旨在推广飞镖运动在全世界的发展，推动飞镖运动成为奥林匹克认可的运动项目，并在此基础上最终成为奥林匹克运动会比赛项目。

(二) 中国飞镖协会

中国飞镖协会(Chinese Darts Association，CDA)，简称"中国镖协"。中国飞镖协会会址设在北京，是具有独立法人资格的非营利性体育社团，是代表中国参加国际飞镖组织和活动的合法组织。中国飞镖协会是由遵守国家法律、法规，遵守中国飞镖协会章程并在飞镖领域有一定影响力，自愿加入中国飞镖协会的单位和个人组成。

中国飞镖协会的宗旨是依据《中华人民共和国体育法》，组织和团结全国飞镖运动工作者和爱好者，遵守宪法、法律、法规和国家政策，普及飞镖运动，提高运动技术水平；遵守社会道德风尚，促进社会主义物质文明和精神文明建设；扩大国际体育交流，加强与国际和亚洲飞镖联盟的联系，为增进世界人民的友谊服务。

三、飞镖的主要设施设备

(一) 镖靶

镖靶是飞镖投掷的目标。镖靶的直径为457mm，外直径为342mm，由细钢丝分成20个楔形用来标记分数。镖靶标盘外圈的狭窄圈环，为各分值区的两倍，即"双倍区"；

标盘内圈的狭窄圈环，为各分值区分数的三倍，即"三倍区"。中间的同心圆称为"牛眼"，里面和外面的同心圆分别称为内牛眼和外牛眼。内牛眼得分为50分，为"双倍区"；外牛眼得分为25分，为"单倍区"。比赛时，镖靶的周围和正下方要有适当的缓冲物，避免投镖损坏墙面。镖靶的中心离地1.73m，投掷线距离镖靶在地面上的投影线2.37m。镖靶如图3-75所示。

(二) 飞镖

飞镖由镖针、镖筒、镖杆和镖翼构成，可以根据客人和比赛的要求选用不同质地的飞镖，如图3-76所示。

图3-75　镖靶　　　　　　图3-76　飞镖

四、飞镖比赛和计分规则

(一) 比赛规则

欧美最常用的比赛规则是501比赛，正规的国内、国际比赛一般都采用此规则。该规则简述如下：比赛开始前，每名选手各投一支镖，离中心距离最近者先投，这叫掷牛眼。多名选手轮流上场，每轮投三支镖，每轮的得分从他的总分中减去，首先恰好减至0分者获胜。每名选手结束比赛的那支镖(不一定是第三支镖)必须打在两倍区内，这叫倍出(Double-Out)。如果一名选手投出一支镖后，他的分数变成了负分，则他的这一轮得分不计，仍保持此轮开始前的数字，这叫爆镖(Busted)。如果比赛规定要"倍出"，那么减到0分但没打中两倍区，或者减到1分(此时无法倍出)，也算爆镖。一旦爆镖，这名选手的这一轮投掷即告结束，哪怕三支镖还没打完，他的分数也要恢复到此轮开始之前的分数，此后轮到他的对手掷镖。

(二) 计分规则

镖靶的20个楔形分区分别代表1～20分，投中镖靶最内圈的红色区域得50分，投中最内圈以外的绿色区域得25分。镖靶上还有两个窄环，投中镖靶上靠外面和靠里面的窄环区域时，得分分别是本区基础分数的2倍和3倍。

五、飞镖常用术语中英文对照

(1) 飞镖 Arrows；

(2) 小吨(分数95，通常是打了5个19分) Baby Ton；

(3) 进仓镖(一轮中的第三支镖打中了头两支没打中的瞄准目标) Barn Dart；

(4) 轰炸机(很大或者很重的飞镖) Bombs；

(5) 乱射(根本不瞄准就胡乱投镖) Chucker；

(6) 钟面(飞镖盘) Clock；

(7) 罗宾汉(把后一支镖打在前一支镖的镖杆上) Robinhood；

(8) 三人行(三支镖打在同一个分数上) Three in a Bed；

(9) 关在门外(一分没得就输掉了一场比赛) Shut Out。

第十三节 瑜伽服务基本知识

一、瑜伽运动概述

(一) 瑜伽运动的起源

瑜伽源自印度，距今有五千多年的历史，被人们称为"世界的瑰宝"。瑜伽发源印度北部的喜马拉雅山麓地带，古印度瑜伽修行者在大自然中修炼身心时，无意中发现各种动物与植物天生具有治疗、放松、助眠或保持清醒的功能，人在患病时可不经任何治疗而自然痊愈。于是古印度瑜伽修行者便观察动物的姿势，模仿并亲自体验，创立出一系列有益身心的锻炼系统，也就是体位法。这些姿势历经五千多年的锤炼，让世世代代的人从中获益。

(二) 瑜伽运动在中国的发展

20世纪80年代初，健美操在我国各城市流行起来，很多以健美操为主要内容的健身中心在社会上相继开业，健美操开始通过各种媒体向社会传播。在国家体育总局、新闻媒体及众多健身操工作者的努力下，我国女性以"健康"为健身指导的思想逐渐形成。并且在选择健身运动方式时，女性不仅仅将健美操设为首选项目，瑜伽、肚皮舞等也倍受欢迎。其中，瑜伽更加受到人们的关注。

因此可以说，瑜伽是以一种健身方式的形式传入中国的。随着瑜伽在中国的进一步传播，瑜伽服饰、书籍、VCD等相关产品随即出现，瑜伽逐渐脱离健身房，瑜伽馆、瑜伽中心、瑜伽会所等相对专业的修炼场所慢慢成立起来。

二、主要瑜伽组织简介

(一) 世界瑜伽协会

世界瑜伽协会是世界上最权威的瑜伽机构之一，总部设在瑜伽的发源地——印度加尔各达。在世界瑜伽协会的组织下，截至2010年，世界瑜伽协会已经有127个分会分布在全球其他国家和地区，比如印度的加尔各答、孟加拉、中国、美国、德国、新加坡、新西兰、伊朗、阿根廷、西班牙、芬兰、挪威、日本、墨西哥、毛里求斯、尼泊尔等。包括瑜伽导师培训认证机构、瑜伽学院、瑜伽医院等，在印度本国注册的会员达百万余人，导师及教练近三十万人以上，遍及世界各地。世界瑜伽协会负责在全球推广瑜伽事业，培训并认证专业国际瑜伽导师，交流瑜伽行业最新资讯。获得世界瑜伽协会证书的瑜伽教练可得到世界各地瑜伽机构的认可。

(二) 中国瑜伽行业协会

中国瑜伽行业协会(CYIA)，是顺应中国瑜伽行业的发展，为了规范中国瑜伽行业，制定中国瑜伽行业规则，引导中国瑜伽健康发展，由从事瑜伽行业的团体会员和个体会员自愿组成的非营利性组织，是我国及全球所有华人地区(域)的中国瑜伽行业性组织，并与全球范围内的瑜伽协会组织建立了紧密的合作关系，在组织中国瑜伽行业与世界各国瑜伽行业交流方面取得了一定的成绩。

三、瑜伽练习的注意事项

(一) 瑜伽练习时间

每天练习，可以选择清晨、中午或是晚上，最好饭后2~4小时空腹练习。

(二) 瑜伽练习环境

练习瑜伽时，应选择通风、安静、优美的环境。

(三) 瑜伽服装

瑜伽服装应宽松、轻便、舒适，尽量少带饰物，诸如项链、耳环、发饰之类。

(四) 瑜伽呼吸

一般用鼻腔呼吸，动作应与呼吸协调。瑜伽的呼吸特色在于最大幅度移动横隔膜，完全将气呼出再吸气，这有利于二氧化碳、废物、污浊的空气完全排出肺部，维持肺部的健康。

(五) 瑜伽饮食

练习完半小时后可进食，尽量吃新鲜、自然的食物。瑜伽把食物分为惰性食物(肉类)、变性食物(辣椒)、悦性食物(果蔬、牛奶)。瑜伽修行者建议多食悦性食物,少食惰性食物,禁食变性食物。

(六) 瑜伽沐浴

在练习前沐浴可使肌肉更柔软,练习后呼吸恢复正常且出汗已经停止方可沐浴。

(七) 瑜伽意念

将意念放在动作及身体的变化上,感受身体及心灵的变化。身体应该是放松的,心境应该是平和的。

(八) 瑜伽体位动作练习

一定要以自身舒适度为准,不应过于用力,若身体过于疼痛应停下放松。在瑜伽体位练习中,每一步骤都要谨慎从事,不可操之过急,在练习过程中逐步增加力度和难度,如图3-77所示。

图3-77　瑜伽体位练习

四、瑜伽术语的中英文对照

(1) 瑜伽 Yoga;

(2) 柔韧度 Nimbleness;

(3) 自控力 Self-Control;

(4) 意志力 Resistance;

(5) 瑜伽练习者 Yoga Practitioner;

(6) 伸直手臂 Stretch Your Arms;

(7) 俯卧 Lie Flat on the Stomach;

(8) 关注呼吸 Pay Attention to Your Breath;

(9) 瑜伽服 Yoga Wear;

(10) 瑜伽垫 Yoga Mat;

(11) 仰卧 Lie Flat on the Back；

(12) 向上看 Look Upward；

(13) 伸直膝盖 Keep Your Knees Straight；

(14) 热身训练 Warm Up；

(15) 姿势 Pose；

(16) 直角式 Right Angle Pose；

(17) 牛面式 Cow's Face Pose；

(18) 吸气 Inhale；

(19) 呼气 Exhale；

(20) 前倾 Bend Forward；

(21) 肩旋转 Shoulder Rotation；

(22) 颈旋转 Neck Rolls；

(23) 放松 Relax；

(24) 反复 Repeat；

(25) 腿部伸展 Leg Stretches。

本章小结

　　饭店康乐中心康体运动类项目通常包括保龄球、台球、网球、高尔夫球、壁球、羽毛球、乒乓球、沙狐球、游泳、健身、室内攀岩和飞镖等。本章从各个项目的起源和发展、主要组织、主要设施设备、比赛规则、计分标准和常用术语中英文对照等方面，对饭店康体运动类项目做系统全面的介绍，以增强相关项目的基础知识，为相关从业人员更好地对客服务奠定基础。

知识链接

健身房管理制度模板

　　第一章　健身房管理

　　第一条　健身房门口的客人须知、营业时间、价目表等标牌齐全，设计美观、大方，中英文对照，文字清楚，摆放位置得当。

　　第二条　健身房室内健身器材布局合理，摆放整齐。

　　第三条　录像机、电视机、钟表设置合理，便于客人观看使用。

　　第四条　健身房内照明充足，适当位置有足够数量的常绿植物，使环境美观、整洁、舒适，布局合理，空气清新。

　　第二章　健身房服务人员管理

　　第五条　客人做健身活动的目的，一是通过锻炼使身体健美，二是消除疲劳，三是减肥。因此，健身房服务人员应根据客人的实际需要安排相应的健身活动。

　　第六条　健身房服务人员迎接客人，要具有较强的外语对话能力，仪容整洁，精神饱满，身体健康，待客热情、大方、有礼，熟练掌握和讲解健身器材的使用方法，善于引导客人参加健身运动。

第七条　健身房服务人员介绍、示范健身运动时首先要介绍设备的性能和操作方法。当客人需要健身并要求辅导时，服务人员应主动示范。

第八条　健身房服务人员带领客人做健身操时应做到口令清晰、姿势正确、动作一丝不苟，并根据客人的体质状况，因材施教，给予不同的指导。

第九条　如客人误场，健身房服务人员可提供健身操录像带给其使用。

第十条　健身房服务人员应坚守岗位，注意安全，严格执行健身房的规定，注意客人的健身动作，随时给予正确的指导，确保客人安全运动，礼貌劝止一切违反规定的行为。

第三章　健身房卫生管理

第十一条　由专人负责健身房、更衣室、淋浴室的清洁卫生工作。

第十二条　要搞好环境卫生和设备卫生，保持环境的整洁和空气的清新，并达到质量标准，给健身者以良好的环境体验。

第四章　健身器材管理

第十三条　健身房服务人员要维护健身设备的正常运行，如发现问题，应及时上报。

第十四条　健身房服务人员应每天按规定准备好营业用品，需要补充的用品，应及时报告领班并申领。

(资料来源：任长江，薛显东.饭店管理职位工作手册[M].北京：人民邮电出版社，2006.)

📺 **案例分析**

某饭店康乐中心经典案例

林先生是上海一家外资企业的中国区总裁，住在香港某五星级饭店商务楼层的长包房里。每天晚上，他总喜欢来到康乐中心的台球室，与服务员或教练打上2个小时台球。在这里，他不仅能和服务员、教练像老朋友那样愉快地聊天，还能不断提高自己的台球水平。为此，每局下来，与对手的分数差距不大，大多时间都赢了对方。在他看来，到这里打台球，不但缓解了工作压力，还体验了斯诺克的绅士风度，并展现了自己的竞技魅力。

一天晚上，一名刚来台球室实习的大学生小李很热情地接待了他，并答应陪他打台球。在短短的1个小时之内，小李竟然一连赢了林先生三局，让林先生很尴尬，竞技魅力也荡然无存，就沮丧地提前埋单，索然无味地离开了台球室。从此，在台球室里，再也看不到林先生的身影。原来，林先生退了商务楼层的长包房，入住到对面一家五星级饭店，每天晚上到那家饭店的台球室里展现自己的绅士风度与竞技魅力。

(资料来源：牛志文，周廷兰.康乐服务与管理[M].北京：中国物资出版社，2010.)

试分析：

小李错在哪里，应如何改正？

实训练习

　　以4人为一个单位，对学生进行分组，带领学生进行保龄球、台球、乒乓球、羽毛球等项目的实训。若实训受到场地条件的限制，可利用社会资源在校外进行。实训中重点强化学生对相关项目的基本规则和计分方法的掌握，增强项目操作的熟练程度。

复习思考题

　　1. 简述网球运动的起源和发展。

　　2. 饭店健身房主要提供哪些设施设备？

　　3. 简述斯诺克台球比赛的规则。

　　4. 简述保龄球比赛的计分标准。

　　5. 概述壁球运动的主要组织。

第四章
休闲娱乐类服务项目基本知识

知识目标

- 熟悉休闲娱乐类项目的基本知识
- 了解休闲娱乐类项目的主要设施设备

能力目标

- 掌握休闲娱乐类项目的分类
- 掌握休闲娱乐类项目常用术语(中、英文)

本章导语

休闲娱乐类项目是在一定的环境和设施条件下,宾客通过参与相关休闲娱乐活动,达到调节身心、丰富生活和社会交往等目的的休闲消遣性活动。休闲娱乐类项目需要客人具有较强的主动参与性,其主要功能是使参与者得到精神和情趣上的满足。饭店康乐部常见的休闲娱乐类项目包括:卡拉OK、舞厅、棋牌室、电玩游戏厅和酒吧。作为饭店康乐部服务人员应该掌握相关项目的基本知识,熟悉项目分类、设施设备,并掌握相关项目的中英文术语,为提供优质服务奠定基础。

案例导入丨咖啡溅到了客人的西裤上

一天,某饭店歌舞厅的零星客人特别多,服务人员非常忙碌。忽然,厅内响起"啊"的一声,只见一位身着西装的客人,从自己的座位上跳起来,使劲地抖着西裤,似乎是让什么烫着了。

原来是新来的实习生小张忙中出错,不小心把热咖啡溅到了客人的西裤上。服务员小肖连忙过去,以充满歉意和关心的语气问:"实在对不起,烫着了没有?有没有关系?要不要我陪您到医务室去看看?"客人拉长了脸,恼火地指着西裤说:"怎么这么不小心,你看我今天刚穿上的西裤就弄成这个样子,你说怎么办?"小肖想错误已经造成,而且完全是由于饭店工作上的失误,应该采取相应的办法予以补救。于是,小肖慎重地向客人道歉,并征求客人意见:"能否回房把西裤换下来,我们马上拿去洗衣房给您免费洗烫,下午三点以前给您送回,您认为怎么样?"客人表示同意。

当晚在送还西裤时,小肖特意在洗衣袋内留了一张字条:"先生,实在对不起,由于我们的工作失误给您带来了不便，请接受我们的再次道歉。"第二天当这位客人又出现在歌厅时，小肖又一次向他表示了饭店的歉意，客人完全释然地说："没关系，小事一桩，谢谢你们。"

案例评析：

服务员在日常工作中难免会出现失误。出现失误时，首先，服务员应主动上前承担责任并向客人道歉，让客人感到受尊重、受重视；其次，服务员应主动询问客人有没有被烫伤，提出陪客人看医生等，使客人感受到饭店的诚意及对他的关心，这样可使客人慢慢冷静下来客观地看待这件事。本例中的小肖从客人的角度出发，尽可能弥补因工作失误带给客人的不便与不快，主动提出为客人免费洗烫西裤，最终取得了客人的谅解。在小肖为客人送还西裤时，还附了一张小纸条再次向客人道歉，取得了客人的进一步谅解。这说明与客人及时沟通，可以弥补饭店工作的不足，增加客人的满意度。

(资料来源：谭晓蓉，王辉，黄刚.康乐服务员实战手册[M].北京：旅游教育出版社，2006.)

第一节　卡拉OK服务基本知识

一、卡拉OK概述

"卡拉"在日语里是空洞、虚无的意思，"OK"指无人伴奏的乐队。卡拉OK的最初形态只是供专业乐手在没有条件带伴奏乐队的巡回演出中使用的伴奏磁带。卡拉OK兴起于20世纪60年代末。在日本神户酒吧做伴奏乐手的井上大佑，在为朋友的录音机灌制伴奏乐曲时，发现了无人伴奏能够给人们带来很大的乐趣，进而发明了伴唱声轨和可携式麦克风。

后来，"卡拉OK"流传到中国，各大城市饭店的康乐部相继配有卡拉OK设备。客人走进卡拉OK娱乐场，服务员递上歌曲目录本，请客人在选曲单上填上自己要唱的歌，服务员根据选曲单输入激光视盘，客人便可根据荧屏上出现的歌词，跟着伴奏唱歌了。现在"卡拉OK"已经发展为电脑点歌，客人可根据个人需求独立在电脑上完成选曲和各项设置，根据客人的不同需要，激光视盘还可以进行各种特殊放送，如选曲、自动预约以及反复播放任何一段，还可以根据客人嗓音高低、演唱快慢来变化音调和节奏，或者配上各种美音、回声、高低音等音响效果，这些都为学唱者和演唱者提供了极大的方便，从而达到自娱自乐的目的。服务人员主要为客人提供设备使用指导及酒水服务。

二、卡拉OK的类型

(一) MTV

MTV是一种电视音乐形式，是Music Television的缩写，以播放电视节目录影带或影碟为营业项目，配备现代化设施，提供隐秘性空间。它以良好的音效、高清晰度的屏幕画面、高度临场感的效果招徕客人。随着MTV的发展，播放内容从音乐节目片转向电影电视片，放映地点由大厅转向包厢，音响设备由普通单一转向高档多元。MTV精心组织画面来更强烈、更深入、更全面地展示一首歌曲，它有约定俗成的习惯，即歌手往往是画面的主角，制作精美，构思别致。

(二) KTV

KTV是卡拉OK和MTV的结合。台湾KTV创始人刘英先生对KTV的定义是："KTV是提供器材、设备、空间供客人练歌的场所。"从视听娱乐发展序列看，KTV是卡拉OK的再一代延伸，因此也有"卡拉OK包房"之称，并被誉为第五代视听娱乐活动项目。KTV包房如图4-1所示。

图4-1　KTV包房

(三) DTV

DTV(Dancer's KTV)仍维持KTV的基本形态，另在包厢内划出部分空间为舞池，包厢里的灯光和音响非常考究。DTV舞厅最大的特色是除客人可在迪斯科舞厅内闻歌起舞外，还会在墙上挂一块大型银幕播放和舞曲同步搭配的图像，给人以全新的视觉和听觉享受。现场有DJ(Disc Jockey)及VJ (Video Jockey)不停地忙着衔接歌曲和更换碟片，让客人感到既振奋又刺激。

(四) PTV

PTV是一种更为新颖的卡拉OK形式，是在KTV的基础上发展起来的。演唱者不仅可以根据屏幕上的画面文字进行演唱，而且还能将自己的形象投影到屏幕的背景画面上，与背景画面和演唱者的形象一样，如影片般淡出淡入、生动自然。在歌者演唱的同时，可以将其在屏幕上的形象录制下来，既留声又留影，获到自娱自乐的享受。

(五) RTV

RTV包间是指配有餐饮服务的卡拉OK包间，一般面积较大，达20m²以上，能摆放1~2张餐桌，还可设简单的烹饪或烧烤用具，供客人就餐时使用。这类包间除卡拉OK设备、餐桌、餐椅外，还设置沙发、茶几等，供客人在餐前、饭后休息时使用。这类包间可满足人们边饮、边用餐、边点唱的娱乐需要。

(六) 量贩式KTV

"量贩"一词源于日本，它主要是针对工薪阶层客人设立的体现透明、自助和平价特色的KTV娱乐场所，采取按小时计费的收费方式。

三、卡拉OK的布局和设施设备

(一) 卡拉OK的布局

1. 卡拉OK大厅

卡拉OK大厅以歌为主，兼舞蹈助兴，整个大厅由演歌台、乐池、舞池、客人休息区(观众席，销售酒水、饮料和小食品的休闲酒吧)组成。大厅的总面积无特别规定，主要根据饭店经营需要、歌舞侧重比例、接待客人的能力和客源预测而定。

2. 卡拉OK包间

各种类型的卡拉OK包间应与卡拉OK大厅分区设置，并起到与卡拉OK大厅相互衬托、客源分流的作用。卡拉OK包间的面积无特别规定，一般可按大、中、小三种规格，依客人接待量较少、一般、较多的顺序设立。小型卡拉OK包间的面积不小于20m²，可供3~7人使用；中型卡拉OK包间的面积不小于30m²，可供8~15人使用；大型卡拉OK包间的面积不小于40m²，可供10~20人使用。各包间内沙发和座椅区的面积约占整个包间面积的55%，卡拉OK播放区的面积约占10%。卡拉OK包间的装饰装修特别注重隔音材料的使用效果，严格避免各包间之间相互干扰。

(二) 卡拉OK歌厅的设备配置

(1) 墙面、天花板采用吸音材料，隔音效果良好，歌厅内灯光柔和，可调节控制。

(2) 各厅室配备高清晰度的电视屏幕，图像清晰，声音逼真，可从不同角度观看。

(3) 各厅室点歌自动控制传递设备完好，沙发座椅舒适，节目单和用品齐全。

(4) 大、中型歌厅演唱台配有3~5个移动或无线麦克风。

(5) 歌厅中应配备各主要国家或地区的音像制品以及各种风格的音像制品。种类应多样丰富，方便进行计算机检索，查找迅速。

(6) 点歌系统采取中文与原文对照的形式，以确保客人迅速、准确地点歌。

(7) 门前设有营业时间、价目、当地公安部门公告和客人须知等标志标牌。

四、卡拉OK常用术语中英文对照

(1) 线路输入 Input；

(2) 调节音量 Volume；

(3) 均衡器 Equalizer；

(4) 低频(通常指1000Hz以下的频率) Bass；

(5) 中频(通常指2000Hz左右的频率) Middle；

(6) 高频(通常指6000Hz以上的频率) Treble；

(7) 音色转换 Tone Shift；

(8) 过载 Overdrive；

(9) 电源度数 Power Dimension；

(10) 混响 Reverb；

(11) 线路输出 Line Out；

(12) 连接耳机 Phones；

(13) 保险丝 Fuse；

(14) 麦克风 Microphone。

第二节 舞厅服务基本知识

一、舞蹈的基本类型

(一) 交谊舞

交谊舞是源自西方的国际性社交舞蹈，又称舞厅舞 (Ballroom Dancing)、舞会舞(Party Dancing)、社交舞(Social Dancing)或国标舞，最早起源于欧洲，在古老民间舞蹈的基础上发展演变而成。自16世纪起，交谊舞在欧洲各国成为一种普遍的社交活动，故有"世界语言"之称。到20世纪20年代以后，交谊舞在世界各地风行起来，所以又称它为"国际舞"。交谊舞早在20世纪二三十年代便传入中国当时的几大城市和通商口岸。解放初期，交谊舞在中国还是很流行的，进入20世纪80年代，交谊舞又重新为广大人民群众所接受。交谊舞如图4-2所示。

图4-2　交谊舞

(二) 迪斯科

迪斯科是20世纪源自美国并迅速流行于世界的一种舞步。它吸收了舞蹈的一些技巧和动作，如摇摆舞中的摆动、转动及芭蕾舞中的转、跳等动作，是刺激性较强的娱乐活动。迪斯科舞蹈活动量大，音乐节奏强烈，是一种没有规定动作的即兴式的自由舞蹈。跳舞者同时就是音乐的欣赏者，他们会首先沉迷在音响之中，把自己带到音响的旋涡之中，并随着音乐强烈而急剧的节奏，即兴做出不同的身体动作，自由地扭动着身体的各个部位，特别是腰胯部位，自由奔放，可充分释放身心。同时，跳舞者也可以创造各花样，毫无约束地表现自己的个性。关于跳舞人数，可男女成对而舞，也可集体同舞，与众同乐。迪斯科舞可以说是一种个性解放的舞蹈，基调是热情和健康的，跳舞者可解放自己的心灵和肉体，充分表达自我，也可发泄自己的苦闷和无处释放的激情。迪斯科如图4-3所示。

图4-3　迪斯科

二、舞厅交谊舞的分类

目前，国际流行的交谊舞主要有以下几种。

(一) 布鲁斯

布鲁斯是一种慢四步舞，源自黑人音乐——哀歌，最初在美国流行。它是一种节奏和旋律都比较缓慢、舞步比较平稳的交谊舞，跳时十分放松和抒情，之后的两步舞即由此衍化而来。

(二) 福克斯

福克斯又称快四步、狐步舞。这种舞与布鲁斯相比，速度较快，舞姿活泼优雅，情绪轻柔，风格幽默、洒脱。

(三) 华尔兹

华尔兹又称圆舞，最早源自欧洲民间，采用3/4节拍音乐，根据舞曲节奏的快慢可分慢三步、中三步和快三步三种。此舞的特点是欢快、热烈，男女对舞，音乐优美，舞姿潇洒，有"舞中王"的美称。

(四) 伦巴舞

伦巴舞源自非洲，后传到古巴和拉丁美洲。它吸收了现代爵士乐和其他歌舞的精华，形成了独特的风格，被誉为"拉丁舞之王"。舞步动作舒展，舞姿优美，音乐缠绵委婉，更具浪漫情调。

(五) 桑巴舞

桑巴舞是拉丁舞中节奏强烈而独特的舞蹈。它源自非洲，在拉丁美洲与印第安人舞蹈相融合，形成一种仪式舞蹈，以后又发展为巴西的民族舞。桑巴舞的音乐为2/4拍，乐曲节奏热烈，欢快而兴奋，舞步变化也较复杂。

(六) 恰恰舞

恰恰舞在拉丁舞中是流行最广的一种，也称恰恰恰。它源自非洲，后传入拉丁美洲，在巴西得到进一步发展。曲调欢快有趣，舞步具有诙谐而花哨的特点。

(七) 探戈舞

探戈舞是源自西班牙的一种表演性舞蹈，是拉丁舞家族中最有魅力的"皇后"。探戈舞采用一种独特的双节拍音乐，速度缓慢而节奏清晰，男女对舞，不用拖步。探戈舞最初流行于南美一带，分墨西哥式和阿根廷式两种。墨西哥式舞姿优美潇洒，阿根廷式舞步则更加粗犷健美，舞蹈水平要求较高。

▌三、舞厅的布局和设施

(一) 音响设备区

舞厅里，众多互不相识的宾客共用同一场地，共用一套卡拉OK音响设备，包括大功率的立体环绕音响、碟片机、功率放大器、灯光及灯光控制器、专业调音台、投影机和投影银幕、多个悬挂式或立体式彩色监视机、碟片柜及碟片等。

(二) 歌舞区

歌舞区是舞厅中主要的活动场所，包括舞池、舞台、座位区、吧台等部分。在歌舞区，宾客可以进行唱歌、跳舞、听音乐、观赏表演、喝茶饮酒、喝咖啡、交友谈天等活动。舞池不仅可用于演唱者在演唱时表演，还可以为其他宾客提供随音乐起舞的空间，一般占歌舞厅总面积的1/6～1/5。座位区的座位有火车座式、圆桌式、U形沙发式等。座位一般围绕并面向舞池来布置，而且以能观看到大屏幕为要求。

(三) 座位区

座位区以台号来确定座席，便于服务和管理。

(四) 吧台

吧台是整个大厅服务活动的中心，提供酒水、小食品、果盘、送点歌单、结账等服务。

四、舞蹈常用术语中英文对照

(1) 华尔兹 Waltz；

(2) 狐步舞 Foxtrot；

(3) 探戈 Tango；

(4) 快步舞 Quick Step；

(5) 维也纳华尔兹 Viennese Waltz；

(6) 伦巴 Rumba；

(7) 恰恰恰 Cha-Cha-Cha；

(8) 迪斯科 Disco。

第三节 棋牌服务基本知识

一、棋牌游戏概述

棋牌游戏是传统的娱乐项目。它是指参与者通过使用棋或牌，遵从棋牌游戏约定俗成的惯例或有关棋牌权威机构颁布的竞赛规则，通过布局或组合的方式进行的一种智力对抗性游戏。东西方人民都视玩牌下棋为空闲时间的一大乐趣。

棋牌活动的盛行，主要是因为项目种类繁多、玩法多样、娱乐性强；棋牌类活动对参与者的体能要求不高，任何年龄段的人都可参与。此外，棋牌类项目对参与者的修养、素质也能起到陶冶作用。目前，在我国大多数饭店里，康乐部门都设置了棋牌服务项目。棋牌项目主要包括：国际象棋、中国象棋、围棋、麻将、桥牌、扑克牌、跳棋和军棋等。

二、棋牌项目的类型

(一) 国际象棋

国际象棋是一种国际通行棋种，国际象棋是集科学、文化、艺术、竞技于一体的智力体育项目。它源自公元5世纪古印度的"恰图兰卡"。当时仅有战车、象、骑兵和步兵4种棋子，反映了古印度军队的兵种组成情况。现代国际象棋的棋盘是个正方形。棋盘由横纵各8格、颜色一深一浅交错排列的64个小方格组成，深色格称为黑格，浅色格称为白格，棋子就在这些格子中移动。棋子共32个，分为黑白两组，各16个，由对弈双方各执一组。兵种是一样的，分为6种：1王、1后、2车、2象、2马、8兵。在正式比赛中，国际象棋棋子采用立体棋子，非正式比赛中可以采用平面图案的棋子。对局时，白方先行，然后双方轮流走子，以把对方"将死"为胜。除"将死"外，还有可能出现"超时判负"或"和局"的情况。国际象棋如图4-4所示。

图4-4　国际象棋

(二) 中国象棋

象棋是中国传统棋种之一，源自中国，是以红黑棋子代表两军对垒的智力竞技项目。象棋的棋子共32个，分为红黑两组，各16个，由对弈双方各执一组，兵种是一样的，分为7种。红方：1帅、2仕、2相、2车、2马、2炮、5兵；黑方：1将、2士、2象、2车、2马、2炮、5卒。

其中，帅与将、仕与士、相与象、兵与卒的作用完全相同，仅仅是为了区分红棋和黑棋。棋子活动的场所叫做棋盘，在长方形的平面上，由9条平行的竖线和10条平行的横线相交组成，共90个交叉点，棋子就摆在这些交叉点上。中间第5、第6横线之间未画竖线的空白地带称为"河界"，整个棋盘就以"河界"分为相等的两部分。两方将帅坐镇，画有"米"字方格的地方叫做"九宫"。

对局时，由执红棋的一方先走，两方轮流各走一招，直至把对方"将死"或对方认输为止。如果不能"将死"或使对方认输，经一方提议做和，另一方表示同意；或双方走棋出现循环反复三次以上(属允许走法)又均不愿再走时，可根据规则判为和局。中国象棋如图4-5所示。

图4-5　中国象棋

(三) 桥牌

桥牌是19世纪从西方传入我国的一种纸牌游戏。桥牌中除了大小王之外，共有52张，分黑桃、红桃、方块、梅花4组，各有13张牌，并按从大到小(10，9，8，7，6，5，4，3，2)的顺序依次递减。桥牌游戏规则如下所述。

1. 组成团队

参与桥牌游戏的客人一般有4个人，组成两个团队进行对抗，每组对弈的两个人，必须相对而坐之后才能开局。

2. 分组对抗

分组对抗，是指由4个人组成的两个团队在打牌时进行"叫牌"和"打牌"的过程。一般分为以下两个阶段：一是叫牌阶段。在叫牌阶段，一般实行单位制和计点制方法，用规定的术语"叫牌"，也可以用任何一张牌做"将牌"，也可以不指定"将牌"。二是打牌阶段。在打牌阶段，双方必须确定牌的墩数，即四人各出一张牌，为一墩，在双方打牌时，轮流出牌，同组所出的牌，以大胜小，指定的"将牌"一般都有特殊威力，如2人一组的一方，先完成所需的牌墩数，即可得分，否则罚分，得分多者为胜方，得分少者为败方。桥牌如图4-6所示。

(四) 围棋

围棋也是中国传统棋种之一，为两人对局，用棋盘和黑白两种棋子进行。有对子局和让子局之分，前者执黑棋先行，后者上手执白子者先行。开局后，双方在棋盘的交叉点轮流下棋子，一步棋只准下一个棋子，下定后不再移动位置。围棋运用做眼、点眼、韧、围、断等多种战术吃子和占有空位来战胜对方。通常分布局、中盘、收宫3个阶段，每一个阶段各有重点走法。通常终局时将实有空位和子数相加计算，多者为胜。围棋千变万化，紧张激烈，既能锻炼人的思维能力，又能陶冶性情，有助于培养顽强、坚毅、冷静的性格。围棋如图4-7所示。

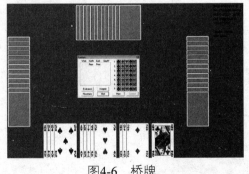 

图4-6　桥牌　　　　　　　　　　　图4-7　围棋

(五) 跳棋

跳棋的游戏规则很简单，棋子的移动可以一步步在有直线连接的相邻6个方向进行，如果相邻位置上的跳棋有任何一方的一个棋子，该位置直线方向的下一个位置是空的，则可以直接"跳"到该空位上。在"跳"的过程中，只要满足相同条件就可以连续进行。谁最先把正对面的阵地全部占领，谁就取得胜利。跳棋如图4-8所示。

图4-8　跳棋

(六) 军棋

军棋在我国是深受欢迎的棋类游戏之一。军棋游戏支持两国对拼也支持4国大战。当4人游戏时，4个人在棋盘上分占4个角，分为两方，相对的两家联盟与另外两家对抗，互相配合战斗；两人游戏时，则分占棋盘的上下两角，相互作战。军棋游戏规则如下所述。

1. 棋盘

行走路线包括公路线和铁路线，显示较细的是公路线，任何棋子在公路线上只能走一步；显示粗黑的为铁路线，铁路上没有障碍时，工兵可在铁路线上任意行走，其他棋子在铁路线上只能直走或经过弧形线，不能转直角弯。棋子落点包括结点、行营、两个大本营，行营是个安全岛，进入以后，敌方棋子不能吃行营中的棋子。

2. 棋子布局的限制

炸弹不能放在第一行，地雷只能放在最后两行围着军旗，军旗只能放在大本营。

3. 吃子规则

(1) 地雷小于工兵与炸弹，大于所有其他棋子；

(2) 司令 > 军长 > 师长 > 旅长 > 团长 > 营长 > 连长 > 排长 > 工兵；

(3) 炸弹与任何棋子相遇时，双方都消失。

4. 胜负判决

最后幸存的一方为胜家；军旗被扛、无棋可走都会被判负；当双方都无法消灭对方或扛对方旗时为和棋。军棋如图4-9所示。

图4-9　军棋

(七) 扑克牌

扑克牌虽发展历史较短，但由于可数副纸牌合玩，组合方式多样，游戏方式多变，故在棋牌游戏中占据着重要地位。现代纸牌一副54张，由红心、黑桃、方块、梅花4组花色构成，每组花色13张，再加上"大王"和"小王"各1张。游戏时根据具体的纸牌规则将54张纸牌或数副纸牌组合起来进行竞技。现在我国较为流行的纸牌玩法有"拖拉机""锄大地""拱猪""五十K""跑得快"等。此外，同一种纸牌游戏因为地域不同，具体的规则也有区别。纸牌如图4-10所示。

(八) 麻将

麻将是我国民间普遍流行的一种游戏，搓麻将几乎是国人都感兴趣的娱乐项目。麻将是由唐宋盛行的色子、叶子以及明末盛行的马吊发展演变而来的。麻将总张数为136张，具体游戏方法灵活多变，并在地域上形成了北京麻将、上海麻将、四川麻将、东北麻将以及十六张玩法的台湾麻将等不同的麻将规则。麻将具有极大的社会参与群体，具有很强的趣味性、娱乐性和益智性，深受人们喜爱，且流行面广、影响面大。麻将如图4-11所示。

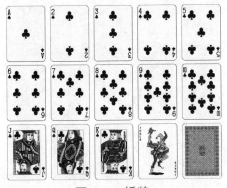

图4-10　纸牌

图4-11　麻将

三、棋牌室的设施设备

棋牌室设备简单、投资不大，主要为宾客提供专用桌椅和质地优良的棋牌用具等。近年来，随着科学技术运用到娱乐领域，棋牌室也改变了以前的简单手工状态，出现了大量先进的电子棋牌设备，如自动麻将机、自动扑克机和计算机国际象棋等。

四、棋牌常用术语中英文对照

(1) 棋盘 Board；

(2) 格 Square；

(3) 棋子 Man，Piece；

(4) 国王 King；

(5) 吃 to Take；

(6) 象棋 Chess；

(7) 下象棋者 Chess Player；

(8) 开始走子 Start；

(9) 将军 Check；

(10) 将死 Mate，Checkmate；

(11) 国王 King；

(12) 王后 Queen；

(13) 车 Castle，Rook；

(14) 马 Knight；

(15) 相 Bishop；

(16) 兵 Pawn；

(17) 阻挡 to Block；

(18) 胜 to Win；

(19) 败 to Lose；

(20) 打牌 Card Games；

(21) 纸牌 Cards；

(22) 一副牌 Pack (of cards)，Deck；

(23) 一组 Suit；

(24) A牌 Ace；

(25) 国王，K，King；

(26) 王后，Q，Queen；

(27) 王子，J，Jack；

(28) 梅花，三叶草 Clubs；

(29) 方块，红方，钻石 Diamonds；

(30) 红桃，红心 Hearts；

(31) 黑桃，剑 Spades；

(32) 胜 Trumps；

(33) 洗牌 to Shuffle；

(34) 倒牌 to Cut；

(35) 分牌 to Deal；

(36) 庄家 Banker；

(37) 手，家 Hand；

(38) 叫牌 Bid；

(39) 同花顺 Straight Flush；

(40) 顺子 Straight；

(41) 扑克牌 Poker；

(42) 桥牌 Bridge；

(43) 掷色子 Dice。

第四节 电玩游戏服务基本知识

一、电玩游戏概述

电玩游戏是客人自娱自乐的一项娱乐活动，主要设备是电子游戏机。它的趣味性、娱乐性极强，游戏类型很广、内容量很大，几乎对所有年龄段的客人都具有很大的吸引力。电子游戏机体积较小，占用空间不大，不受气候、季节限制，并且单台机器的价格成本不高，但经济效益较高，因此在星级饭店中十分普及。

二、电玩游戏厅的设施设备

(一) 游艺台与座椅

电子游戏厅为客人提供专用的游艺台与座椅，除了具有舒适休闲的功能，还可使客人有一种彻底放松的感觉。

(二) 游戏器具与操作控制台

在电子游戏厅里，为客人提供的游戏器具应摆放整齐、完好无损，供客人使用的操作控制台应简单灵活且便于掌握。

(三) 具有高科技含量的电子游戏机

在饭店里，康乐部门应为客人提供具有高科技含量的各类电子游戏机，其功能齐全、时尚流行、电脑图像清晰、音响效果悦耳动听，可提升客人的满意度。

三、电玩游戏机的种类

(一) 普通电子游戏机

普通电子游戏机是目前市场上最常见且数量最多的机器，这类机器的外观和结构基本一样，其主体是屏幕显示器，控制部分是两个摇把和两组按钮。摇把能够做前、后、左、右等8个方向的水平摇动，按钮每组2～6个不等。这类机器更换游戏卡比较容易，游戏的种类也比较丰富，包括格斗系列、空战系列、运动系列等。每个阶段目标为一关，每种游戏都由易到难设置很多关，游戏者每通过一关都能感受到成功的喜悦。普通电子游戏机如图4-12所示。

(二) 模拟电玩游戏机

模拟电玩游戏机比普通电子游戏机的科技含量高，是一种具有挑战性、刺激性和娱乐性的游戏机，是青年客人的首选。它的主要功能：一是能逼真地模拟真实的运动场景，使客人看到眼前的方位；二是客人的操作位置和角度与真实的环境相似；三是震动、撞击和转弯时的离心力会让客人产生一种身临其境的感觉。例如汽车类电子游戏机，当客人坐到座位上之后，就像驾驶真正的汽车一样，前方和四周的景色随汽车行驶不断变化，有时还会出现现实生活中的模拟路况或专业赛道的情景。模拟电玩游戏机如图4-13所示。

图4-12　普通电子游戏机　　　图4-13　模拟电玩游戏机

四、电玩游戏常用术语中英文对照

(1) 动作游戏 Action Game；

(2) 射击游戏 Shooting Game；

(3) 角色扮演游戏 Role Playing Game；

(4) 格斗游戏 Fighting Game；

(5) 模拟仿真游戏 Simulation Game；

(6) 运动游戏 Sport Game；

(7) 桌上游戏 Table Game；

(8) 益智游戏 Puzzle Game；

(9) 冒险游戏 Adventure Game；

(10) 赛车游戏 Race Game；

(11) 实时战略游戏 Real Time Game；

(12) 养成类游戏及电子宠物 Pet；

(13) 经营类游戏 Management Game。

第五节 酒吧服务基本知识

一、酒吧概述

在康乐部的经营中，酒水销售是重要的收入来源之一。由于康乐经营的特点，酒水是康乐经营活动中销售最多、成本最低、收益最大的项目。而且客人在娱乐的全过程中还需要得到除娱乐项目本身之外的配套服务，其中最常见的是在娱乐活动中对酒、饮料及小食品服务的需求。同时，客人还有在娱乐之余与朋友聊天的需要。因此，酒吧就成为康乐部经营不可缺少的附属设施。

二、酒吧的类型

(一) 站立酒吧

站立酒吧是最常见的一种酒吧。客人坐在吧台前的高脚凳上喝酒，调酒师站在吧台里面，当着客人的面调兑酒水并提供服务，如图4-14所示。

图4-14　站立酒吧

(二) 鸡尾酒廊

在很多情况下，鸡尾酒廊提供音乐伴奏或其他形式的娱乐服务。鸡尾酒吧较为特殊，有时会有几个吧台，所以需要多名服务员。鸡尾酒廊的吧台设计与站立吧台的设计基本相同，只是酒廊没有桌子和椅子，环境更为舒适、高雅，过道应保证客人与服务人员能方便地到达所有的区域。在大多数酒廊中，还提供一块空间供客人跳舞。

(三) 现酿啤酒酒吧

生啤与经过杀菌消毒的瓶装、罐装啤酒相比，其口味更为清新自然，因而受到广大啤酒爱好者的欢迎。以前生啤是在啤酒厂酿制，然后灌装到压力筒内运到酒吧销售，现在客人可以坐在酒吧里，一面随心所欲地喝着啤酒，一面亲眼观看啤酒的生产过程，而裸露的酿酒机器成为极具原始风格的装饰品，客人可以体验到现酿现喝的乐趣，如图4-15所示。

(四) 主题酒吧

主题酒吧是以某种专业活动为主题进行装修、布置的酒吧，如足球酒吧、拳击酒吧、爵士乐酒吧、攀登酒吧等。这种酒吧兼有俱乐部和沙龙的性质，客人在酒吧里可以边饮酒边观看比赛、表演的直播，并进行自由随意的交流，同时获得精神上的安慰和享受，因此也是目前发展势头较好的酒吧类型之一。足球主题酒吧如图4-16所示。

图4-15　现酿啤酒酒吧　　　　　　　图4-16　足球主题酒吧

■ 三、酒吧常用饮品及小食品

(一) 酒吧常用饮品

1. 鸡尾酒

鸡尾酒是以一种或几种烈酒(主要是蒸馏酒和酿制酒)作为基酒，与其他配料如汽水、果汁等一起用一定方法调制之后经装饰而成的混合饮料。鸡尾酒通常分为长饮类和短饮类分列在酒单上。鸡尾酒需调酒师当场配制并经装饰点缀，销售时按份或杯计价。当今国际上最畅销的鸡尾酒有：血玛丽、亚历山大、干马天尼、曼哈顿、得其利、吉姆莱特、青草蜢、玛格丽特、螺丝刀、古典鸡尾酒、汤姆考林司、生锈钉、红粉佳人等，如图4-17所示。

2. 金酒

金酒可放入冰箱或冰桶中冰镇纯饮，也可加冰块饮用。金酒兑水饮用时，通常加入汤力水和冰块，以一片柠檬做装饰，如图4-18所示。

图4-17　红粉佳人　　　　　　　图4-18　金酒

3. 朗姆酒

在酒吧，朗姆酒通常做基酒来配制鸡尾酒，如图4-19所示。

4. 伏特加酒

饮用伏特加酒应配利口酒杯；也可以加冰块饮用，用古典杯服务；还可以加软饮料或水及冰块调和饮用，如图4-20所示。

图4-19 朗姆酒

图4-20 伏特加酒

5. 威士忌酒

威士忌酒可以纯饮或用水、汽水或苏打水等加冰混合饮用。威士忌一般在餐前或餐后饮用。酒单上的威士忌一般按杯或盎司计价，如图4-21所示。

6. 葡萄酒

葡萄酒一般用于纯饮。葡萄酒在8℃～12℃的室温下饮用口感最佳。葡萄酒在酒单中通常按瓶、半瓶和杯销售，如图4-22所示。

图4-21 威士忌酒

图4-22 葡萄酒

7. 白兰地酒

白兰地酒是酒吧中常见的烈性酒，在饮用时，用白兰地杯。白兰地除纯饮外还可以加冰、汽水或苏打水混合饮用。销售时白兰地酒一般按杯或盎司计价，如图4-23所示。

8. 利口酒

利口酒也称餐后甜酒，多用于餐后饮用，以助消化。销售时通常以杯计价，如图4-24所示。

图4-23 白兰地酒

图4-24 利口酒

9. 啤酒

啤酒是娱乐休闲场所中销量最大的酒品，最佳饮用温度为6℃～8℃。销售时通常以听、扎计价，如图4-25所示。

10. 软饮料

在酒单中常见的软饮料有可口可乐、雪碧、苏打水、汤力水、矿泉水、鲜榨果蔬汁和热饮料等。销售时通常以听、瓶计价。其中，鲜榨果蔬汁由时令瓜果、蔬菜用榨汁机现榨而成，销售时一般以杯或扎计价，如图4-26所示。热饮料通常包括咖啡、牛奶、可可、茶等，销售时通常以杯或壶计价。

图4-25　啤酒

图4-26　果蔬汁

(二) 酒吧常用的小食品

酒吧一般都提供一些简单的食品，以供客人佐酒，常见的小食品有以下几类。

(1) 三明治、披萨饼类。

(2) 饼干、面包类。

(3) 油炸小食品、爆米花类。

(4) 坚果类。

(5) 蜜饯类。

(6) 肉干、鱼干类。

(7) 水果拼盘类。

四、酒吧用品的配置

酒吧用品大体可分为三类：第一类是酒吧用具；第二类是鸡尾酒所用装饰物；第三类是调制混合饮料用的配料。

(一) 酒吧常见器具

酒吧常见器具主要有：调酒壶、调酒匙、计量杯、食品搅拌机、量酒器、调酒杯、碎冰机、冰桶、开瓶器、隔冰器、冰锥、冰夹、调酒棒、酒针、酒嘴、吸管、杯垫、砧板、水果刀、滤网等。其中，酒吧用于盛装酒水的杯子种类繁多，大小形状千差万别。酒吧为了让客人能够更好地品尝酒水，要配备与供应酒水相配套的杯具。酒吧常见的杯具有：啤酒杯、鸡尾酒杯、葡萄酒杯、烈性酒杯、雪利酒杯、威士忌杯、水杯、果汁杯等。

(二) 酒吧常见酒水装饰物

酒水装饰物用于装饰酒水，可以使客人在饮用酒水的同时得到视觉上的享受。根据装饰物的规律和共同特点，可以将其归纳为三大类。

1. 点缀型装饰物

大多数酒水的装饰多属于此类。点缀型装饰物多为水果，通过调酒师的精心制作，形成不同的造型来突出酒水的风格。常用的水果有车厘子、柠檬、菠萝、草莓、脐橙、橘子等，此类装饰物要求体积较小，颜色与酒水相协调，同时要求与酒水的原味一致。

2. 调味型装饰物

主要是用有特殊口味的香料和水果来装饰酒水，同时影响酒水的口味。常见的有盐、糖粉、桂皮、西芹、薄荷叶等。

3. 实用型装饰物

主要是指以造型独特的吸管、酒签、调酒棒等作为装饰物。此类装饰物除具有实用性以外，还具有一定的观赏价值。

(三) 酒吧调制混合酒水的常见配料

常见配料主要有：苏打水、可乐、汤力水、青柠檬汁、辣酱油、苦酒、番茄汁、糖浆、牛奶等。

五、酒吧常用术语中英文对照

(1) 干红葡萄酒 Dry Red Wine；

(2) 干白葡萄酒 Dry White Wine；

(3) 甜型葡萄酒 Sweet Wine；

(4) 香槟酒 Champagne；

(5) 味美思 Vermouth；

(6) 白兰地 Brandy；

(7) 利口酒 Liquor(Liqueur)；

(8) 金酒 Gin；

(9) 朗姆酒 Rum；

(10) 鸡尾酒 Cocktail；

(11) 伏特加 Vodka；

(12) 威士忌 Whisky；

(13) 酒精，烈酒 Spirit；

(14) 酒吧 Wine Bar；

(15) 酒标 Label；

(16) 斟酒壶 Water Jar；

(17) 斟酒漏斗 Wine Funnel；

(18) 饮料 Beverage；

(19) 软饮料 Soft Drink；

(20) 大酒杯、酒桶 Tumbler；

(21) 香味 Bouquet；

(22) 冰桶 Ice-Bucket；

(23) 果味的 Fruity；

(24) 沉淀物 Subside；

(25) 啤酒 Beer；

(26) 软饮料 Soft Drink；

(27) 鲜榨果蔬汁 Fresh Squeezed Juices；

(28) 热饮料 Hot Beverage。

本章小结

休闲娱乐活动是一种大众化的休闲方式，人们在紧张工作之余进行适当的娱乐休闲是很有必要的。休闲娱乐类服务是饭店康乐服务的重要组成部分。饭店休闲娱乐类项目通常包括：卡拉OK、舞厅、棋牌室、电玩游戏厅和酒吧。本章从各个项目的基本概况、项目分类、主要设施设备和常用术语中英文对照等方面，对饭店休闲娱乐类项目做系统、全面的介绍。作为饭店康乐部服务人员，应增强相关项目的基础知识，及时、准确地为宾客提供优质服务。

知识链接

舞厅、KTV包房管理制度

第一条 文明服务规定

1. 服务员上岗时，必须做到仪容端正、仪表整洁，按规定着装，佩戴工号牌，不得随意离岗、闲聊。

2. 服务员必须做到礼貌待客、微笑服务，不得向客人索取小费。

3. 服务员严禁"三陪"，杜绝色情活动。

4. 服务员不得与客人吵架斗殴。

第二条 安全制度

1. 员工必须定期进行消防技能培训，确保所有员工都会使用消防设备，提高防火灾能力。

2. 有关安全设备、器材按规定配齐，并定期检查和保养。

3. 员工必须熟悉紧急情况处置方案，保证突发事件发生时，能采取有效的安全措施。

4. 设专职安全保卫人员2～3人，加强巡视，确保现场安全。

5. 倡导文明消费，积极维护各娱乐场所的秩序，对违反规定的行为及时规劝。对规劝无效、有意破坏者，应迅速与公安部门取得联系，果断采取治安措施。

6. 落场后，必须有专人负责检查各娱乐场所的安全情况，将烟头清除，将各种电器设备的电源线、开关放到安全位置，彻底消除火灾隐患，并设有专人值班。

(资料来源：中国饭店员工素质研究组.星级饭店康乐部经理案头手册[M].北京：中国经济出版社，2008.)

案例分析

感动在午夜

2007年12月的一个晚上，许先生与胡先生走进了海南省三亚市某五星级饭店的歌舞音乐表演厅里。他们是多年未见面的大学同学，分别已有10年之久，今天在饭店偶遇，同学之情似流水，他们一边喝茶水，一边聊天。

午夜11：00点，许先生与胡先生仍然在聊天，服务员王云继续为他们斟茶与换烟缸。当许先生从洗手间回到座位上的时候，发现整个歌舞音乐厅除了他和胡先生之外，再没有其他客人，但在不远处，站着5名服务员正在冲着他微笑。为他们提供茶水服务的王云，还在给他的大学同学胡先生斟茶。在300平方米的歌舞音乐大厅里，乐队还在用心地演奏着民族经典乐曲，来自云南的歌手在音乐的伴奏下，还在投入地演唱民族歌曲。许先生看到这个场面后，感动极了，立即和胡先生一起在意见簿上留下了一封表扬信之后才急匆匆地离开歌舞音乐大厅。

(资料分析：牛志文，周廷兰.康乐服务与管理[M].北京：中国物资出版社，2010.)

试分析：

许先生为何感动？

实训练习

5名学生为一个小组，实地走访当地2～3家星级饭店，并在卡拉OK厅、舞厅、棋牌室、电玩游戏厅和酒吧等休闲娱乐类康乐项目中任选一项进行考察，横向比较各家饭店的康乐经营特色，如在调研过程中发现存在相关问题，请酌情提出合理化建议。

复习思考题

1. 简述卡拉OK项目的基本概况。
2. 舞厅项目主要涉及哪些设施设备？
3. 如何理解棋牌项目的分类？
4. 酒吧常用的中英文术语包括哪些？
5. 简述电玩游戏厅中游戏机的种类。

第五章
保健养生类服务项目基本知识

| 知识目标 |

- 熟悉保健养生类项目的基本知识
- 了解桑拿室、按摩室和美容美发室的主要设施设备
- 掌握SPA、桑拿和保健按摩的作用和功效

| 技能目标 |

- 掌握保健养生类项目的分类
- 了解桑拿和氧吧服务的注意事项
- 了解保健养生类项目常用术语中英文对照

| 本章导语 |

保健养生类项目可使客人在一定的环境设施中充分放松享受，既有利于身体健康，又可以放松精神、陶冶情操。保健养生类项目的活动被动性和参与性较强，主要功效是使客人舒缓疲劳、焕发精神。饭店康乐部常见的保健养生类项目包括：SPA水疗、桑拿、保健按摩、美容美发和氧吧服务。

案例导入 | 经营有方的桑拿洗浴中心　⊙

　　随着各饭店都推出自己的桑拿洗浴中心，这一经营模式被大量复制，市场竞争日趋激烈。要想在市场竞争中脱颖而出，就必须出奇制胜。某饭店桑拿洗浴中心位于商业区和住宅区的交叉地带，位置不错，中心经理在进行市场调研后发现，随着人们对生活质量要求的不断提高，桑拿洗浴中心的客源构成已悄然发生变化，从前以商务客人和住店客人为主体，如今又多了一部分客人，即来自饭店周边的常住人士。这部分人多半属于中高收入阶层，追求享受，消费频率稳定，消费水平较高，是一个具有较高利润回报的市场群体。通过对这一市场群体的细分调查发现，这部分群体注重家庭生活，注重个人健康，注重生活品质，如何将这些特点与桑拿洗浴中心的服务项目紧密结合，就成了经营管理人员重点研究的课题。

　　该饭店桑拿洗浴中心经过前期调研和市场论证后大胆决定，以健康为主题推出不同

价格体系的、品质差异化的桑拿洗浴服务，并以大幅户外广告和报纸广告同期进行推广；将原有洗浴中心扩大改造，将其中部分空间用于开发家庭游乐类项目，增设阅览室、电影室、乒乓球室、棋牌室等满足客人休闲娱乐需求的场所，客人可以携全家前往消费，老少共娱，在享受天伦之乐的同时可以享受桑拿洗浴服务。

该项目推出之后很快获得周边市场的认可，一时间宾客爆满，获利颇丰，连周边一些饭店的桑拿洗浴中心都开始模仿他们的做法，增设其他服务项目以招徕客人。

案例评析：

该饭店桑拿洗浴中心对市场十分敏感，能在发展中发现问题，并通过科学的市场调研方法发现市场结构的变化，敢于大胆决策，在市场经营方向的选择上做出重大调整和改变，这是十分难能可贵的。由于前期准备较为充分，大大降低了市场风险度，因此新项目一经推出便获得了市场认可，市场回报率较高，从而成为该市桑拿洗浴中心的市场领导者。这是一个十分成功的经营案例。

(资料来源：李舟.饭店康乐中心服务案例解析[M].北京：旅游教育出版社，2007.)

第一节 SPA水疗服务基本知识

一、SPA水疗概述

SPA(源于拉丁文Souls Poor Aqua)意为"健康之水"，希腊的文献旧时就有记载，在水中加上矿物及香薰、草药、鲜花，可以预防疾病及延缓衰老。

从狭义上讲，SPA指的是水疗美容与养生，形式各异的SPA，包括冷水浴、热水浴、冷热水交替浴、温泉浴、海水浴、自来水浴等，每一种浴都可以在一定程度上松弛紧张的肌肉和神经，排除体内毒素，并达到预防和治疗疾病的目的。从广义上讲，SPA包括人们熟知的水疗、芳香按摩、沐浴、去角质等。现代SPA主要通过人体的五大感官功能，即听觉(疗效音乐)、味觉(花草茶、健康饮食)、触觉(按摩、接触)、嗅觉(天然芳香精油)、视觉(自然或仿自然景观、人文环境)等达到全方位的放松，将精、气、神三者合一，实现身、心、灵的放松，如图5-1所示。

图5-1 SPA水疗

二、SPA的种类

依照SPA的不同用途来区分，可将其分为以下几种。

(一) 饭店及度假村型SPA

结合饭店及度假村一流的硬件设施及服务管理，可使饭店居住者在商务洽谈或休闲旅游之余，更彻底地清除疲惫、享受完全放松的新感受。

(二) 美容型SPA

这类SPA多以女性顾客为主，多以调理肌肤、塑身及保养为诉求。目前，国内有不少SPA机构是由美容沙龙转型而成的。

(三) 俱乐部型SPA

俱乐部型SPA多以会员制为主，主要目的是满足顾客的健身、运动需求，提供各类SPA的基本使用方式，并逐渐发展成为集按摩、美容、水疗于一体的复合式休闲中心，还把健身房也纳入其中，成为涵盖更广的休闲中心。

(四) 都会型SPA

都会型SPA通常位于著名的饭店、购物中心内或是独立的店面格局，而其疗程也不像在度假中心的SPA那么漫长。这类SPA针对紧张的都市节奏，设置相应的疗程，能使顾客在短时间内缓解疲劳，属于高效率的休闲方式。

(五) 温泉型SPA

这类SPA设置于有温泉或冷泉处，所以泡温泉笼统说来也算是一种SPA。

三、SPA水疗的作用和功效

(一) 美容美体

要想获得健康的身体及完美的身材，必须考量多种因素，比如摄取低卡路里的饮食、坚持运动、刺激血液循环与淋巴循环、松弛紧张肌肉等，而这些都是水疗的构成部分。此外，水疗配合海藻的海洋疗法，还可经由皮肤吸收各种矿物质与稀有微量元素，恢复细胞内部的平衡。同时，再借由淋巴循环的渗透与刺激排除毒素，具有持续恢复体能的效果。

(二) 舒缓压力

人体的自然平衡始终受到外在压力因素的威胁，为了应对此现象，人体内部会自动释放一连串神经性荷尔蒙，也就是所谓的适应症候群。水疗抗压的设计便能提供神经性荷尔蒙以舒解压力。

(三) 新陈代谢

在水疗作用下，人体的新陈代谢加快，低温水疗时更是如此。低温水疗主要用于脂肪代谢，提高气体代谢，进行过热或过冷水疗时，还可令氮与蛋白质代谢加快，但作用停止后即可恢复。此外，在热作用下，汗腺分泌加强，体内汗液大量排出，而使血液浓缩，组织内的水分进入血管，故可促使渗出液的吸收，有利于许多有害代谢产物及毒素随汗排出。

(四) 减肥瘦身

摄取低热量饮食、运动以及态度的改变，是瘦身根本之道。水疗治疗有助于松弛体内液体，使体内流动的水分总量大约增加30%，可减少人体组织内或组织与组织之间的衔接脂肪细胞团群。水疗还可以加速体内脂肪与糖类的新陈代谢作用。水疗按摩配合海藻的应用，在减轻体重方面确有功效。

四、SPA水疗的必备条件

(一) 水

水是SPA的最基本要素，而且最好是活水，如温泉水。如果不具备这个条件，也应在浴缸内加入些矿物质，使之在化学成分上接近温泉水。

(二) 减压护理

现代人的工作情感压力都很大，经常做减压护理，比如芳香疗法、淋巴引流的按摩等可以使人感到如释重负，从生理到心理上都放松许多。

(三) "五感"情境

SPA主要通过人体的五大感官功能——听觉、味觉、触觉、嗅觉、视觉，达到一种身体、心灵皆舒畅自在的感受。其中，听觉——具备疗效的音乐；嗅觉——天然花草的熏香；视觉——舒适的景观；味觉——健康餐饮的提供；触觉——按摩、护肤。SPA必须在这5种感觉上去满足客人，提供优质的服务。

五、SPA温泉水疗项目类别

在多数饭店中，康乐部门都设置了SPA温泉水疗，常见的类别有以下几种。

(一) 中药沐浴

中药沐浴，一般是由具备专业中药知识的服务工作人员，根据中医理论知识和不同的中药性能，将某些中药进行精心配制之后，煎熬成一定比例的浓缩药液，在有效期内，投放于一定比例的温泉水中。客人根据不同的功效与身体各部位的需求，选择不同的药疗效果，在中药沐浴池里浸泡30～50分钟之后，才能收到良好的效果。在SPA温泉水疗服务项目中，中药沐浴最受中老年客人的欢迎。

(二) 鲜花沐浴

鲜花沐浴,即客人在沐浴温泉之前,服务员提前10分钟把当天采摘的玫瑰花瓣或茉莉花瓣撒在温泉水中,浸泡5分钟之后,客人再进入温泉池里沐浴。近几年来,鲜花沐浴已成为女性客人的首选,如图5-2所示。

(三) 香汤沐浴

香汤沐浴,即在温泉池中加入香料,客人在飘着香水

图5-2　鲜花沐浴

味的温泉中沐浴。香汤沐浴在我国古代是劳动人民沐浴的一种传统习俗,尤其受到宫廷皇室和道教人士的钟爱。古人认为,在浴汤中拌些香料,不仅能提神醒脑、洁身去臭,还可以祛除邪气、疗疾养生。因为这些香料大多取材于香花香草,馨香而无毒,对人体不会造成过敏反应,而且含有芳香物质和药理成分,还能防病治病,有益身心健康。

六、SPA水疗术语中英文对照

(1) 水疗 SPA;

(2) 都会型水疗 Day Spa;

(3) 美容水疗 Beauty Spa;

(4) 饭店/度假村水疗 Hotel/Resort Spa;

(5) 俱乐部水疗 Club Spa;

(6) 温泉型水疗 Mineral Spring Spa;

(7) 药浴 Herbal Medicine Bath。

第二节　桑拿浴服务基本知识

一、桑拿浴概述

桑拿,为英文"Sauna"的译音,至今已有两千多年的历史。在沐浴过程中将室内温度升高至45℃以上,使沐浴者犹如置身于沙漠,被暴烈的太阳干晒,促使体内水分大量蒸发,从而达到充分排汗的目的。客人洗浴时,先用温水淋浴,将身体擦洗干净,女士要卸妆。进入温水池浸泡片刻,使毛孔、血管扩张,然后进入桑拿浴室蒸10～15分钟,感到全身排汗或太热时再出来,进入冷水池中浸泡或用冷水淋浴,然后再次进入桑拿浴房,如此反复三次左右,最后将全身洗净,或在温水池浸泡一会儿后进入休息室休息。

二、桑拿浴的功效与益处

(一) 桑拿浴具有良好的保健作用

桑拿浴可使皮肤的毛细血管明显扩张，促进大量出汗，并使血液循环得到很大的改善；桑拿浴可以降低体内压力，彻底使身体放松，缓解疲劳并松弛紧张的肌肉和神经；桑拿浴的高温可帮助体内汗液排出，杀死皮肤表面的细菌，更有助于排出体内的废物、毒素，使皮肤里的各种组织获得更多的营养；桑拿浴能够充分改善人体微循环，排除体内垃圾，促进新陈代谢加快；可以使肌肤非常柔软，肤质更光滑、美丽；还可燃烧多余的脂肪，令爱美的女士达到减肥的效果。

(二) 桑拿浴针对相关疾病具有治疗作用

桑拿浴通过接连几次的冷热交替可缓解疼痛、松弛关节；桑拿浴针对许多皮肤病诸如鱼鳞病、银屑痛、皮肤瘙痒症等都有不同程度的治疗作用；桑拿浴还能有效地改善睡眠质量，可以让人很快进入梦乡。

三、桑拿浴的分类

桑拿浴通过专用的蒸汽设备，使人在高温、高湿的环境中充分排汗，以达到保健的目的。桑拿浴分为干桑拿和湿桑拿两种。

(一) 干桑拿

干桑拿源自芬兰，故又称芬兰浴。它是指洗浴者坐在特制的木房内，在热炉上烧烤特有的岩石，使其温度达到70℃以上，然后根据自己的需要往岩石上泼水，以产生冲击性的蒸汽供其沐浴。人体接受高温的烘烤，体内蒸发大量水分，可达到充分排汗的目的。干桑拿较适合油性皮肤的人，干桑拿如图5-3所示。

图5-3 干桑拿

(二) 湿桑拿

湿桑拿源自土耳其，故又称土耳其浴。它是在温度很高的室内通过不断在散热器上淋水，或是根据需要控制专用的蒸汽发生器的阀门，使浴室内充满浓重的湿热蒸汽，沐浴者仿佛置身于热带雨林之中，又闷又热、大汗淋漓，从而达到充分排出体内垃圾的目的。女性多乐于选择湿桑拿，蒸完后皮肤往往较红润。湿桑拿如图5-4所示。

图5-4　湿桑拿

四、桑拿浴的衍生项目

(一) 冲浪浴

冲浪浴是在特殊设计的水力按摩浴缸、按摩池中进行的洗浴方式。按摩浴缸或按摩池是根据人的体形特征设计的，针对人体的背部、尾骨、神经中枢及其他各穴位，装置特殊喷嘴，汇集空气及水流，产生大量回旋式气泡和旋涡式动力冲击人体的各个穴位，刺激皮肤毛孔进行水力按摩。它可使洗浴者的心脏得到适当的运动，既可加强其承受压力的能力，又可促进人体血液循环，加速新陈代谢，并可治疗因剧烈运动而引起的肌肉疼痛或关节疼痛。冲浪浴缸如图5-5所示。

图5-5　冲浪浴缸

(二) 蒸汽喷淋花洒浴

蒸汽喷淋花洒浴一般在蒸汽喷淋花洒房中进行，如图5-6所示。蒸汽喷淋花洒房集淋浴、蒸汽浴、水力按摩及瀑布式淋浴功能于一身，用特种玻璃钢制成，内有计算机控制的按摩喷嘴，可对准人体的各个穴位喷淋，为客人做全身按摩，从而达到消除疲劳和恢复体力的功效。

(三) 光波浴

光波浴利用红外线使沐浴者达到排汗、排毒的目的。红外线是热能量最高的光线，对身体无害，可以作用于人体的组织细胞，产生生理热效应，在40℃～60℃的洁净环境内可使人大量出汗，扩张皮肤毛孔，排出杂质，加快身体新陈代谢。光波浴既可健肤和美容，又能增进生命活力，提高免疫功能，并对多种病症具有疗效。光波浴如图5-7所示。

图5-6　蒸汽喷淋花洒房　　　　　　　　图5-7　光波浴

(四) 再生浴

再生浴主要是为大部分不习惯高温沐浴方式的客人提供的。再生浴又有低温再生浴和高温再生浴之分。低温再生浴浴室内的温度为37℃～39℃，浴者能长时间地在浴室内享受宁静的环境，并松弛神经，比较适合年龄较大者和妇女使用。高温再生浴浴室内的温度为55℃～65℃，浴者进入房内20分钟后开始出汗，感觉要比桑拿浴舒服，医疗价值与桑拿浴一样。

五、桑拿浴的设施设备

(一) 桑拿房

桑拿房一般都是木制房结构。在木制房里，有木条制的休息床和枕头。在木制房结构的墙上，有防水的照明灯、温度计、湿度计和计时器，其地板也是由木条制成，可以排水。除此之外，还有一个观察窗，便于管理员观察室内客人的沐浴情况，以防客人因时间太久导致虚脱或晕池而发生危险。

(二) 专用音响设备

桑拿房一般都配有专用音响设备，为体验桑拿沐浴的客人提供美妙动听的背景音乐服务。有的桑拿房还利用高科技音响设备模拟大自然的阴晴风雨，为客人播放奇妙醉人的天籁之音，使客人一边沐浴一边沉浸在大自然的美妙乐曲中。

(三) 桑拿石与桑拿炉

桑拿石是一种耐高温的深海岩石或因火山喷发而散落的矿石。桑拿炉是一种内部布满排列有序的耐高温电热丝、外部经绝缘处理的加热设备，其功率一般为7000～9000瓦。加热后的桑拿石可使桑拿房内温度不断升高，从而使客人享受到桑拿浴的快乐。随着科技的发展，康乐部门在桑拿沐浴养生保健项目中一般都配有全自动电子恒温控制器，客人可以根据身体对温度的需要，随时调节桑拿房的温度或保持温度。桑拿炉如图5-8所示。

(四) 桑拿木桶和木勺

桑拿木桶和木勺是客人在进行桑拿沐浴时用来盛水的工具。客人在进行桑拿沐浴时，为了使桑拿房的温度不断升高，要不断地用木勺舀木桶里的水泼洒到桑拿石上。当水碰到经桑拿炉加热而高热的桑拿石后，立刻变成水蒸气，弥漫在室内的空气中，起到了提高室内温度与湿度的作用。桑拿木桶和木勺如图5-9所示。

图5-8　桑拿炉

图5-9　桑拿木桶和木勺

六、桑拿洗浴时的注意事项

(1) 在暴饮暴食之后或正患严重的咳嗽时一定不要进行桑拿洗浴，严重的心脏病及高血压患者也应特别注意。

(2) 桑拿浴温度因人而异，没有标准的尺度，但通常干蒸时为80℃～85℃，也有更高的情况。对东方人来说，温蒸会温和舒适些，通常温度为45℃～60℃。

(3) 洗桑拿浴时，可充分利用蒸汽冲击。蒸汽冲击是在桑拿炉中的高温石头上，泼上一小勺水，在骤然间产生大量的蒸汽，可使木屋内的热量瞬间提高数倍，使人体承受特殊的环境，这就是所谓的蒸汽冲击。

(4) 桑拿洗浴者一般每5～10分钟可以出来洗一次温水淋浴，若有需要可以轮流几次，直到产生效果为止。

(5) 洗完桑拿之后需要休息放松。首先用冷水淋浴以收缩毛孔及血管，然后放松休息5分钟，使身体恢复正常体温，此时将会感到浑身畅达，彻底消除疲劳。

七、桑拿浴术语中英文对照

(1) 桑拿 Sauna；

(2) 冲凉 Shower；

(3) 放松、修养 Relax；

(4) 光波浴 Light Bath；

(5) 桑拿石 Sauna Stone；

(6) 蒸汽室 Steam Room；

(7) 木勺 Wooden Spoon；

(8) 桑拿炉 Sauna Furnace；

(9) 冲浪浴 Surf Bath；

(10) 土耳其浴 Turkish Bath。

第三节　保健按摩服务基本知识

一、保健按摩知识概述

自古以来，每当人们腰酸、背痛、疲劳、失眠时，就会用手掌或手指直接按压某些穴位，以减轻症状。按摩可以说是一种医疗方法，这种古老的医术流传到现代，俨然已成为一种休闲方式。整天忙碌的现代人，在工作之余接受专业的按摩服务，不但可以预防疾病的产生，而且可以消除疲劳、放松身心。

二、保健按摩的作用和功效

(一) 提高机体免疫力

按摩通过各种手法作用于人体，可以使血管扩张，增强血管的通透性，以减少血流的阻力，使血液循环畅通，因而可减轻心脏负担，使心脏搏动有力。此外，在人体相对安静时，淋巴液的流动是缓慢的，但经过按摩后，可以加速淋巴液的流动，从而达到提高机体抗病力、预防疾病的作用。

(二) 加强肌肉的弹性

按摩手法作用于肌肉，可促进肌肉纤维的收缩和伸展活动，从而促进血液、淋巴等体液的循环和流动，使肌肉得到充分的营养物质，消除肌肉疲劳，增强肌肉组织的弹力。保健按摩可以使人体肌肉丰满，皮脂分泌畅通，皮肤柔润有光泽。

(三) 振奋精神，消除疲劳

现代人的生活节奏越来越快，工作紧张、长期伏案工作及缺乏身体锻炼，易引起身体虚弱、疲劳、代谢紊乱、精神不振等不良状况。尤其是长期从事脑力劳动的人，由于用脑过度，可能会产生失眠、头晕乏力等症状。按摩可刺激人体的肌肉神经，改善中枢神经系统兴奋抑制过程和维持相对的体液平衡，从而恢复人体生理功能的正常状态，达到消除疲劳、振奋精神的作用。

(四) 塑造健美形体

社会的进步及生活水平的提高，使人体摄入大量脂肪，造成营养过剩，加上缺乏运动，极易使人发胖。现代社会文明程度越高，人们对健康及形体美的要求也就越高。各种健美操、桑拿与按摩结合在一起，可以使体内多余的脂肪转换成热能而排出体外，减少脂肪堆积，从而达到健美塑身的效果。

三、保健按摩的分类

(一) 泰式按摩

泰式保健按摩是流行于泰国的一种按摩方式，泰式按摩在各种按摩中最为激烈，由泰国御医吉瓦科库玛根据古印度西部传入泰国的按摩法和当地中国移民的一些按摩手法创造而来，当时作为招待皇家贵族的最高礼节。它的技法还被铭刻在瓦特波的卧佛寺的游廊壁上，那里被称为"泰式按摩基地"。它以活动关节为主，手法简练而实用，无穴位之说，是保健的较佳手法之一。泰式按摩简便易学，难易适中，实用性强。泰式按摩非常注重背部、腰部的舒展，按摩师从脚趾开始一直作业到头顶才算结束一套动作，从足部向心脏方向进行按摩。手法几乎涵盖了按、摸、拉、拽、揉、捏等所有动作。泰式按摩采用跪式服务，左右手交替动作，用力柔和、均匀，速度适中。浴后经泰式保健按摩，可以使人快速消除疲劳、恢复体能，还可增强关节韧带的弹性和活力，恢复正常的关节活动功能，达到促进体液循环、保健防病、健体美容的功效，如图5-10所示。

(二) 日式按摩

日式按摩与中式按摩的手法非常相似。不过，按摩师跪在体验者背上用膝盖进行按摩等方式还是很有日本风格的。日式按摩以指压为基本特点，施力方式是以肢体或手指作为支撑架，利用自身的体重力，向下垂直，向着肢体的中心部位施力，施力时不用腕力。指压时停留在指压部位的时间为3～5秒。这里所提到的"指压部位"是指某个较大的局部面，而不是特定的点，可能在中医的某个经穴上，但日式按摩中不称为穴位，只称为指压点。做日式按摩时，可在受术者身体涂少许按摩油之类的介质。整个指压过程中应先做右边，再做左边，如图5-11所示。

图5-10　泰式按摩

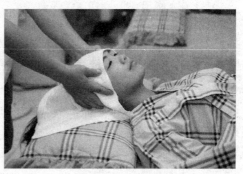
图5-11　日式按摩

(三) 欧式按摩

欧式按摩源自古希腊和古罗马，被称为"贵族的运动"，当时平民百姓是禁止享受这种保健方式的。工业革命之后，这种按摩方法开始在欧洲各国逐渐盛行。欧式按摩借助按摩油的润滑作用，运用推、压、捏、拿、揉、搓、提、抹等手法，达到放松肌肉、减轻疲劳的目的。欧式按摩手法轻柔，以推、按、触摸为主，搭配使用多种芳香油，沿肌纤维走行方向、淋巴走行方向、血管走行方向进行按摩，给人以轻松、自然、舒适的感受。欧式按摩能使肌纤维被动活动，促进肌肉营养代谢，放松被牵拉的肌肉，同时提高肌肉耐受力。

(四) 中式按摩

中式按摩历史悠远，以保健、治病为主要目的，是中国传统医学的重要组成部分。传说战国时代的神医华佗是其发明者，经过几千年的医学探索，这种按摩方法现在已经比较完善。中式按摩是以中医理论为基础的保健按摩，以经络穴位按摩为主，其手法渗透力强，可以放松肌肉、解除疲劳、调节人体机能，具有提高人体免疫能力、疏通经络、平衡阴阳、延年益寿之功效，如图5-12所示。

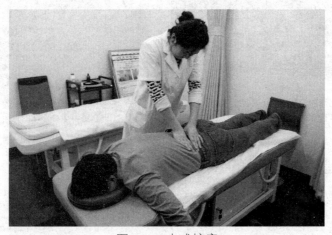
图5-12　中式按摩

(五) 韩式按摩

韩式按摩由韩国家庭按摩演变而成，也被美容界称为韩式松骨。除了松骨这一大显著特征外，推油和热敷也是韩式按摩手法中的经典动作。按摩师通常的操作步骤是顺着肩胛骨、脊椎、胯骨的骨缝用扳的手法进行按摩的第一步，即松骨。放松四肢后再用麦饭石或热水袋热敷皮肤，放置在肩关节和易受伤寒的脊椎骨处，大约10分钟，毛孔张开后，按摩师将按摩油倒入手心搓热，进行背部和四肢的推油。洗脸、洗头、采耳都是韩式按摩的步骤，可见其细致。一整套按摩后，你会倍感精力充沛，身体由内而外地透着舒畅。

(六) 港式按摩

港式按摩是在中式按摩的基础上演化而成的。它相较于中式按摩而言更讲究舒适感，在手法上多了一个滚揉和踩背，少了点按穴脉。按摩师的手法简单实用，比其他按摩轻柔许多，多用于沐浴后身体和心灵的放松。主要包括拇指指腹按压法、踩背法和推油法。在按摩的过程中，客人很容易昏昏欲睡，彻底松弛紧绷的神经。我们经常听到的"Massage"就是港式按摩中的踩背，轻重根据个人的身体状况来定。港式按摩如图5-13所示。

(七) 淋巴引流按摩

淋巴系统在人体中扮演着极重要的角色，遍布全身各个部分。淋巴引流按摩法通过向皮肤内的淋巴管施压来促进淋巴液循环，使淋巴液从肌肉中排出，排出的淋巴液(其中包含毒素)经淋巴结进入血液，由肾脏过滤并将过滤后的废物排出体外，从而可改善皮肤弹力及肤色，增强免疫系统功能，促进细胞活化，能有效消除浮肿，立即改善腰酸背痛的症状，如图5-14所示。

图5-13　港式按摩

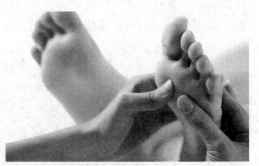
图5-14　淋巴引流按摩

四、保健按摩服务的设备设施

保健按摩服务项目与桑拿服务项目是相辅相成的，按摩服务通常是桑拿浴中心整体服务中的一个环节，但因其服务技能和客人的隐私要求，一些高档次的饭店往往将按摩室建造成客房的豪华单间。由于部分客人不蒸洗桑拿浴只要求享受按摩服务，又可将按摩服务区与桑拿浴中心各自单独设置，使按摩服务区成为独立的经营场所。

　　按摩室主要由排钟台(兼迎宾和服务台的功能)、男部按摩区(室)与女部按摩区(室)构成。各按摩室的使用面积通常以床位为基础，有设置卫生间和不设置卫生间两种类型。按摩床的规格，饭店可以考虑长度为200cm、宽度为80cm的类型。按摩师活动的面积通常按照单床区域面积的150%～160%设置。另外，设计按摩室时还要考虑饭店的档次和星级以及经营特色，是否需要设置卫生间和配备电视机、沙发、茶几、落地灯、柜橱等设备，应综合考虑后再确定。在设计按摩区时，应根据饭店的客流量、客流规律、客房接待能力和是否需要设置娱乐服务项目等来确定，按摩室内各种设施设备完好率应达到98%以上。保健按摩室如图5-15所示。

图5-15　保健按摩室

■ 五、保健按摩的基本手法

(一) 推摩

　　推摩应用于按摩开始和结束以及交替手法时。它要求四指并拢，拇指分开，全手接触皮肤，沿着淋巴流动的方向向前摆动。轻推摩使皮肤有舒适感；重推摩时，"虎口"稍抬起，主要用掌根部着力，以加速淋巴静脉回流，提高表皮温度。

(二) 揉摩

　　揉摩用于关节及其他不便使用揉捏的部位，如背部、肌腱等。它要求用拇指或四指的指腹、大鱼际、掌根部紧贴皮肤，做圆形或螺旋形的揉动，也可逐渐移动部位。此手法可以促进血液循环，加速组织新陈代谢，松弛深部组织。

(三) 揉捏

　　揉捏是按摩中的主要手法，用于各肌肉部位，能促进肌肉的新陈代谢，增强肌肉功能，消除疲劳。具体方法是四指并拢，拇指分开，全手接触皮肤，拇指与其余四指相对用力将肌肉捏住，略往上提升，并在手中揉动，然后放下，再做第二次捏起、揉动。揉动时要沿向心方向做旋转或移动，动作要连贯、柔和，手始终不离开皮肤。揉捏时，手指不要弯曲，全手用力均匀，不要只是指尖用力，可以双手重叠加压揉捏。

(四) 按压

按压即用一手或双手的手掌和掌根部压被按摩部位，要求用力由轻到重再到轻，注意作用点在肌肉或关节处。此手法用于关节发紧或酸痛时。

(五) 叩击

叩击即两手半握拳，用掌侧或掌面向下交替叩打。它要求两手的手腕要放松，也可将两手的手指伸直、张开，用掌侧进行叩击。此手法用于腰部、大腿、肩部等深层组织，可使局部血液循环加快以改善组织代谢，并能调节神经系统的兴奋性。

(六) 抖动

抖动适用于大块肌肉和整个肢体的放松。它要求按摩者用手握紧肢体末端，轻轻地抓住并快速抖动，速度由慢到快再到慢。

(七) 运拉

运拉即在四肢按摩结束后，为让被按摩者的肢体放松，按摩者握住其肢体，依关节活动的范围，做伸屈、内收、外展、内旋、外旋等活动。此手法能加强关节的活动性以及肌肉、韧带的伸展性和柔韧性。

六、保健按摩术语中英文对照

(1) 泰式按摩 Thai-style Massage；

(2) 中式按摩 Chinese Massage；

(3) 日式按摩 Japanese-style Massage；

(4) 港式按摩 Hong Kong-style Massage；

(5) 腿部按摩 Leg-Massage；

(6) 刮痧 Neck/Back-Scraping；

(7) 按摩 Massage；

(8) 男按摩师 Masseur；

(9) 女按摩师 Masseuse；

(10) 面部的 Facial；

(11) 水流按摩池 Jacuzzi；

(12) 足疗 Foot Massage；

(13) 修手甲 Manicure；

(14) 修脚趾甲 Pedicure；

(15) 采耳 Ear Cleaning;

(16) 擦背 Back Scrub;

(17) 日式指压推油按摩 Japanese Style Oil Massage;

(18) 正宗泰式按摩 Traditional Thai Massage;

(19) 香薰美体排毒推油按摩 Aromatic Body Building and Toxic Release Massage;

(20) SPA香薰桶浴 Aromatic Spa Bath。

第四节 美容美发服务基本知识

一、美容美发概述

美容美发服务是为客人创造形象美、姿态美、气质美的一门符合时尚、前卫潮流的生活艺术。如今，美容美发已成为人们工作之余消除疲劳、愉悦身心的方式之一。目前，在三星级以上的饭店，康乐部门一般都有美容美发服务中心，其主要功能是为客人提供美容美发保健服务。在美容美发服务中心一般都设有豪华舒适、宽敞明亮的接待大厅、美发大厅、皮肤护理美容室和激光美容室。美容服务项目主要包括面膜、深层洁面、除皱、修眉、化妆等；美发服务项目主要包括洗头、吹风、剪发、染发和发型设计等。

二、美容美发服务项目分类

(一) 美容类项目分类

传统的美容只是清洗、修理头发和清洁面部。现代美容所包括的内容则远远超过传统美容的内涵。现代人在美容院中更多地享受到专业的按摩服务，用专业仪器和护肤品对皮肤进行清洗和护理，以及对个人整体形象进行设计。目前，主要的美容项目有以下几种。

1. 面部普通护理

面部护理可以使皮肤毛孔畅通，保持正常代谢，提高皮肤的健康水平。普通的面部护理包括面部清洁、脱屑、面部按摩、面膜操作4个部分。

2. 特殊护理保养

有些人的皮肤属于问题性皮肤，如色斑皮肤、暗疮皮肤、敏感性皮肤等，还有些人面部长有天生的胎记。对于这些问题性皮肤就需要使用特殊的仪器和化妆品有针对性地进行特殊护理。

3. 肩颈部护理

由于肩颈部长期裸露在外，容易引起皮肤污浊老化；由于肥胖或衰老原因，易产生双下巴。在对肩颈部的护理中，除了颈部按摩外，还经常采用香精护理疗法。香精油护肤品是从天然植物中提炼出来的，有恢复组织器官活力、收缩毛孔、促进细胞再生的功效。

4. 指甲护理及美化

指甲的护理及美化主要指修指甲和涂指甲油。美容师根据客人喜好，将指甲修剪成圆形、方形、尖形等不同造型。现代美甲艺术除了使用五光十色的指甲油外，还使用特制的细刷在甲面上描绘各式图案。

5. 化妆

化妆一般有日妆、晚妆、新娘妆之分。日妆也称淡妆，要求妆色清淡自然；晚妆是出席晚会、宴会场合所化的妆，妆色相对浓艳，讲究整体的化妆效果；新娘妆是指婚礼上的妆容，是介于浓妆与淡妆之间的妆型，新娘妆着重自然美，妆面妩媚、高雅，多以暖色或偏暖色为主。

(二) 美发类项目分类

1. 洗发

洗发是保持头发健美的基本方法。理发师用洗发剂洗净头皮和头发上的污垢，并使头发保持湿润，以利于进行下一步操作。常用的洗发用品主要指洗发香波和护发素。理想的洗发水应当泡沫丰富，且去污力强、性质温和、易于冲洗。护发素可使头发柔软，有光泽。理发师应根据客人的发质，选择不同的洗发水和护发素。

2. 剃须、修面

有些客人颈面部的毛发比较多，因此需要进行修面，清除毛发。面部的胡须一般较粗硬，在修面之前要进行软化处理。通常用胡刷蘸取适量剃须皂，抹在要修面的地方，使胡须湿润变软，同时还有润滑作用；然后用热毛巾盖在胡须上，等其软润后，再涂皂液或剃须皂；最后用剃须刀顺剃一次再逆剃一次即可。对于胡须过于浓密者，要再进行一次顺剃、逆剃的操作，直到剃净为止。面部修剃整洁之后，用干净的热毛巾擦面，使毛孔收缩。最后擦上护肤品，使皮肤润滑。

3. 理发

理发，即利用推子、剪刀、剃刀、梳子等各种工具对头发进行修理，用满推、半推、夹剪、抓剪、托剪、滑剪、锯齿剪等手法推剪出各具特色、美观大方的发式。理发师应根据每个客人的脸形、身材、年龄、职业、个人喜好等因素设计不同的发型。

4. 烫发

烫发有很多种，主要有火钳烫、电烫和冷烫。冷烫是最常用的方法，它有工具简单、安全、卷曲自然牢固等特点，主要使用冷烫精和中和剂。烫发常见的工具有卷发杠、衬纸、塑料帽以及各种形状的卷芯。烫发的操作方法有很多，其中十字排列法、扇形排列法、砌砖排列法、挑烫、双重烫、烫发尾、根部烫等是比较常用的方法。

5. 漂发、染发

漂发、染发是两种结果相逆的美发手段。漂发的目的在于除去或减少头发中的色素，将头发由深色变为浅色；而染发则是添加人造色素，将头发本色改变成其他颜色。漂发可分为全部漂发和局部漂发；染发可分为暂时性、半永久性和永久性染发。漂发和染发既可以相互配合进行，也可以单独进行。

6. 焗油

焗油是目前较为流行的美发方式。具体的操作方法是在头发上涂满焗油膏，并加以蒸气焗热，使头发得到充分滋养。焗油又可分为营养焗油和有色焗油两种。

三、美容美发室分区

(一) 客人接待区

在客人接待区置放沙发，提供阅读刊物，客人在这里也能享受一些增值服务，如发型设计、形象设计、皮肤类型鉴定等。

(二) 美容区

美容区的设计以温馨整洁为主，让客人在这里可以放心进行皮肤护理，并且保持良好的心态。在一些有条件的美容院，还可另外开辟一个区作为小型美容手术室，为客人提供割双眼皮、文眉等美容手术。但美容手术必须由受过专门医学训练的医师主持，专业技术要求高，一般饭店美容院不设这个服务区。美容区如图5-16所示。

(三) 美发区

美发区内所有美发设备的摆放要简洁整齐并且要科学合理，以最大限度地方便客人为宗旨，尽量减少客人的移动。镜子的数量和摆放位置以客人能看到发型的各个侧面为标准，如图5-17所示。

图5-16　美容区

图5-17　美发区

四、美容美发服务的设备及用品

(一) 美容设备及用品

1. 美容设备

美容设备包括多功能美容仪、离子喷雾器、美容床、美容镜台、美容椅、消毒柜等。饭店美容美发室还要根据提供的美容项目来选择配置美容机械设备，如皮肤测试仪、超声波美容仪等,如图5-18、图5-19、图5-20所示。

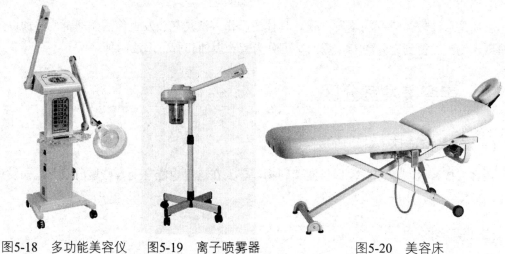

图5-18　多功能美容仪　　图5-19　离子喷雾器　　　　　图5-20　美容床

2. 美容用品

(1) 专业护肤用品。美容工作人员应根据不同档次和各种皮肤性质来使用不同的洗面奶、化妆水、磨砂膏、去死皮霜、日霜、晚霜、面霜、底霜、精华素等。化妆水如图5-21所示。

(2) 文刺用品。包括文眉机、文刺色料、文刺辅助剂、棉片、酒精等。

(3) 美化睫毛用品。包括烫睫毛套装、睫毛钳、假睫毛等。

(4) 美容化妆用品。包括粉底、眼影、胭脂、唇膏、唇线笔、眼线笔和睫毛膏等。眼线笔如图5-22所示。

图5-21　化妆水

图5-22　眼线笔

(二) 美发设备及用品

1. 美发设备

(1) 美发椅。美发椅包括电动升降式美发椅、油压式升降美发椅、人工升降式美发椅,如图5-23所示。

(2) 美发镜台。女式美发室配置多功能的美发镜台，男式美发室配置单功能的美发镜台，如图5-24所示。

(3) 洗头设备。洗头设备分为坐式洗头用的洗头盆连椅组合和仰式洗头用的洗头盆连椅组合两种，全部配置冷、热水管及喷头，如图5-25所示。

图5-23　美发椅　　　　　图5-24　美发镜台　　　　　图5-25　洗头设备

2. 美发用品

美发用品包括各种中高档烫发药水、洗发用品、护发用品、各色染膏、双氧水、漂粉、焗油膏以及摩丝、发胶等固发用品等，如图5-26所示。

图5-26　美发用品

五、美容美发术语中英文对照

(1) 头发 Hair；

(2) 洗发精 Shampoo；

(3) 染发剂 Hair Color；

(4) 护发霜 Hair Care/Conditioner；

(5) 发胶 Gel；

(6) 冷烫液 Cold Wave/Perm；

(7) 受损 Damage；

(8) 卷发 Curl；

(9) 平梳 Comb；

(10) 吹风机 Hair Dryer；

(11) 毛巾 Towel；

(12) 剪刀 Scissors；

(13) 发夹 Hair Pick；

(14) 冷烫卷 Perm Rod；

(15) 冷烫纸 Perm Paper；

(16) 镜子 Mirror；

(17) 圆梳 Round Brush；

(18) 尖尾梳 Tail Comb；

(19) 吹风机 Blow Dryer；

(20) 电棒 Curling Iron；

(21) 大吹风 Air dryer；

(22) 蒸汽机 Steamer；

(23) 推剪 Clipper；

(24) 电推剪 Electric Clipper；

(25) 假发 Wig；

(26) 手套 Gloves；

(27) 面膜 Mask/Masque Masque；

(28) 护肤水 Toner；

(29) 精华液 Serum/Essence；

(30) 乳液 Lotion；

(31) 面霜 Cream；

(32) 喷雾 Spray；

(33) 妆前乳 Primer。

第五节 氧吧服务基本知识

一、氧吧概述

氧吧是近几年才出现的保健养生类康乐项目，氧吧的主要经营内容是向客人提供吸氧服务。众所周知，"氧"是人体健康生存的必要保障。但是，在人们赖以生存的空气中混杂着各种各样的因子或元素，影响着人们的健康。另外，不正确的饮食习惯、吸烟饮酒、缺乏锻炼和严重的空气污染也会削弱人体的免疫机能，导致人们很容易患上各种疾病。科学家发现，增加氧的吸入量能帮助人体减轻疲劳感，增加维生素和矿物质等有利于促进身体健康的元素的吸收，提升抗病能力、改善微循环，使人体在日常活动中处于最佳状态。

据了解，在人们活动的空间里，人体被氧和氮环绕。将氮和氧分离，使用氧吧调节器可以使所在空间的氧气指数达到95%，人只要进入其中便会在几分钟内感受到精神倍加、充满活力。例如，中国大饭店在重新改造后的健身中心新增两个高级"氧吧间"，为旅游商务人士缓解和消除疲劳、保持身心健康提供一流的服务，这项服务对住店客人和健身中心会员是免费的。氧吧如图5-27所示。

图5-27　氧吧

二、氧吧的作用和功效

(一) 有效缓解疲劳

氧吧内有丰富的负离子，可使血液呈弱酸性，增强抵抗力，并可调整改善由自律神经失调导致的各种神经衰弱、头痛、失眠、忧郁等症状。

(二) 改善呼吸系统

氧吧可改善人体肺功能，使肺吸收氧气量增加20%以上，排除二氧化碳量增加约14.5%。可治疗花粉症、过敏性鼻炎，并可预防呼吸道疾病。

(三) 加强心血管系统

氧吧可调节血压功能，改善心肌功能，增加心肌营养，使周围的毛细血管扩张、皮温升高；可使白血球、红血球、血红蛋白和血小板增多，球蛋白增加，pH值升高，血凝固时间缩短，血液黏稠度增加。

(四) 维护神经系统

氧吧可改善睡眠，有明显的镇静和镇痛作用。

(五) 加速新陈代谢

氧吧可增进人体组织及细胞活化，促进血液循环和新陈代谢。

三、氧吧吸氧的注意事项

人脑在缺氧环境或缺氧状态下，吸氧有利于身体健康，对有些症状，例如由于过度疲劳引起的缺氧性头痛等，可以起到立竿见影的治疗效果。但是健康的人在不缺氧的状态下，如果吸入过多纯氧，就会加速新陈代谢，导致人体组织疲劳、细胞衰老速度加快，给身体健康带来不良影响。因此，就像饮食不应该营养过剩一样，吸氧也不可毫无节制。

四、氧吧术语中英文对照

(1) 氧吧 Oxygen Bar；

(2) 氧气 Oxygen；

(3) 人工吸氧 Inspired Oxygen；

(4) 呼吸系统 The Respiratory System；

(5) 疲劳 Tiredness；

(6) 精神 Spirit。

第六节 足浴服务基本知识

一、足浴概述

随着人们生活水平的日益提高，足浴已经成为人们保健养生的重要部分。人体的健康与脚有密切的关联，脚对人体的养生保健作用在很早就引起古人的重视和研究。其中"足浴"更以其简便灵验的特点，盛行千载而不衰。足浴时，水温一般保持在40℃左右，水量以能没过脚跟部为好，双脚放热水中浸泡5～10分钟，然后用力按摩脚心。按摩的手法要正确，否则达不到祛病健身的目的。

脚部是人体经络汇聚的地方之一，人体各器官均在脚部有特定的反射区，足部反射按摩疗法是中华医学的宝贵遗产，有着3000多年的传统历史，它通过刺激人体各器官在双足中相对应的穴位，产生神经反射，激活感应器官的功能，增强血液循环，调节内分泌失调，平衡血压，对高血压、脑血栓、咳嗽、哮喘、腰腿痛、风湿、肾寒、胃寒、痛经、感冒、失眠、发烧、糖尿病、外科静脉曲张、脉管炎、踝部关节炎、风湿性关节炎等有很好的疗效。足浴能增强血液循环，能激发人体潜在的机能，调整身体失衡的状态，舒缓全身紧张，达到防病治病的效果，因而有自我保健和延年益寿之功效。

二、足浴的作用和功效

(一) 调整血压

中医学认为，人体五脏六腑在脚上都有相应的投影，脚部是足三阴经的起始点，又是足三阳经的终止点，踝关节以下就有60多个穴位。如果经常用热水泡脚，能刺激足部穴位，促进血脉运行，调理脏腑，从而达到强身健体、祛除病邪、降压疗疾的目的。临床观察发现，采用中药泡脚治疗高血压，可有效防止药物的毒副反应，且效果较好，由于高血压患者需要长期服药，要减少药物对人体的激素刺激，一般采用外用中药法效果比较好。

(二) 改善血液循环

足浴可以改善足部的血液循环。水的温热作用可扩张足部血管，提高皮肤温度，从而促进足部和全身血液循环。有人做过测试，一个健康的人用40℃～45℃的温水浸泡双足30～40分钟，其全身血液流量显著增加，女性为10～13倍，男性为13～18倍。可见，足浴确实有改善血液循环的作用。

(三) 促进新陈代谢

足浴可促进足部及全身血液循环，增加血液循环量，从而调节各内分泌系统的机能，促使各内分泌腺体分泌各种激素，如甲状腺分泌的甲状腺激素，肾上腺分泌的肾上腺素，这些激素均能促进新陈代谢。

(四) 消除疲劳

足浴的最大作用就是消除疲劳，古人早已从实践中总结出热水足浴可消除疲劳。

(五) 改善睡眠

足浴可促进足部及全身血液循环，从而加速血流，驱散足底沉积物和消除体内的疲劳物质，使人处于休息状态，从而改善睡眠。

(六) 养生美容

足浴还具有养生美容、养脑护脑、活血通络等一系列保健作用。

(七) 增加抵抗力

人体踝部以下有60个穴位，"热水足浴"如同用艾条灸这些穴位，加上气流、按摩作用，可起到促进气血运行、温暖脏腑、增强人体抵抗力的作用。

三、足浴需注意的禁忌

(1) 忌空腹足浴。

(2) 忌水中久泡。

(3) 忌餐后足浴。

(4) 忌用强碱性肥皂或各种香波乳剂足浴。

(5) 忌水温过高。

(6) 忌在非流动水的大浴池中足浴。

(7) 忌用力搓擦。

(8) 忌过度使用肥皂。

四、足浴的主要设备

康乐部门为客人提供的足疗保健项目设施设备主要有200～1000m²的足疗馆，在足疗馆里，有豪华舒适的沙发或沙发床，以及具有多种功能的足浴盆和具有不同药效的中药配方。

(一) 足疗室

一般来说，在三星级以上的旅游饭店或度假村里，康乐部门均设置豪华舒适的足疗室，其面积一般为200～1000m²。除了装修豪华的天花板与古董摆设之外，还配有舒适的沙发床。

(二) 沙发床

目前，在三星级以上的饭店或旅游度假村里，康乐部门在足疗室里为体验足疗保健服务的客人提供舒适的沙发床。

(三) 足浴盆

目前，在三星级以上饭店或旅游度假村里，康乐部门在足疗馆里，为客人提供的足浴盆主要有皇威足底浴盆、蒸气足浴盆、电脑加热足浴盆、电脑臭氧足浴盆与远红外线足浴盆等。

五、足浴术语中英文对照

(1) 足底按摩 Foot Massage；

(2) 足疗 Pedicure；

(3) 足疗机 Foot Mas；

(4) 足疗师 Podiatrist；

(5) 鱼足疗 Fish Pedicure。

本章小结

保健养生类项目是饭店康乐部的重要组成部分，其具体项目主要包括：SPA水疗、桑拿浴、保健按摩、美容美发、氧吧和足浴等。本章首先介绍了SPA水疗的概况、种类、功效、必备条件、项目类别和中英文术语对照；其次，介绍了桑拿浴的概况、桑拿浴的功效和益处、桑拿浴的分类、干湿桑拿浴的区别、桑拿浴的衍生项目、桑拿浴的设施设备、蒸桑拿时的注意事项和桑拿浴术语中英文对照；再次，介绍了保健按摩概况、保健按摩的功效和作用、保健按摩的分类、保健按摩的设备设施、保健按摩的基本手法和保健按摩术语中英文对照；此外，介绍了美容美发概况、美容美发室分区、美容美发服务项目分类、美容美发服务的设备及用品和保健按摩术语中英文对照；然后，介绍了氧吧概况、氧吧的作用和功效、氧吧吸氧的注意事项和氧吧术语中英文对照；最后，介绍了足浴概况、足浴的作用和功效、足浴禁忌、足浴设备及足浴术语中英文对照。

知识链接

桑拿浴室服务管理制度

第一章　桑拿浴室管理

第一条　饭店为满足客人减肥、消除疲劳、防治风湿病和皮肤病的目的，开展桑拿浴服务。

第二条　桑拿浴的主要作用：一是消除疲劳，桑拿浴能加速人体的血液循环，促进新陈代谢，使人迅速恢复体力；二是减肥，如果每天洗一次桑拿浴，通过蒸汽使人大量出汗，对减肥有显著效果；三是可以防治风湿病和皮肤病。

第三条　桑拿浴室门口的营业时间、客人须知、价目表等标志牌应齐全、完好，设计美观大方，安装位置合理，中英文对照且字迹清楚。

第四条　桑拿室内分隔式的小桑拿浴室的室温应保持在30℃左右。各室内通风良好，空气清新，环境整洁，让客人有舒适感和安全感。

第二章　桑拿浴室服务员管理

第五条　桑拿浴室服务员要具备简单的外语对话能力，对客热情、礼貌、周到，责任心强，服从工作安排，能与按摩师通力合作做好桑拿室的各项工作。

第六条　桑拿浴室的服务员要在客人桑拿前做好各项准备工作。

第七条　客人到达时，桑拿浴室服务员要主动问好，热情迎接客人，并询问有无预订。准确记录客人姓名、房号、到达时间和提供更衣柜号码、钥匙，分配浴室，及时主动提供毛巾、服务用品。

第八条　客人进入桑拿浴室准备开始桑拿前，桑拿浴室服务员要调好温度和沙漏控制器。

第九条　客人享用桑拿浴期间，为防止发生意外，桑拿浴室服务员应每隔10分钟巡视一次。

第十条　桑拿浴室服务员要坚守岗位，保证客人安全，勤巡查，发现问题应及时汇报。

第十一条　若客人有召唤，桑拿浴室服务员应随叫随到，并及时提供客人要求的各项服务。

第十二条　桑拿浴室服务员应做好清洁卫生工作，保证各桑拿浴室无灰尘、垃圾和卫生死角；所有金属件表面光洁明亮，镜面无水迹；所有木板洁净、光滑，无灰尘、污迹和碳化物，使客人有舒适感。

第十三条　客人离开时，桑拿浴室服务员应礼貌送客，并要提醒客人不要忘带随身物品，拾到任何遗留物品，要立即上交领班或主管。同时对客人要说"谢谢光临，欢迎以后再来"，并送客到门口。

第十四条　桑拿浴室服务员负责检查桑拿浴室设备的运转情况，如水位、温度需随时调节，抽风机和灯光等设备需随时检查，有情况应及时向台班报维修。

(资料来源：任长江，薛显东.饭店管理职位工作手册[M].北京：人民邮电出版社，2006.)

📖 案例分析

张女士为何要做回头客

2008年6月10日上午，上海某五星级饭店入住了一位40多岁的商务客人张女士，她是天津某私营企业的董事长兼总经理。

下午三点，张女士来到位于饭店四层的美容美发厅，要求美容师郭小姐用国际品牌的美容产品为她进行皮肤护理和激光美容。因她晚饭后要到饭店的国际会议厅里主持一个新产品发布会，需要把自己靓丽光彩的一面展现给来自全国各地的客户。

美容师郭小姐是一位具有多年资格认证的专业人士，在这家五星级饭店的美容美发服务中心已经工作3年，擅长根据客人的言谈、气质和风度了解客人的心理需求，从而为客人提供优质的美容产品以及完美的服务。

这次也不例外，当张女士提出自己的个性化需求之后，郭小姐就把美容店里新进的一款国际名牌美容产品介绍给张女士。

张女士接过美容产品，看了看包装盒上的说明书，发现是我国东北某名牌大学生物研究所利用8类中草药配方和美国一家著名的化妆品公司联合研制的绿色美容系列产品，她很高兴，就随着美容师郭小姐一起来到激光美容室，体验一个小时的美容经历。

在激光美容室内，美容师郭小姐一边为张女士洗面、清洁皮肤、按摩面部肌肉和拍打护肤产品，一边与张女士聊天，从各种美容产品的不同功能聊起，一直聊到女性的皮肤在不同时期如何护理，使张女士不仅感到悠闲、愉快与放松，而且了解到很多美容知识。

不知不觉，一个小时过去了，张女士从激光美容室里走了出来，站在穿衣镜前，看到自己容光焕发，皮肤细腻光滑，好像年轻了10岁，她兴奋极了，感动地对美容师郭小姐说："谢谢您，郭小姐，由于业务关系，我每周都要飞上海一次，我要做贵饭店的常客，还要请您为我做美容。"

(资料来源：牛志文，周廷兰.饭店度假村康乐服务[M].北京：电子工业出版社，2009.)

试分析：

张女士为何要做回头客？你从中得到什么启示？

实训练习

每6个学生为一个小组，亲身体验一次SPA水疗、桑拿浴和氧吧服务，了解并练习保健按摩的常用手法。同时，到当地3～5家高星级饭店调研目前常用的美容美发设备及用品，并撰写调查报告。

复习思考题

1. 简述SPA水疗的作用和益处。
2. 桑拿洗浴时的注意事项有哪些？
3. 保健按摩有哪些基本手法？
4. 简述美容美发服务的设备及用品的构成。
5. 氧吧的作用和功效是什么？
6. 简述足浴的保健功效。

第六章
饭店康乐服务质量管理

知识目标

- 掌握康乐服务质量的含义
- 了解康乐服务质量的内容
- 理解康乐服务质量的特点
- 理解康乐投诉的原因
- 掌握康乐投诉的方式

技能目标

- 掌握康体运动类服务流程和标准
- 掌握休闲娱乐类服务流程和标准
- 掌握保健养生类服务流程和标准
- 了解处理投诉的程序和方法
- 掌握康乐服务质量管理方法

本章导语

　　康乐服务是康乐部门凭借自己的康乐设施设备，通过服务人员的服务态度和服务技能使客人放松身体及精神的过程。优质的服务是康乐部门获得良好的口碑和声誉，以及经营发展进入良性循环的基础。本章首先对康乐服务质量管理及康乐服务投诉进行分析，并分别从康乐部康体运动、休闲娱乐和保健养生三个类别的服务流程和标准进行介绍。康乐部门只有不断提升自身的服务质量和水平，才能赢得客人的满意，才能不断创造更多的收益。

案例导入 | 在家一样的感觉

　　"黄总，晚上好，欢迎光临梦回歌舞厅。"迎宾小姐热情地走上前迎宾，黄先生笑容满面地点了点头，招呼着他的一群朋友进了歌舞厅。

　　当所有人落座后，服务员递上了几杯热茶，唯独给黄先生送上了一杯温开水。当见到有人诧异时，黄先生说："他们知道我胃不好，只喝开水。"不一会儿，投影屏幕上放了一首歌，DJ人员播放了《爱拼才会赢》，并下调了2个音阶，黄先生踌躇满志地走上了歌台，一首嘹亮的歌曲博得了人们的阵阵掌声。黄先生感觉好极了，好像服务人员替他安排了一场个人演唱会似的。

他们玩得十分开心，临近结束时，DJ人员又放了一首《明天会更好》，黄先生心领神会地走上歌台，充满激情地放声歌唱。唱完后，黄先生要签单记账，服务人员去取账单。这时，另一名服务员才端上一杯胡萝卜汁，黄先生说："呀！我好像点的是橙汁，小李弟弟，怎么，最近失恋啦？这么失魂落魄。不过没关系，不用换，也该喝喝胡萝卜汁，换换口味啦。"

案例评析：

1. 该歌舞厅提供的是一种针对性服务。所谓针对性服务就是对客人的个性、嗜好、习惯、消费需求等特殊的个性化信息进行了解、分析，在此基础上提供具有针对性的产品与服务。提供此种服务，能让客人产生归宿感，提升客人满意度。

2. 要达到针对性服务的水准，服务人员平时应善于观察，揣摩客人的消费行为、消费心理，努力搜集客人的相关信息。如果把这些信息归纳、整理成文，就是客史档案卡。在一些较成功的娱乐经营场所中，通常都有详尽的客史档案卡，记载着客人的职业、地址、身份、特殊要求、个人爱好、饮食口味、最喜欢的娱乐活动及口味等。对于贵宾(VIP)，甚至连他喜欢什么样的装修格调的房间、沐浴时常用什么牌子的香波、看什么样的报纸都有专门记载，目的是建立客人的第二个"家"，让客人产生依赖与归宿感，培养客人对企业的忠诚度。建立客史档案是抓住回头客的一种有效的营销手段，在此基础上，才能提供有针对性的服务。

3. 根据研究发现，娱乐健身的客人对服务存在不同的期望水平，即希望水平与满意水平。希望水平，指客人希望服务达到的最高水平。如果服务超过这一水平，客人将给予优质服务评价。满意水平，指客人认为可以接受的最低水平。如果服务达不到这一水平，客人就会对服务产生不满，甚至投诉。在客人期望的两者之间存在一个区域，被称为容忍区间。本案例中，客人临近买单时，服务员才送上所点饮品，且送错了饮品，但并未遭客人投诉，即服务尚未超出客人的容忍区间。因此，在管理与服务的过程中，要求服务员熟练掌握拓展客人容忍空间的方法，不断提高服务水平，趋近客人的满意水平，但不能随意、主观地侵入客人的容忍空间。

(资料来源：陈秀忠. 康乐服务与管理[M]. 北京：旅游教育出版社，2006.)

第一节　康乐服务质量管理概述

一、康乐服务质量的含义

康乐服务质量是指饭店康乐部凭借康乐设备设施，以服务人员的良好服务技能和服务行为给予客人身体和精神享受的程度。康乐服务质量由多项因素共同构成，包括设施设备质量、服务人员劳务质量、项目设置质量、整体环境质量。

二、康乐服务质量的内容

(一) 设施设备质量

这里的设施是指为满足康乐经营需要而建造的建筑物及相关的系统。设备是指为康乐经营而购置的成套器材。康乐设施设备质量是指其能够满足客人一定需要的自然属性和物理属性，具体表现在以下几个方面。

(1) 设施设备功能齐全，便于操作，并且具有自身饭店的特点。可包括单项设备的性能、群体优势或由具有不同功能的设备构成功能的齐全性。

(2) 设施设备的可靠性。这是指在特定条件下和时间范围内，设施设备能够正常运行而不发生故障的可靠程度。

(3) 设施设备的安全性。这是指在使用中设施设备对外界环境的影响和对客人的人身安全保证程度。设备应该装有防止发生事故的各种保护装置，如自动报警、自动断电、自动停止等装置，以最大限度地保护客人的安全。

(4) 设施设备的外观新颖美观。这包括康乐区域建筑设施的造型、款式、色彩等，也包括康乐设备的外观，应达到美观、新颖、高雅的要求，符合时代潮流，且与经营环境协调一致。

(二) 服务人员劳务质量

影响康乐部劳务质量的要素主要包括：服务人员个人的形象及素养，即仪容、仪表、谈吐和礼节礼貌；服务人员的服务技能和服务态度，包括提供劳务的能力、服务过程中始终如一的热情和勤奋的程度；服务人员的服务效率和应变能力，包括在单位时间内所能提供的劳务数量及劳务效果，以及当服务对象、时间、场合等条件发生变化时所表现的随机应变能力。

(三) 项目设置质量

饭店提供的康乐项目质量包括项目的趣味性、项目的新潮程度、项目的文化品位以及项目的价格水平等方面。康乐项目质量构成了康乐服务的基础。康乐项目质量的高低具有一定的客观标准，客人能直接感受到康乐项目的好坏程度。所以，加强康乐项目质量管理是提高康乐服务质量的保证。

(四) 整体环境质量

服务环境的良好程度是满足客人精神享受需要的重要体现。良好的服务环境能够给客人提供舒适、方便、安全、卫生的服务，是饭店服务质量的重要组成部分。服务环境的质量包括服务设施、服务场所的装饰布置、环境布局、空间构图、灯光气氛、色调情趣、清洁卫生、空间形象等方面，也包括饭店与客人的人际关系环境、文化吸引性与相融性、饭店内部人际关系等因素。

■ 三、康乐服务质量的特点

(一) 康乐服务质量构成具有综合性

康乐服务质量的实现不仅需要计划、业务控制、设备、物资、劳动组合、服务人员综合素质、财务控制等多方面与其他部门的协同配合，还需要康乐环境、康乐营销策略、康乐价格策略等多方面的保障。

(二) 康乐服务质量显现具有不可储存性

康乐产品的生产与消费几乎同步进行，不像实物产品一样可以储存，因而服务质量的显现是短暂的，而短暂的时间限制对康乐管理及其工作人员的素质将是一个严峻的考验。

(三) 康乐服务质量内容具有关联性

这是指饭店的每一项服务活动都不是独立存在的。饭店规模越大，服务活动之间的联系越广泛。从整个饭店看，服务质量除涉及设备设施和实物产品之外，还包括前厅服务质量、客房服务质量、餐饮服务质量等具体内容。这些内容以客人的活动规律为线索，互相关联、互相依存、互为条件，形成一条服务链。

服务人员必须具有系统观念，要从住店和用餐客人的活动规律出发，加强各个服务环节之间的衔接和协调，树立饭店整体形象，同时还必须重视各条服务链内部的衔接和协调。

(四) 康乐服务质量考评具有一致性

这里说的"一致性"是指康乐服务与康乐产品的一致性。质量标准是通过制定服务规程来表现的，因此服务标准和服务质量是一致的，即产品质量、规格标准、产品价格与服务态度均保持一致。

(五) 康乐服务质量评价具有主观性

尽管康乐部自身的服务质量水平是客观存在的，但由于康乐服务质量的评价是由客人享受了服务后，根据其心理满足程度做出的，因而带有很强的个人主观性。客人的满足程度越高，其对服务质量的评价也就越高，反之亦然。饭店康乐部没有理由要求客人必须对康乐服务质量做出与客观实际相一致的评价，实际上也是无法办到的，更不应指责客人对康乐服务质量的评价存在偏见，尽管有时的确存在偏见。这就要求饭店康乐部在服务过程中通过细心观察，了解并掌握客人的物质和心理需要，不断加强和改善对客服务，在标准化服务的基础上为客人提供具有针对性的个性化服务，用符合客人需要的服务来提高客人的满意程度，从而保持并提高康乐服务质量。

四、康乐服务质量管理方法

(一) 全面质量管理法

1. 全面质量管理法的含义

全面质量管理，源自20世纪60年代的美国，先在工业中运用，后来推广到服务行业。饭店康乐全面质量管理是以提高服务质量为宗旨，组织康乐部全体员工共同参与，综合运用现代管理手段，建立完善的服务质量标准和体系，在全过程中控制影响康乐服务质量的各种因素而开展的系统的质量管理活动。它运用科学的质量管理思想，改变了传统的事后检查的方法，把质量管理的重点放在之前的预防上，通过对质量的检查和管理，找出改进服务的方法和途径，从而提高饭店服务质量。

2. 全面质量管理法的特点

全面质量管理法的特点是：以无形服务为中心；以客人满意为目的；重视人的作用和强调环境因素的影响。

3. 全面质量管理法的内容

(1) 全方位管理。饭店全面服务质量的构成因素众多，涉及范围广泛。因而，全面质量管理必然是全方位的质量管理。既包括有形产品的质量管理，又包括无形服务的质量管理。

(2) 全过程管理。饭店康乐全面质量管理是针对客人服务而言的。而影响对客服务质量水平的各种因素又十分庞杂，它们体现在饭店康乐服务的各个方面，体现在饭店康乐业务管理过程的始终。从客人消费的角度来看，从客人来到康乐部消费到客人结账离开，是一个完整的服务过程。饭店康乐部的每项业务活动，从开始到结束，都会形成一系列服务过程。为此，饭店康乐全面服务质量管理既要做好事前质量管理，又要做好事中和事后的质量管理，因而必然是全过程管理。

(3) 全员性管理。饭店康乐服务质量是由广大员工共同创造的，它贯穿饭店康乐部各层次人员执行饭店质量计划、完成质量目标的全过程。饭店康乐部前台一线服务人员直接为客人提供各种服务，后台二线服务人员通过为一线人员的工作服务而间接为客人服务，管理人员则组织前台和后台人员共同为客人服务。所以，充分调动饭店全体员工的积极性和创造性，不断提高员工素质，全员关心服务质量，全员参与服务质量管理，才能共同把服务质量提升到较高水平。

(4) 全方法管理。饭店全方法质量管理是多种多样管理方法的有机结合，是在有机统一的前提下，根据实际需要，采用灵活多样的方法和措施，为客人提供良好优质的服务。

(5) 全效益管理。饭店康乐部服务既要讲究经济效益，又要讲究社会效益和生态效益，它是三者的统一。康乐部作为饭店重要的盈利部门，它所进行的经营管理活动属于市场行为，只有在获得一定经济效益的基础上，饭店才能生存和发展。同时作为社会的重要一员，饭店又必须兼顾社会效益和生态效益。从本质上说，创造社会效益和生态效益，既有利于社会发展和生态环境保护，又有利于提高饭店的知名度和美誉度，为饭店带来长远利益。

(二) PDCA循环管理法

1. PDCA循环管理法的内涵

PDCA循环又叫戴明循环，如图6-1所示，是美国质量管理专家戴明博士提出的，它不仅是全面质量管理所应遵循的科学程序，也可以在其他方面借鉴应用。管理活动的全过程，以及计划的制订和组织实现的过程，就是按照PDCA循环周而复始地运转的。PDCA循环是一种能使任何一项活动有效进行的、合乎逻辑的工作程序，特别是在质量管理中得到了广泛的应用。P、D、C、A这4个英文字母所代表的意义如下所述。

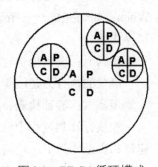

图6-1　PDCA循环模式

(1) P(Plan)——计划。包括方针和目标的确定以及活动计划的制订。

(2) D(Do)——执行。执行就是具体运作，以实现计划中的内容。

(3) C(Check)——检查。就是要总结执行计划的结果，分清哪些对了、哪些错了，明确效果，找出问题。

(4) A(Act)——行动(或处理)。对总结检查的结果进行处理，对于成功的经验加以肯定，并予以标准化，或制定作业指导书，便于以后工作时遵循；对于失败的教训也要总结，以免重现；对于没有解决的问题，应提到下一个PDCA循环中解决。

2. PDCA循环管理法的特点

(1) 大环套小环，小环保大环，推动大循环。PDCA循环作为质量管理的基本方法，不仅适用于整个部门项目，也适用于整个康乐部内的各分支机构以及员工自身。康乐部各级部门根据饭店的方针目标，都可建立自己的PDCA循环，层层循环，形成大环套小环、小环里面又套更小的环的局面。大环是小环的母体和依据，小环是大环的分解和保证。各级部门的小环都围绕着饭店及部门的总目标朝着同一个方向转动。

(2) 不断进步，不断提升。PDCA循环就像爬楼梯一样，一个循环运转结束，生产质量就会提高一步，然后再制定下一个循环，再运转、再提高，不断进步、不断提升。

(3) 门路式上升。PDCA循环不是在同一个水平上循环，每循环一次，就解决一部分问题，取得一部分成果，工作就前进一步，水平就提升一步。每通过一次PDCA循环，都要进行总结，提出新目标，再进行第二次PDCA循环，使康乐部整体管理水平又向前推进一步。

3. PDCA循环管理法的步骤

步骤一：分析现状，找出问题

发现问题是解决问题的第一步，是分析问题的先决条件。只有真正找到问题的症结，才能对症"治疗"将问题真正解决。

步骤二：分析产生问题的原因

发现问题后分析产生问题的原因至关重要，可运用头脑风暴法等多种集思广益的科学方法，把导致问题产生的所有原因统统找出来。

步骤三：确认主要原因及次要原因

区分主因和次因是解决问题的关键。

步骤四：拟定计划，制定方案

拟定计划可通过"5W1H"来实现，即为什么制定该措施——Why；达到什么目标——What；在何处执行——Where；由谁负责完成——Who；什么时间完成——When；如何完成——How。计划和方案是解决康乐服务问题的基础，应尽可能使其具有可操作性。

步骤五：高效地执行计划

高效的执行力是组织完成目标的重要一环。

步骤六：验证检查，效果评估

在执行计划过程中应检查方案是否科学可行，执行后效果是否良好，并提出合理化的建议和意见，为下一轮的服务管理流程计划制订和实施奠定基础。

步骤七：处理遗留问题

所有问题不可能在一个PDCA循环中全部解决，遗留的问题会自动转入下一个PDCA循环，如此周而复始，螺旋上升。

(三) 零缺陷管理法(ZD管理法)

1. 零缺陷管理法的内涵

零缺陷管理简称ZD(Zero Defects)，亦称"缺点预防"，零缺陷管理的思想主张企业发挥人的主观能动性来进行经营管理，生产者、工作者要努力使自己的产品、业务没有缺点，并向着高质量标准的目标而奋斗。被誉为"全球质量管理大师""零缺陷之父"和"伟大的管理思想家"的菲利浦·克劳斯比在20世纪60年代初提出"零缺陷"思想，并在美国推行零缺陷运动。零缺陷并不是说绝对没有缺点，或缺点绝对要等于零，而是指要以"缺点等于零为最终目标，每个人都要在自己的工作职责范围内努力做到无缺点"。它要求员工从一开始就本着严肃认真的态度把工作做得准确无误，在生产中依据产品的质量、成本与消耗等方面的要求进行合理安排，而不是依靠事后检验来纠正。

2. 零缺陷管理法的特点

(1) 一次性。即要求饭店员工一次性把事情做对，不再返工或重做。这是"零缺陷"管理的核心。

(2) 超前性。即要求饭店每位员工做每项工作都要以预防为主，防患于未然，做到事前控制。

(3) 全员性。即饭店全体员工都应将每一项工作中可能发生的缺点和错误降到最低点。

3. 零缺陷管理法的步骤

(1) 建立推行零缺陷管理的组织。通过建立组织，可以动员和组织康乐部员工积极地投入零缺陷管理，提高员工参与管理的自觉性，也可以对员工的合理化建议进行统计分析，不断进行经验交流等。康乐部经理应亲自参加，表明决心且做出表率。此外，应任命相应的优秀的部门领导者，建立相应的制度，并做好员工教育和训练工作。

(2) 确定零缺陷管理的目标。确定零缺陷小组(或个人)在一定时期内所要达到的具体要求，包括确定目标项目、评价标准和目标值。在实施过程中，可采用各种形式，及时公布小组完成目标的进展情况，并要注意心理影响。

(3) 进行绩效评价。小组确定的目标是否达到，要由小组自己评议，为此应明确小组的职责与权限。

(4) 建立相应的提案制度。员工对于不属于自己主观因素造成的错误，如设备、设施等问题，可向上级指出错误的原因，提出建议，也可附上与此有关的改进方案，上级管理者要同提案人一起进行研究和处理。

(5) 建立表彰制度。零缺陷管理不是斥责错误者，而是表彰无缺点者；不是指出员工有多少缺点，而是告诉员工向无缺点的目标奋进。这有利于增强员工消除缺点的信心和责任感。

(四) 优质服务竞赛评比法

1. 优质服务竞赛评比法的内涵

优质服务竞赛评比是指饭店康乐部可定期组织和开展优质服务竞赛和质量评比活动，以使康乐部全体员工树立饭店服务质量意识，提高执行饭店服务质量标准的主动性和积极性，从而提升饭店服务质量的氛围。

2. 优质服务竞赛评比法的内容

(1) 定期组织，形式多样。饭店康乐部应定期组织和开展丰富多彩、多种多样的优质服务竞赛和质量评比等质量管理活动，要明确范围和意义，确定参与对象及要求，制定评比标准与方法，从而激发广大员工参与的积极性。

(2) 奖优罚劣，措施分明。开展竞赛和评比活动前应制定具体的奖罚措施。如给优胜者发奖金、授予荣誉称号、提供去国外或外地考察旅游的机会等；不符合要求者应参加培训学习，使之达到规定标准。

(3) 总结分析，改进提高。每次竞赛和评比活动结束后，可组织全体质量管理人员认真总结经验教训，分析优劣。总结好的经验并加以推广应用，提出不足以便今后加以改进提高，从而不断改善饭店康乐部的服务质量。

第二节　康乐服务投诉处理

一、康乐服务投诉的原因

(一) 康乐部的自身因素

1. 产品质量无法满足客人

良好的产品质量是提升客人满意度的直接因素，对于"服务"这种无形产品来说也是如此。对于服务的质量评估不但贯穿客人从进入康乐服务系统到走出康乐服务系统的全过程，还会延伸到客人对服务所产生的物质使用过程中。

2. 服务无法达到客人的要求

服务是一种经历，在服务系统中的客人满意与不满意，往往取决于某一个接触的瞬间。如康乐服务人员对客人的询问不理会、回答语气不耐烦、敷衍、出言不逊、结算错误、让客人等待时间过长、公共环境卫生状态不佳、安全管理不当等，都是造成客人不满、产生抱怨的原因。

3. 对客人期望值评估不准确

康乐部对客人期望值管理失误极易导致客人对产品或服务的期望值过高。在一般情况下，客人的期望值越大，购买产品的欲望相对就越大。但是，客人的期望值越高，客人的满意度就越小；客人的期望值越低，客人的满意度相对就越大。因此，康乐部应该适度地管理客人的期望。

(二) 客人自身的因素

1. 求得物质或精神赔偿

客人往往出于以下三种动机提出投诉，一是为了获得财务赔偿，以退款或者免费再次获得该产品及服务作为补偿；二是为了挽回自尊，当客人对产品、服务不满意时，不仅要承受金钱损失，还经常会因遭遇不公平对待而对自尊心、自信心造成伤害；三是为了发泄，通过投诉来发泄内心的不满意。

2. 性格的差异

不同类型客人对待"不满意"的态度不尽相同，理智型的客人遇到不满意的事，不吵不闹，但会据理力争，寸步不让；急躁型的客人遇到不满意的事必会投诉且大吵大闹，不怕把事情搞大，最难对付；忧郁型的客人遇到不顺心的事，可能无声离去，但永远不会再来。

(三) 环境因素

环境因素是指客人与饭店康乐部不能控制的，在短期内难以改变的因素，包括经济、政治法律、社会文化、科学技术等方面。

1. 文化背景

在不同的文化背景下，人们的思维方式、做事风格有别，因此客人的投诉行为也存在差异。在集体主义文化中，人们的行为遵从社会规范，追求集体成员间的和谐，不喜欢在公众场合表露自己的情感，尤其是负面的。人们对事物的态度取决于是否使个人获得归属感，是否符合社会规范，能否保持社会和谐并给自己和他人保全面子。因此，他们更倾向于私下抱怨。而在个人主义文化中，人们追求独立和自足，喜欢通过表现自己的与众不同表达自己的内心感受，同时实现自我尊重。因此，这部分客人更倾向投诉。综上可知，文化背景对于投诉行为的影响是通过影响客人的观念体现出来的。

2. 其他环境因素

除了文化背景和行业特征之外，一个国家或地区的生活水平和市场体系的有效性、政府管制、消费者援助等因素都会影响客人的投诉行为。

二、康乐客人投诉的心理

(一) 求尊重心理

饭店客人感到自己未被尊重，这是投诉最主要的原因。无论是软件服务，还是硬件设施，一旦出现问题，在某种意义上都是不尊重客人的表现。客人前来投诉就是为了挽回面子，求得尊重。

(二) 求宣泄心理

当客人购买了饭店的产品后，如果他认为有挫折感，就会产生购买后的抱怨心理，这种抱怨发展到一定程度就会产生投诉行为。客人可利用投诉的机会把自己的烦恼、气、怒火发泄出来，以维持心理上的平衡。

(三) 求补偿心理

有些客人无论酒店有无过错，或问题是大是小，都可能前来投诉，尽管他可能一再强调"并不是钱的问题"，但其真正的目的并不在于事实本身，也不在于求发泄或求尊重，而在于求补偿，他希望自己在精神上和物质上的损失能得到补偿。

(四) 求公平心理

根据"公平理论"，客人花了钱而没有获得相应的利益，例如价格不合理、服务设施不完备等，就会产生投诉心理，希望得到公平的待遇。

三、康乐服务投诉的方式

1. 直接向饭店投诉

这类客人认为，是饭店令自己不满意，是饭店康乐服务未能满足自己的要求和愿望，因此直接向饭店投诉能尽量挽回自身的损失。

2. 向旅行代理商投诉

选择这种投诉渠道的往往是那些由旅行代理商等介绍而来的客人，投诉内容往往与饭店康乐服务态度、康乐服务设施的齐全配套情况及消费环境有关。在这些客人看来，与其向饭店投诉，不如向旅行代理商投诉，这样对自己更有利，前者既费力又往往徒劳。

3. 向消费者委员会等社会团体投诉

这类客人希望利用社会舆论向饭店施加压力，从而使饭店以积极的态度去解决当前的问题。

4. 向工商局、旅游局等有关政府部门投诉

这类客人会选择向饭店上级管理部门投诉，希望通过政府部门对饭店进行行政干预。

5. 运用法律诉讼方式起诉饭店

这类客人通常对法律较为熟悉，且愿意通过司法途径处理问题。

四、康乐投诉处理的程序和方法

(一) 从心理上做好接待投诉客人的准备

首先，树立"客人总是对的"的观念。一般来说，客人的投诉在一定程度上反映出康乐部服务和管理可能出现了问题。而且，不到万不得已或忍无可忍，客人是不愿前来当面投诉的。因此，要学会换位思考，站在客人的角度去思考，换一个角度想一想：如果你是这位客人，在饭店康乐部遇到类似的情况，你将作何感受。只有这样，才能减少与客人的对抗情绪。这是处理好客人投诉的第一步。

其次，要掌握投诉客人的三种心态，即求发泄、求尊重、求补偿。投诉客人通常有三种心态，一是求发泄，客人在饭店康乐部遇到令人气愤的事，不吐不快，于是前来投诉；二是求尊重，无论是软件服务，还是硬件设施，一旦出现问题，在某种意义上都是对客人不尊重的表现，客人前来投诉就是为了挽回面子，求得尊重；三是求补偿，有些客人无论饭店有无过错，或问题是大是小，都可能前来投诉，其真正目的并不在于事实本身，不在于求发泄或求尊重，而在于求补偿，尽管他可能一再强调"并不是钱的问题"。因此，在接待投诉客人时，要正确理解客人、尊重客人，给客人发泄的机会，不要与客人进行无谓的争辩。如果客人投诉的真正目的在于求补偿，接待人员则要看看自己有无权力这样做，如果没有这样的授权，就要请上一级管理人员出面接待投诉客人。

(二) 尽量使客人心态平和

投诉的最终解决只有在"心平气和"的状态下才能进行。因此，接待投诉客人时，首先要保持冷静、理智，同时，要设法消除客人的怨气。比如，可请客人坐下慢慢谈。同时，为客人送上一杯茶水。此外，可通过以下几点来平息客人的怨气，使其心态逐步平和。

(1) 先让客人把话说完，切勿胡乱解释、争抢解释或随便打断客人的陈述。

(2) 与客人讲话时，应表现出足够的耐心，决不能随客人情绪波动而波动，不得失态。即使遇到一些故意挑剔、无理取闹者，也不应与之争辩，要耐心听取其意见，以柔克刚，使事态不致扩大或影响他人。

(3) 讲话时要注意语音、语调、语气及音量的大小。

(4) 接待投诉客人时，要慎用"微笑"，否则，会使客人产生幸灾乐祸的错觉。

(三) 仔细倾听客人投诉，认真做好记录

对客人的投诉要认真听取，切勿随意打断客人的陈述或胡乱解释。此外，要注意做好记录，包括客人投诉的内容、客人的姓名、房号及投诉时间等，以示对客人投诉的重视，同时也是饭店康乐部处理客人投诉的原始依据。

(四) 对客人的投诉表示同情和理解

在听完客人的投诉后,要对客人的遭遇表示抱歉,即使客人反映的不完全是事实,或饭店并没有过错。同时,对客人的不幸遭遇表示同情和理解。这样,会使客人感觉受到尊重,自己来投诉并非无理取闹,同时也会使客人感到饭店康乐部与自己站在一起,而不是站在他的对立面,从而可以减少对抗情绪。

(五) 对客人反映的问题立即着手处理

客人投诉最终是为了解决问题,因此,对于客人的投诉应立即着手处理。必要时,要请上级管理人员亲自出面解决。

(六) 问题应在最短时间内解决

力争在最短时间内给予客人满意的答复。在注重结果的同时,应辅以说明过程,让客人了解整个处理流程,进而赢得客人对饭店康乐部的理解和原谅。

第三节 康体运动类服务流程及标准

一、保龄球服务流程及标准

(一) 服务前准备工作

(1) 在客人到来之前,服务员要按照规定的时间和要求,完成地面、球道、置球区的卫生清洁工作。

(2) 重点清洁保龄球的手指孔、记分台、休闲茶座、计算机显示屏和回球架等处的环境卫生,按规定要求,准备好操球巾和粉盒。

(二) 迎接服务工作

(1) 在客人走进保龄球场馆时,接待员要用规范的礼貌礼仪,微笑地迎接客人的到来,并主动向客人问好。

(2) 按照操作程序,准确记录客人的姓名、房号和运动时间。

(3) 根据客人的需求和球道的多少,为每一位客人安排好球道,并快速为客人办理好相关手续。

(三) 换鞋与更衣

(1) 在客人办完手续之后,服务员主动引领客人到休闲茶座前,请客人换上保龄球场馆的专用鞋，并帮助客人把换下的鞋及时摆放在鞋架上或者座椅下。

(2) 引领客人进入更衣室，换上打保龄球的运动衣，并提示客人将换下来的西服或大衣放进更衣柜里。

(3) 为客人发放更衣柜的钥匙，并提醒客人，保存好更衣柜的钥匙。

(四) 教练服务

(1) 示范发球动作。当初学保龄球的客人进入场馆之后，教练要向客人说明发球的动作要领和发球规则，并进行3~5次的示范演练，尤其是五指扣球要领和击球动作，都要按照规范的操作程序，耐心地为客人提供示范服务。

(2) 当好客人的陪练。教练要根据个别客人的需求，热情积极地当好客人的陪练。在为客人提供陪练服务时，要掌握客人的争胜心理，多为客人提供赢局的机会，使客人有成就感。

(3) 为团队参赛客人当裁判。在团队客人参加保龄球比赛时，教练要当好裁判，并规范地操作计算机自动记分系统，及时把成绩告诉比赛双方。

(4) 及时巡视球场。在客人参与保龄球运动时，教练要及时巡视球场的每一个角落，密切关注客人掷球的基本要领和木瓶击中率，以及观察设施设备是否完好等各种情况。如客人在球道上掷出的每一枚保龄球是否能够自动回球，客人的比赛成绩在计算机自动记分系统显示是否准确，各个球道和显示系统置瓶区是否正常运转等。

(五) 结账及送客服务

(1) 依据标准迅速为客人办理结账手续。

(2) 礼貌地向客人告别，并表示欢迎客人下次光临。

(3) 营业结束时，认真填写交接班记录。

(4) 清理保龄球场，将各种运动器械归类入库保管。

二、台球服务流程及标准

(一) 服务前准备工作

(1) 将台球案罩布折叠整齐，放在规定的位置。

(2) 检查台球设备及辅助用具是否齐全。

(3) 检查服务用具是否齐全。

(二) 迎接服务工作

(1) 面带微笑，主动问候客人。

(2) 询问客人是否有预约，如有预约，则在确定预约内容后向客人介绍台球设施、收费标准、收费方式等，为客人进行登记，开记录单，收取押金。

(3) 对无预约的客人，若客满，则安排客人按顺序等候，并告知等候的大约时间，为客人提供茶水和书报杂志等。

(三) 台球服务

(1) 根据来客人数及台球使用情况迅速安排球桌。

(2) 打开球桌照明灯，协助客人挑选球杆，将球摆好，并询问客人是否需要手套。

(3) 客人打球时，站在不影响客人击球的位置，注意观察，随时准备为客人提供服务。服务项目包括取、放台球架杆和计分等。如客人需要，可向客人讲解台球规则、技巧、记分器如何使用等内容。

(4) 主动询问客人是否需要饮品、小吃等，并做好服务工作。

(5) 如果客人需要陪打服务，陪打员应认真服务，并根据客人的心理掌握输赢尺度。

(6) 客人原定运动时间即将结束时，应及时询问客人是否需要续时。

(四) 结账及送客服务

(1) 客人消费结束时，服务人员请客人到服务台结账。

(2) 如果客人要求挂单，收银员要请客人出示房卡并与前台收银处联系，待确认后请客人签字并认真核对客人的笔迹，如果未获前台收银处同意或认定笔迹不一致，则请客人以现金结付。

(3) 客人离开时，服务人员要主动提醒客人不要忘记带好随身物品，并帮助客人穿戴好衣帽。

(4) 清点、检查客人所用台球设备是否有损坏，有无客人遗留物品。

(5) 送客人至门口并礼貌地向客人道别。

(6) 将球杆摆在杆架上，将球码放整齐，用专用刷将球桌上的粉迹轻轻刷净，用专用抹布将台边擦干净，并收拾整理水杯、烟灰缸和茶几等，准备迎接下一批客人的到来。

三、网球服务流程及标准

(一) 服务前准备工作

(1) 打卡签到，整理好自己的仪容仪表。

(2) 按时参加班前会，接受领导检查和工作任务的分派。

(3) 清洁整理环境卫生，做到地面洁净无杂物，服务台上各类物品按类摆放整齐。

(4) 将营业时间、客人须知、价格表等以中英文对照书写，置于明显位置。

(5) 将钟表时间核对准确。

(6) 将气温、湿度及日照情况写在公告栏上，如是室内网球场还应向客人公布室内温度、湿度。

(7) 检查所有服务设备设施是否齐全、运转是否正常。

(8) 检查更衣柜是否留有杂物。

(9) 将各种表格及必需品准备齐全，放于规定的位置。

(二) 迎接服务工作

(1) 营业前10分钟按标准服务姿态站立在规定位置。

(2) 当客人到来时主动热情地问候客人。

(3) 引领客人至服务台办理网球运动登记手续。

(4) 主动协助客人挑选网球拍和网球。

(5) 引领客人进入网球场地。

(三) 网球服务

(1) 为需要陪练的客人提供陪练服务。

(2) 为进行比赛的客人担当裁判工作。

(3) 为初学的客人做网球运动示范。

(4) 对客人出色的击球报以掌声鼓励。

(5) 在客人运动的间歇期间，及时向客人提供面巾和酒水饮料服务。

(四) 结账及送客服务

(1) 客人运动结束时，检查客用设备是否完好。

(2) 依据标准迅速为客人办理结账手续。

(3) 礼貌地向客人道别，并表示欢迎客人下次光临。

(4) 营业结束时，认真填写交接班记录。

(5) 清理网球场，将各种运动器械归类入库保管。

(6) 关闭网球场电源，锁门。

四、壁球服务流程及标准

(一) 服务前准备工作

(1) 按规定穿好工服，佩戴员工牌，整理仪容仪表，提前到岗。

(2) 开班前会议，接受任务。

(3) 清洁壁球室服务区域，为地面吸尘，将服务台擦拭干净，清理垃圾桶，供客人租用的壁球、壁球拍、服装、壁球鞋等用品准备齐全、摆放整齐。

(4) 将各种记录表格、记分表、笔及各种必需的营业和服务用品配备整齐，并放置到规定位置，以方便使用。

(5) 检查球场设备是否符合标准，为保证晚间客人正常运动，要检查照明设备。

(6) 清洁壁球室场地，将客人候场或休息使用的座椅、茶几、饮料机等设备和服务用品擦拭干净。

(二) 迎接服务工作

(1) 服务员面带微笑,热情打招呼,欢迎客人。

(2) 请客人到柜台办理手续。

(3) 服务台接待员应礼貌地招呼客人,问清客人是否有预订。如有预订,则应在确定预订内容后,办理登记、开单、收押金等手续;若客人没有预订,如遇客满,要礼貌地请客人排队等候。对于住店客人,请其出示房卡或房间钥匙,并准确记录客人的姓名、房号。

(4) 根据客人的需要提供更衣柜钥匙、毛巾、球拍等打球用品,客人亦可自带球拍和球。

(三) 壁球服务

(1) 密切注视客人打球的情况,主动提供技术指导,询问客人有何需求。无论有无客人打球,服务员都应每隔20分钟到壁球室巡视。

(2) 当客人需要陪练和教练服务时,壁球室服务人员应认真地服务,动作要准确、规范,讲解服务要仔细、耐心,还应恰当地控制输赢尺度,尽量提高客人的活动兴趣。

(3) 根据客人需求提供酒水、饮料、递送毛巾等服务。

(4) 有客人时应填写服务记录,如场次、时间、租拍数、租球数及其他消费,并及时报往中心台班。

(四) 结账及送客服务

(1) 客人使用壁球室的时间已到时,服务员应通知客人,并应及时、礼貌地检查设备设施是否完好,及时收回球拍、球,检查租用物品是否完好。

(2) 为客人结账,向客人致谢、道别,并表示欢迎客人再次光临。

(3) 及时对客人使用过的壁球室进行清洁,拾净场内的废弃物品。

(4) 当天营业结束后,服务员要做好壁球室的卫生工作,将壁球、壁球拍和其他服务用品整齐摆放,妥善保管。

(5) 填写工作日志和营业报表。

(6) 关闭电源开关,锁好壁球室室门,为第二天营业做好准备。

五、羽毛球(乒乓球)服务流程及标准

(一) 服务前准备工作

(1) 接受工作任务。羽毛球(乒乓球)室的服务工作人员,在上岗之后,要按时参加班前会,并愉快地接受羽毛球(乒乓球)室主管安排的工作任务。

(2) 清洁环境卫生。羽毛球(乒乓球)室的服务员,在客人到来之前,要认真清洁羽毛球(乒乓球)室内的地面卫生和球台卫生,并在客人休息区为客人安排好休闲茶座,以及饮料、点心等物品。

(3) 检查设施、设备。羽毛球(乒乓球)室的教练,在客人到来之前,要认真检查每一个

羽毛球(乒乓球)台是否整洁；仔细检查每一副羽毛球(乒乓球)拍是否完好无损；用心检查每一个羽毛球(乒乓球)是否弹性良好。

(二) 迎接服务工作

(1) 引领客人。服务员要用规范化的礼貌用语，主动引领客人进入羽毛球(乒乓球)室，礼貌验收客人的房卡或会员卡，并尽快为客人办理有关手续。

(2) 营业前10分钟按标准服务姿态站立在规定位置。

(3) 当客人到来时主动、热情地问候客人。

(4) 引领客人至服务台办理羽毛球(乒乓球)运动登记手续。

(三) 羽毛球(乒乓球)服务

(1) 提供陪练服务。如客人到羽毛球(乒乓球)室参加运动是为了休闲、放松，教练要根据客人的心理需求，为客人挑选一副合适的球拍，并主动、热情地为客人提供陪练服务。

(2) 提供记分服务。如到羽毛球(乒乓球)室参加运动的客人是朋友或情侣，在进行比赛时需要教练为他们记分，教练要根据客人的个性化需求，主动、热情地为客人提供记分服务。

(3) 提供裁判服务。如到羽毛球(乒乓球)室参加运动的是某外资企业的一批团队客人，在双方进行对抗赛时，教练员要根据羽毛球(乒乓球)比赛规则，为客人提供客观、公正的裁判服务，使团队客人的羽毛球(乒乓球)对抗赛尽快进入激战阶段。

(4) 提供教练服务。如参加羽毛球(乒乓球)运动的客人是一位初学者，教练要耐心、细致地向客人讲解有关羽毛球(乒乓球)的发球与接球规则，认真为客人示范每一个动作，并用心地为客人提供教练服务。

(四) 结账及送客服务

(1) 为客人结账，向客人致谢、道别，并表示欢迎客人再次光临。

(2) 当客人即将离开羽毛球(乒乓球)室的时候，服务员和教练员都要在自己的服务区域内，用规范化的礼貌用语，微笑着与客人道别，并表示欢迎客人再次光临。

六、沙狐球服务流程及标准

(一) 服务前准备工作

(1) 服务工作人员要按照康乐部门的规定，换好工服，佩戴好工号牌，整理好仪表仪容，提前10分钟签到，并听从部门的工作安排，查看交接班记录。

(2) 上岗后，立即做好沙狐球室的卫生清洁工作和地面吸尘工作。

(3) 配备一定数量的客用白手套，并保证整洁无破损。

(4) 检查沙狐球计分器是否正常，并将沙狐球擦拭干净，整齐地摆放在球盒内。

(5) 用刮沙板将球沙铺匀，用球沙回收器将槽内球沙吸干净。

(二) 迎接服务工作

(1) 当客人光临沙狐球室时，接待员要面带微笑，运用规范的服务用语欢迎客人光临。

(2) 要根据客人数量的多少，迅速为客人安排球桌，并礼貌地验证客人的房卡。客人如果在运动前提出要用现金结账，要根据客人的实际情况，收取一定的押金。

(3) 如果客人持饭店娱乐卡前来消费，要看清娱乐卡上约定的内容，并与客人确认后再予以安排。

(4) 如遇到沙狐球室的客人爆满的情况，要请后来的客人排队等候，或先安排客人参加其他活动。

(三) 沙狐球服务

(1) 接待员要礼貌地把客人引领到指定的沙狐球桌前，并根据客人选定的不同打法将球摆好。

(2) 当客人开始推球时，服务员要站在不影响客人打球的位置上，随时根据客人的个性化需求，为客人提供满意的服务。

(3) 有不少中老年客人是初次参加沙狐球运动，服务员要主动向这些客人讲解推球规则，并为客人提供示范推球服务。

(4) 有不少青年客人有多次参与沙狐球运动的经历，在和朋友进行竞技比赛时，需要为其提供记分服务，服务员要热情、主动，并积极、准确地为客人提供记分服务。

(5) 如客人在参加沙狐球运动时，需要提供饮料和点心服务，服务员要及时引领客人到康乐部门的休息室里，为客人提供饮料服务。

(6) 在客人需要陪打服务时，服务员要根据客人的争胜心理，掌握好输赢尺寸，不要让客人输得太多，以免挫伤客人的自尊心。

(四) 结账及送客服务

(1) 在第一批客人参加沙狐球运动之后，服务员要及时检查设施、设备的完好情况，接待员要为第一批客人办理结账手续，礼貌地向第一批客人致谢道别。

(2) 当第一批客人离开沙狐球室之后，服务员要立即清洁室内的环境卫生，并整理球桌和其他用具。

(3) 服务员在整理球桌的时候，要用刮沙板将沙狐球台上的球沙铺匀，用球沙回收器把落入槽内的球沙吸出，准备迎接下一批客人。

七、室内攀岩服务流程及标准

(一) 岗前准备

(1) 服务工作人员必须做好岩壁区、休息区、更衣室、淋浴室等公共区域的清洁和保养工作。

(2) 检查上端锚点、保护挂片、保护绳、丝扣安全铁锁、制动器(下降器)、安全扁带等设备，如发现损毁的器材应及时更换；急救药品和器械应摆放在便于取用的明显位置上。

(二) 接待服务

(1) 见到客人应主动问候，请客人到售票大厅出示房卡或办理门票，并办理攀岩开道手续。

(2) 如各攀岩道客满，要礼貌地请客人排队等候。

(3) 如客人带有贵重物品，要为客人办理寄存物品手续。

(4) 为客人挑选合适的攀岩专用鞋，指引客人到更衣室更衣，客人更衣后，为客人安排攀岩道、教练员和安全员。

(5) 教练员应指导客人在攀岩前进行适当的热身训练，必要时为客人讲解一些攀岩的方法与技巧，协助客人穿好攀登设备和保护设备；客人在攀爬过程中，安全员应不断给予客人鼓励和指导，并注意设备是否安全可靠。

(6) 客人攀岩结束后，服务员应指引客人洗浴和更衣，并引领客人到休息室休息。

(7) 咖啡厅、茶艺厅和快餐厅的服务员要主动询问客人，是否需要咖啡、饮料或小食品等，如果需要，要迅速提供服务。

(8) 在客人将要离开时，收银员要协助客人办理结账手续。

(9) 如发现客人遗留的物品，必须及时归还失主，若无法找到失主，应向有关部门汇报，并及时上交。

(10) 当客人离开时，要主动向客人致谢，并用规范的礼貌用语表示欢迎客人再次光临。

(三) 收尾工作

(1) 对攀岩设施、设备进行全面的清洁和整理，将所有攀岩专用鞋按号码摆放好。

(2) 检查岩壁、攀登设备和安全保护设备是否完好无损，如发现有损坏的设施、设备，应及时修理或更换。

(3) 核对当天的营业单据，并填写交接班报表。

(4) 切断所有电器的电源，关好门窗。

八、游泳池服务流程及标准

(一) 准备工作

(1) 穿好工服，佩戴胸卡，整理好自己的仪容仪表，提前到岗，向领班报到，参加班前会，接受领班检查及分工。

(2) 检查游泳池水质、水温。做好游泳池水的净化工作，先对池水进行水质化验，并根据化验情况合理投放氯酸钠和明矾，开启水循环过滤泵。对池水消毒1个小时左右，确保达到净化标准。

(3) 将水质、水温情况写在公告栏上，如是室内游泳池，还应向客人公布室内温度、湿度。

(4) 整理池边座椅和躺椅，清理池边杂物。打捞水中杂物，用水下吸尘器吸除水底沉积物。

(5) 冲洗、刷洗游泳池净脚池，放满水并适量加药，使其达到卫生标准。

(6) 清洁游泳池边的瓷砖、跳台，淋浴间的地面、镜子和卫生间的洁具。用消毒液按1∶200兑水后对池边躺椅、座椅、圆桌、更衣室长椅等进行消毒。

(7) 检查更衣室、救生器材和其他服务设施设备是否齐全、安全。

(8) 将各种表格及必需品准备齐全，放于规定的位置。

(9) 及时查看交接班记录，办理相关事宜。

(二) 迎宾接待

(1) 客人到来时，服务员应面带微笑，主动、热情地问候客人。

(2) 准确记录住店客人的姓名、房号、到达时间、更衣柜号码。办理押金手续，给客人发放更衣柜钥匙，并为客人指示更衣柜方位。

(3) 主动为客人提供拖鞋和浴巾，提醒客人将更衣柜锁好，以免物品丢失。

(4) 对饮酒过量的客人或患有皮肤病等传染病的客人应谢绝入内。禁止客人带入酒精饮料和玻璃瓶装饮料。

(三) 游泳池服务

(1) 提醒客人由强制喷淋通道和消毒浸脚池通过进入游泳池，并提醒客人做简单的准备活动。

(2) 提醒带小孩的客人注意照看自己的小孩，不要让小孩到深水区游泳。

(3) 客人游泳时，服务员和救生员要不时巡视各种设施设备的运行情况，同时应密切注视水中的情况，如果发现异常，应及时救护。

(4) 根据客人需要，适时提供饮料和食品，开好饮料食品单，写清种类、数量、名称，用托盘送到客人面前。

(5) 为需要救生圈的客人办理租用手续并交给客人。

(6) 注意及时擦干台面和地面的水迹，以免客人滑倒。

(7) 保持洗浴间的整洁，及时收拾香皂头、杂物，清洁摆放洗浴用品的台面、皂碟。

(8) 保持卫生间的清洁，及时更换纸篓中的垃圾袋，清洁坐便器，补充厕纸，喷洒除异味剂。

(9) 保持更衣室的清洁，及时收拾香皂头、杂物和拖鞋，发现更衣柜上有遗留的钥匙时，应立即交服务台并做好登记，以便客人遗失物品时查询。

(10) 保持游泳场内的整洁，及时为客人更换烟灰缸，添加饮料，擦干躺椅和桌面上的水迹等。

(四) 结账服务

(1) 客人结束游泳时,主动引领客人到淋浴室。

(2) 客人示意结账时,提醒客人交还更衣柜钥匙及将租用的救生圈交给服务台,提醒客人不要忘记随身物品,并协助客人到收银台结账。

(3) 如果客人要求挂单,收银员要请客人出示房卡并与前台收银处联系,待确认后请客人签字并认真核对客人的笔迹,如果未获前台收银处同意或认定笔迹不一致,则请客人以现金结付。

(五) 送别客人

(1) 送客人至门口,礼貌地向客人道别,并表示欢迎客人下次光临。

(2) 客人离开后,服务员应立即检查更衣柜里有无客人遗留物品。

(3) 做好更衣室的清洁整理工作。

九、高尔夫球服务流程及标准

(一) 准备工作

(1) 按规定的时间做好营业前的准备工作,清洁人造草皮、座椅、茶几、烟灰缸、地毯和太阳伞等。

(2) 检查各项设施是否完好,如果发现问题设法修理或报工程部门。

(3) 将供客人租用的球具等准备好。

(二) 迎宾工作

(1) 服务台服务员应面带微笑,主动问候客人。

(2) 询问客人是否预约,向客人介绍收费标准等,并与客人确认开始计时的时刻。

(3) 为客人进行登记,开记录单,并收取押金。

(4) 对无预约的客人,若场地已满,应安排其按顺序等候,并告知大约等候的时间,为客人提供茶水和书报杂志等。

(三) 高尔夫球服务

(1) 球场服务员应主动问候客人,并接过客人手中的球具袋,引领客人到座位旁。

(2) 主动帮助客人将其球具袋内的球、球杆、手套和球鞋等取出,为客人摆放好。

(3) 客人换下的鞋子应收拾到鞋柜里,并提醒客人如果需要擦鞋服务,可以通知服务人员。

(4) 对于没有携带球具的客人,应主动询问他们喜欢什么样的球具和所需运动鞋的尺码,并迅速到服务台为其领取。

(5) 在客人刚开始打球的一段时间,服务员要及时关注客人有什么需要,并及时给予解决，比如球鞋不合适、需要技术指导、需要陪打、场地和设备出现问题、需要调整座位区等。

(6) 及时提供捡球、送球服务。

(7) 如果客人是初学者，要认真、耐心和细致地向客人讲解高尔夫球运动规则及技巧并做示范。

(8) 如果客人需要陪打服务，陪打员应认真服务，并根据客人的心理掌握输赢尺度。

(9) 服务员要适时询问客人需要何种饮料，并做好酒水服务工作。

(10) 保持茶几、座椅和地面的整洁，当客人的饮料剩余1/3时应及时添加，烟灰缸内的烟蒂数不能超过3个。

(11) 保持发球区地毯和草皮等的清洁。

(12) 保持更衣室、淋浴间和洗手间的整洁。

(13) 客人原定运动时间即将结束时，在场地空闲的情况下应及时询问客人是否需要续时。

(四) 结殊服务

(1) 客人消费结束时，服务员应帮助客人收拾球具或帮助客人归还租用的器材，提醒客人带好随身物品，请客人到收银台结账。

(2) 如果客人要求挂单，收银员要请客人出示房卡并与前台收银处联系，待确认后请客人签字并认真核对客人的笔迹，如果未获前台收银处同意或认定笔迹不一致，则请客人以现金结付。

(五) 送别客人

(1) 礼貌地向客人道别，并表示欢迎客人下次光临。

(2) 对场地进行彻底清理，将卫生状况恢复至营业标准，准备迎接下一批客人的到来。

(3) 按规定对客人租用的球鞋、球具等进行清洁，修理损坏的发球架和球具等。

■ 十、健身房服务流程及标准

(一) 预订服务

(1) 要用规范的语言主动、热情地接待客人预订。

(2) 客人电话预订，铃响3声内接听。如因工作繁忙，请客人稍候。

(3) 准确记录客人姓名、房号(针对住店宾客)、使用时间，并复述清楚，经客人确认。

(4) 对已确认的客人预订，要通知有关服务人员提前做好准备。

(二) 接待服务准备工作的标准

(1) 每日营业前做好健身房、休息区、更衣室、沐浴室与卫生间的清洁卫生工作。

(2) 备好营业用品，包括：①各种单据、表格及文具等；②客用毛巾、浴巾、短裤；③酒吧内各种餐具、器具及饮品。

(3) 将客人视线内的所有物品、器具等有序摆放。

(4) 准备工作完成之后，由主管或领班检查，不合格之处应重做，直到达到标准为止。

(5) 将洗衣厂送回的客用品取回，并将用过的客用品送走，做好记录。

(6) 所有营业前的准备工作做妥之后，再次检查员工仪表仪容是否合乎标准，然后进入营业状态。

(7) 将设备设施摆放整齐，检查健身器械、哑铃、踏板、软垫等有无损坏。

(8) 正式营业前准备好为客人服务的各种用品，整理好个人卫生，准备迎接客人。

(三) 迎宾工作

(1) 客人到来，服务员应面带微笑，主动、热情地问候客人。

(2) 询问客人要求，向客人介绍收费标准等，为客人办理消费手续。

(四) 器械房的服务

(1) 协助健身教练为客人进行体能、体质测试及体形测量，根据客人的健身目标和要求提出建议方案和锻炼计划。

(2) 对初次来健身房的客人或新型的健身器械，服务员应提供示范，同时向客人讲明注意事项。

(3) 客人选择好健身器械后，服务员应主动为客人调试健身器具，检查计量单位是否准确。

(4) 在客人健身活动过程中，服务员应设法做一些安全保护措施，以防意外事故的发生。

(5) 根据客人要求，适当播放背景音乐。

(6) 服务员要适时询问客人需要何种饮品，并做好饮料服务工作。

(7) 保持洗浴间的整洁，及时收拾香皂头、杂物，清洁摆放洗浴用品的台面、皂碟。

(8) 保持卫生间的清洁，及时更换纸篓中的垃圾袋，清洁坐便器，补充厕纸，喷洒除异味剂。

(9) 保持更衣室清洁，及时收拾香皂头、杂物、拖鞋，发现更衣柜上有遗留的钥匙应立即交服务台并做好登记，以便客人遗失物品时查询。

(10) 保持休息区的整洁，及时为客人更换烟灰缸，添加饮料等。

(11) 服务员应随时注意客人的举动，以便及时提供服务。

(五) 健身操房的服务

(1) 协助健身教练为客人进行体能、体质测试及体形测量，根据客人的健身目标和要求提出建议方案和锻炼计划。

(2) 保持洗浴间的整洁，及时收拾香皂头、杂物，清洁摆放洗浴用品的台面、皂碟。

(3) 保持卫生间的清洁，及时更换纸篓中的垃圾袋，清洁坐便器，补充厕纸，喷洒除异味剂。

(4) 保持更衣室清洁，及时收拾香皂头、杂物、拖鞋，发现更衣柜上有遗留的钥匙应立即交服务台并做好登记，以便客人遗失物品时查询。

(5) 保持休息区的整洁，及时为客人添加饮料等。

(6) 每场休息时，服务员要立即将客人用过的软垫等清洁干净并归放原位。

(7) 客人健身过程中若出现扭伤等情况，服务员要及时给予简单救治。

(六) 安全服务的标准

(1) 健身房必须配备急救箱、氧气袋及急救药品。

(2) 客人如有身体不适现象，应及时照顾，采取有效措施。

(3) 客人在运动健身过程中发生碰伤，应及时提供急救药品，照顾周到。

(七) 送别客人服务

(1) 客人离开时，检查有无客人遗留物品，提醒客人将更衣柜钥匙等交回服务台。

(2) 送客人至门口并礼貌地向客人道别。

(3) 检查健身设施设备有无损坏，清洁干净并归放原位，清洁整理休息区、更衣室等。

十一、飞镖服务流程及标准

(一) 准备工作

应按规定的时间、标准完成卫生工作，重点控制飞镖盘和飞镖的清洁标准。

(二) 迎宾

主动使用服务用语问候客人，并将客人引领到相应的活动区。

(三) 对客服务

应询问客人喜欢用哪种类型的飞镖，然后按客人要求将飞镖放到飞镖盘内。如果客人需要的飞镖类型饭店没有，要告知客人，并说出饭店所能提供的类型，迅速为其调送过来。服务人员应及时、主动地提供倒茶水、更换烟灰缸、收拾桌面和地面上杂物、取回飞镖等服务，还应帮助客人做好飞镖记分工作。如提供教练服务，教练人员应热情、礼貌、耐心，示范动作必须规范、标准。客人准备结账时，服务人员应主动上前，提醒客人带好随身物品，将客人领至收银台结账，对客人的到来表示感谢，并表示欢迎客人再次光临。

(四) 收拾整理

客人走后，服务人员应迅速清理台面或地面上的杂物，保持良好的环境卫生，迎接下一批客人的到来。

第四节 休闲娱乐类服务流程及标准

一、卡拉OK服务流程及标准

(一) 岗前准备工作

(1) 召开班前例会，明确工作角色与任务分工，了解当日客人的预订情况。

(2) 根据《员工手册》中有关仪容、仪表的要求，检查自己的仪容、仪表是否符合标准。

(3) 完成负责区域内的环境清洁工作，保持活动场所环境高雅美观，有利于客人轻松、愉悦地活动。

(二) 预订服务

(1) 客人预订时，预订员要主动介绍包间的特色与价格。

(2) 详细地询问客人的预订要求，例如人数、到达时间、姓名等。

(3) 如确定能够满足客人的预订要求，应准确地记录预订信息，同时向客人复述预订内容，进行核实确认，并填写预订表格。

(4) 完成预订后，要及时将预订信息通知相关服务人员，提前做好接待准备工作。

(三) 迎宾、引领服务

(1) 迎宾员要按照标准服务站姿立于大厅门口，并使用专业服务用语招呼客人。当客人光临时，应面带微笑，主动迎接问候客人。

(2) 询问客人是否有预订，如有预订，直接引领客人到预订好的座位或包房；如没有预订，则根据客人需求为其安排合适的座位或包房。

(3) 在引领过程中，应注意照顾客人，尤其在拐角或台阶处应提醒客人当心。

(4) 引领客人到位时，伸手示意客人请坐，需拉动座椅时，应主动及时。如客人脱帽或脱下外衣，应上前帮助客人挂好。

(5) 预祝客人在此玩得愉快，告退离开。

(四) 台面服务

(1) 客人入座后，台面服务员应立即服务，主动向客人介绍所提供的娱乐活动项目，供客人选择。

(2) 及时向客人递送酒水单，并将酒水单的第一页打开，同时面向客人方向，按照先宾后主、先女后男的顺序双手呈递。

(3) 客人翻看酒水单时，应留给客人一定的挑选时间，稍后再询问客人是否可以开单。

(4) 为客人开单时，应注意运用推销语言和技巧，主动向客人介绍酒水及佐餐小食，对于本店特色酒水或果茶则应向客人介绍配料、调制方法及饮用方式等，要争取客人最大限度内的消费。

(5) 客人点好酒水后，应向客人复述一遍，确保内容准确无误后，收回酒水单并请客人稍候。

(6) 服务员应迅速将填好的酒水单分别送往吧台和收银处。

(7) 做好递送酒水和佐餐小食服务。

① 准备洁净的托盘、餐具和服务用具。

② 为客人递送酒水和零食时，注意不要挡住客人的视线(为此，建议采用半蹲式或跪式服务)。

③ 报出酒水和佐餐小食的名称，请客人慢用。

(五) 点歌服务

(1) 向客人递送酒水单的同时，依次将点歌单、点歌卡和铅笔递送给客人，主动介绍歌单内容，并帮助客人查找歌名。

(2) 客人填写点歌卡完毕后，应将点歌卡迅速送到音响控制室。

(3) KTV包间的客人就座后，服务员应立即开机，调试音响系统，介绍点歌系统的使用方法。

(4) 在客人演唱时，服务员可适当地给予掌声和赞美，保持客人较高的兴致。

(5) 服务员应具备较强的应变能力，能够在需要的时候，调节气氛，推销歌曲，避免冷场情况的出现。

(六) 巡台服务

(1) 服务员要随时观察客人的需求动向，留意客人的眼神、手势，及时上前为客人添加酒水。

(2) 当客人抽烟时，要迅速掏出打火机为客人点燃香烟。

(3) 及时清理台面，勤换烟灰缸(烟灰缸内的烟蒂不得超过3个)，适时撤掉喝完的酒瓶、酒杯，并主动询问客人是否再续点酒水。

(4) 如客人不慎将酒瓶碰落摔碎时，服务员应及时用扫帚清理干净，切忌用手去拾，再用干拖把或抹布将地面擦干，保证地面干燥清洁。

(5) 服务员应和保安共同维护大厅秩序，维护场内的和谐氛围。

(七) 结账服务

(1) 客人要求结账时，服务员应认真核实客人的消费账单是否准确，并迅速将账单递送到客人手中。

(2) 若客人对账单心存疑问，应耐心、认真地为其解释。

(3) 接过客人递来的现金时，应仔细核对，收银员应使用服务用语向客人道谢。

(4) 如客人使用信用卡结账，需先确认此卡是否可以接纳，然后检查持卡人的姓名、性别、有效期和持卡人身份证等，确认无误后，为客人办理刷卡结账手续，并请客人确认消费金额、签字，最后将信用卡、身份证交还客人。

(5) 如客人签单结账，则请客人出示相关证明，服务员进行核对后，请客人在账单上签字，签字后将账单的第一联、第二联交给收银员核实。

(6) 如遇无理取闹或拒不付账的客人，要及时报告保安部进行处理。

(八) 送客服务

(1) 客人结账后,欲起身离座时,服务员应主动上前拉动座椅,协助客人穿好外套。

(2) 提醒客人带好随身物品,送客至大厅门口,礼貌地同客人道别。

(3) 门口的迎宾员应主动为客人开门,欢送客人离开,同时表示欢迎客人再次光临。

(九) 收尾工作

(1) 服务员迅速清理台面,整理桌椅,检查房间内是否有客人遗留物品,如有则应及时报告主管,尽早归还失主。

(2) 按要求重新摆好台面,等候迎接下一批客人的到来。

▌ 二、舞厅服务流程及标准

(一) 准备工作

按规定的时间完成营业前的卫生整理工作,重点是对贵宾包厢、沙发座椅的清洁和对舞池地面的维护保养。音响设备、投影系统、灯光设备必须在营业前调试,并及时解决出现的故障。

(二) 迎宾

(1) 大门口的服务人员主要负责收门票,工作时必须热情、大方、礼貌。

(2) 如有客人到达,服务人员应该主动使用服务用语问候。

(3) 如果客人脱下外衣或者帽子,服务人员必须立即将客人的衣物送到保管处,并将领衣号牌交给客人。

(三) 对客服务

(1) 介绍酒水单、食品单时,服务人员必须态度亲切,耐心解释和介绍;客人点过饮品或者食品后,服务人员必须重复客人所点的内容,请其确认。

(2) 在迪斯科舞厅,客人常常更换落座位置,饮料、食品销售一般采用直售的形式,即客人入座,服务人员就应该为其点饮品或者食品,随后迅速提供,客人要现付费用。客人离开座位进入舞池,如果没有特别吩咐,服务人员可以立即收拾空杯和空瓶,清理桌面,整理座椅。

(3) 服务人员必须对客人的服务要求保持关注,随时留意他们的手势,并迅速上前询问、记录。

(4) 客人的饮品剩余1/3时,服务人员应该立即为其添加;烟灰缸出现第3支烟头后,应该立即换下;桌面的水迹、污迹和杂物应该立即清除。

(5) 如果现场正在进行文艺演出,服务人员应该注意服务操作的体位,避免遮挡客人观看节目的视线。

(四) 结账

(1) 只有一些高档舞厅采用消费后结算的付款方式。

(2) 客人示意要结账时，服务人员应该首先答应："好的，请稍候。"

(3) 从客人手中接过现金或者信用卡时，应该使用服务用语："谢谢您。"

(五) 送客

(1) 客人离开时，服务人员应该提醒客人带好随身物品，并指示存衣处的位置。

(2) 与客人道别应该使用服务用语。

(六) 收拾整理

客人离开以后，服务人员应该立即清理桌面、地面，收拾空杯、空瓶，整理沙发、座椅等，使卫生状况恢复至营业标准，准备迎接下一批客人的到来。

三、棋牌服务流程及标准

(一) 预订服务

(1) 接到预订电话后要主动向客人介绍棋牌室的情况与价格。

(2) 记录客人的姓名、电话、到达时间、预订要求、来客人数等。

(3) 向客人重复一遍以便确认，并向客人说明保留预约的时间，做好登记。

(4) 向客人致谢。

(5) 预订确认后，要立即通知有关服务部门提前做好服务准备。

(二) 准备工作

(1) 穿好工服，佩戴胸卡，整理好自己的仪容、仪表，提前到岗，向领班报到，参加班前会，接受领班检查及分工。

(2) 做好清洁卫生工作，包括器械、地面、家具、休息区、服务台等。

(3) 认真、细致地检查棋牌室内的灯光、空调、排风等设施设备，确保其运转正常。

(4) 将供客人使用的棋牌用具、记分的纸笔准备好。

(5) 将钟表时间核对准确，将跳表复位。

(6) 检查交接班本，了解宾客预订情况。

(三) 迎宾接待

(1) 面带微笑，主动问候客人。

(2) 询问客人是否预订，并向客人介绍收费标准等。

(3) 对有预订的客人，在确认预订内容后，办理包厢登记手续；对无预订的客人，按客人所需安排相应的包厢，为客人进行登记，开记录单，并收取押金；对住店客人，请其出示房卡或房间钥匙，并准确记录客人的姓名和房号。若场地已满，应安排客人按顺序等候，并告知大约等候的时间，为客人提供茶水和书报杂志等。

(4) 引领客人进入相应的包厢。

(5) 提醒客人遇到问题及时通知服务员。

(四) 棋牌室服务

(1) 服务员应主动引领客人到合适的位置，帮助客人挂好外衣和帽子等。

(2) 提醒客人保管好自己的钥匙牌和个人物品。

(3) 迅速准备好棋牌等用具。

(4) 根据客人要求讲解各种棋牌的活动规则和使用方法，必要时应为客人做示范。

(5) 适时推销各种酒水饮料、食品，并填写好服务单。

(6) 客人在玩棋牌时，服务员应退出房间，站在适当的位置，随时听候客人的吩咐。

(7) 定时巡视棋牌室，为客人提供茶壶续水、更换茶叶、提供面巾等服务，并及时清理烟灰缸，擦干茶几上的水迹和收拾地面上的杂物等。

(8) 注意客人的状况，发现客人之间发生纠纷时，要及时排解。

(9) 客人原定时间即将结束时，在场地空闲的情况下应及时询问客人是否需要续时。

(五) 结账服务

(1) 客人消费结束时，服务员应及时、礼貌地检查棋牌用具是否完好，收回客人租借的棋牌。提醒客人带好随身物品，并协助客人到收银台结账。

(2) 如果客人要求挂单，收银员要请客人出示房卡并与前台收银处联系，待确认后请客人签字并认真核对客人的笔迹，如果未获前台收银处同意或认定笔迹不一致，则请客人以现金结付。

(六) 送别客人

(1) 礼貌地向客人道别，并表示欢迎客人下次光临。

(2) 整理棋牌室内卫生，将卫生状况恢复至营业标准。

(3) 关闭灯光、空调等设施，保证设备完好，如空气不畅，应开启排风扇，确保空气清新。

(4) 准备好迎接下一批客人的到来。

四、游戏机服务流程及标准

(一) 营业前的准备工作

(1) 清扫游戏机房及公共区域，认真、细致地检查设备和用具，保证其处于正常状态，能正常使用。

(2) 核对并补充纪念品，准备游戏币。

(3) 接通所有游戏机的电源，并打开游戏机的开关。

(二) 营业中的接待工作

(1) 客人进入游戏厅时，服务人员要主动问候，引领客人到服务台兑换游戏币。

(2) 在接待不熟悉游戏机的客人时，要耐心地说明游戏方法，并进行必要的示范。

(3) 根据客人需要，提供饮料、小食品，账款当面点收。

(4) 在客人获奖时，服务人员要及时检验、开单，并向客人祝贺，按规定发放奖品，填写电子游戏厅纪念品发放记录。大奖要由领班或主管签字。

(5) 服务人员要注意及时检查机器的运行状况，发现故障迅速排除。

(6) 客人娱乐活动结束后，如有未用完的游戏币，服务人员应引导客人到服务台将其兑换为现金。主动与客人道别，并表示欢迎客人再次光临。

(三) 营业结束的整理工作

(1) 服务员关闭所有游戏机设备的电源。

(2) 清扫场地卫生，擦拭游戏设备，对接触较多的游戏机手柄要进行必要的消毒。

(3) 清点游戏币、纪念品，统计收入，填写报表，钱款上交财务部门。

(4) 再次检查设备电源是否关闭。关闭照明电源，关窗锁门。

五、酒吧服务流程及标准

(一) 营业前的准备工作

(1) 打卡签到，整理好自己的仪容、仪表。

(2) 按时参加班前会，接受领导检查和工作任务的分派。

(3) 清洁整理环境卫生，做到地面洁净无杂物，服务台上各类物品按类摆放整齐。

(4) 将营业时间、客人须知、价格表等以中英文对照书写，置于明显位置。

(5) 将钟表时间核对准确。

(6) 检查所有服务设备设施是否齐全、运转是否正常。

(7) 将各种表格、单据和文具准备齐全，放于规定的位置。

(8) 检查酒吧内的用具、餐具、酒具和酒水及小食品的准备情况。

(二) 接待服务工作

(1) 营业前10分钟按标准服务姿态站立于规定位置。

(2) 当客人到来时主动、热情地问候客人。

(3) 引领客人至服务台办理登记手续。

(4) 征询客人的具体需求，开出单据，引领客人交款。

(5) 询问客人有无其他要求。

(6) 为客人指示位置。

(7) 主动向客人介绍本饭店特色酒的品种。

(三) 酒吧服务工作

(1) 服务员为客人点酒。

(2) 调酒师提供调酒服务。

(3) 服务员提供送酒服务。

(4) 示瓶。

(5) 为客人解释酒的特点。

(四) 送客服务

(1) 客人消费结束后，服务员应主动征询客人是否需要饭店其他服务。

(2) 引领客人到休息室休息。

(3) 在客人休息的过程中，随时注意客人的需求，及时提供必要的服务。

(4) 当客人准备离开时，提醒客人不要遗忘所携带的物品。

(5) 客人离开时，服务员应将客人送至门口并主动道别。

(五) 营业结束的收尾工作

(1) 早班与晚班交接班时，首先填写交接班记录并签字。

(2) 交接班记录应将交接情况记录清楚，避免因交接不清而出现工作混乱的情况。

(3) 交接班时应召开班前会，将工作任务分派清楚。

(4) 晚班服务员上岗后应对环境卫生做简单的整理及清洁。

(5) 晚班服务员应迅速进入工作角色，不能让客人产生服务断档的感觉。

(6) 营业结束前服务员应将营业用品整理归位。

(7) 将客人使用过的布件类用品点清数量并送交洗衣房。

(8) 核对当日营业单据并统一交康乐部主管。

(9) 营业结束时，认真填写交接班记录。

(10) 清洁、整理酒吧，关闭电源，锁门下班。

第五节 保健养生类服务流程及标准

一、SPA水疗服务流程及标准

(一) 准备工作

在客人到来之前，SPA水疗中心的服务工作人员要做好以下几项准备工作。

(1) 服务员要提前清洁整理温泉池边的瓷砖、游泳池、按摩池和淋浴间等环境卫生，并用消毒液按1∶200兑水后，对温泉池边的躺椅、座椅、圆桌、更衣室和休闲椅等进行消毒。

(2) 接待员要提前整理好吧台，准备好有关表格和签单手续以及出售给客人的饮料和食品，并在温泉池边撑好太阳伞，摆放好饮料和小食品价格牌。

(3) 管理员要提前检查SPA水疗中心所有设施设备的完好情况，并对各个温泉的出水口进行试运行；准备好中药沐浴池、鲜花沐浴池和香汤沐浴池的原料或配方，并进行水温的调配。

(二) 接待与服务

在客人到来时，SPA水疗中心接待员、服务员和管理员应提供以下几项服务。

(1) 接待员要礼貌地迎接客人，为客人提供引领服务和咨询服务。

(2) 按照规范的操作程序，验证客人的房卡或SPA水疗中心为客人发放的更衣柜钥匙牌。

(3) 准确记录客人的姓名、房号(住店客人)、到达时间和更衣柜号码，主动为客人办理贵重物品押金手续，并发给客人更衣柜钥匙牌。

(4) 管理员在客人进入SPA水疗中心之后，要密切关注客人在温泉池中的沐浴情况，根据客人对池水温度的要求，及时为客人调节水温。

(5) 当客人在温泉沐浴时，要保证池水的清澈和透明，保证水质达到国家规定的卫生标准。

(6) 客人在沐浴温泉时，服务员要不时地巡视温泉池内设施设备的运转情况，及时排除不安全因素。

(7) 当客人在温泉沐浴时，服务员要密切注视水面，如发现客人因水温过高而出现晕池等异常情况，要立即实施救助。

(8) 服务员在客人进入SPA水疗中心时，要礼貌地请客人换鞋和更衣，主动为客人打开更衣柜，协助客人挂好衣物，并提醒客人锁好更衣柜。

(9) 应礼貌地请客人在进入温泉池前，先到淋浴间冲洗身体，并为客人提供毛巾服务和浴巾服务。

(10) 要婉言谢绝对温泉沐浴有过敏反应的客人，提醒酒后及患有心脏病、高血压或传染性皮肤病的客人，不要进入SPA水疗中心的温泉池内。

(11) 及时整理温泉池边客人用过的浴巾，并为出浴休息的客人准备好干浴巾；要根据客人的个性化需求，及时为客人提供饮料服务和小食品服务。

(12) 客人在SPA水疗中心沐浴之后，要帮助客人擦干身体，送上浴服，礼貌地请客人进入休息大厅或包间休息。

(13) 在客人进入休息大厅或包间时，要主动引导客人就座，为客人盖上毛巾，帮助客人调好电视节目，礼貌地询问客人是否需要饮料和小食品。

(三) 礼貌送客

在客人准备离开时，要帮助客人打开更衣柜，协助客人换好衣服，并提醒客人带好随身物品；引领客人到前台结账或签单，要提醒客人带好自己的物品；礼貌地与客人道别，并表示欢迎客人再次光临。

二、桑拿服务流程及标准

(一) 岗前准备

在沐浴桑拿的客人到来之前，康乐部门要求桑拿沐浴保健项目的服务工作人员必须做好以下几项准备工作。

(1) 在客人到来之前，服务工作人员要提前清洁整理接待大厅、更衣室、休息大厅、包间和卫生间的环境卫生。

(2) 更衣室的服务员要清点更衣柜钥匙，补充客用毛巾和洗浴用品，并将已经消毒的拖鞋、浴巾和浴服摆放整齐。

(3) 水区的服务员要提前做好桑拿浴房和淋浴间的卫生清洁和消毒工作。

(4) 管理员要提前打开桑拿房的所有设施设备，调整好温度和沙漏控时器，将木桶内的水盛满，并试用桑拿沐浴室的全自动电子恒温控制器是否运转正常。

(5) 休息厅的服务员要提前清洁和整理休息厅及包间的环境，水吧要准备好当日供应客人的饮料和小食品等。

(二) 沐浴服务

在客人进入接待大厅和桑拿房之后，服务工作人员要按照规范化的服务程序，为客人提供优质服务。

(1) 大厅接待员。大厅接待员要微笑迎客，主动、热情地向客人介绍桑拿沐浴的各个服务项目及价格标准。

(2) 更衣室服务员。要主动与客人打招呼，为客人打开更衣柜，协助客人挂好衣物，及时提醒客人锁好更衣柜，礼貌地为客人递送毛巾和更衣柜钥匙牌，请客人换拖鞋，提醒客人把贵重物品存放在接待处，并引领客人进入淋浴间。

(3) 桑拿室管理员。要按照安全服务标准，对初次进入桑拿室沐浴的客人，要进行安全知识讲解。在客人进入桑拿房之后，管理员要不时地在桑拿房的窗口前巡查，用心关注每一位客人在桑拿房的沐浴情况，根据客人的需求，及时调节桑拿房内的温度，并及时为客人递上冰巾和冰水。如发现客人出现意外，要立即进行救助。

(4) 淋浴间服务员。要根据客人的个性化需求，及时为客人调试好水温，并为出浴客人提供毛巾服务，帮助客人擦净身体，送上消过毒的干净浴服，礼貌地引领客人到休息大厅或包间休息。

(5) 休息厅服务员要按照规范的礼貌礼仪标准，引领客人到休息大厅或包间就座，询问客人是否需要饮料和小食品，及时为客人提供优质服务。

(三) 浴后服务

在客人准备离开休息大厅或消费完毕时，更衣室的服务员要帮助客人打开更衣柜，协助客人换好服装，提醒客人带好随身物品，引领客人到接待大厅签单或用现金结账。在客人离开接待大厅时，接待员要礼貌地向客人道别致谢，并用规范化的礼貌用语，表示欢迎客人再次光临。

三、保健按摩服务流程及标准

(一) 岗前准备工作

(1) 做好服务台、按摩室、休息区、卫生间的清洁工作。

(2) 认真、细致地检查按摩室设施、设备，保证按摩设施的卫生，保障各种设备的完好。

(3) 准备好各种客用品，精神饱满地准备迎接客人。

(二) 预订服务

(1) 客人预订按摩服务要主动热情。

(2) 如电话预约，则应在电话铃响3声内接听。

(3) 应准确记录客人的预订信息，例如客人姓名、电话、服务时间和指定的按摩技师等，并向客人复述预订内容，进行核实确认，填写预订表格。

(4) 如客人初次接触按摩服务，可向客人介绍按摩种类和特点，并耐心、细致地帮助客人选择按摩项目。

(5) 及时通知相关人员做好接待准备。

(三) 迎宾服务

(1) 客人光临时，要主动、热情地问候客人，对常客应能够准确称呼其姓名或头衔。

(2) 观察客人，年老体弱者、身体极度衰弱者、酒后神志不清者、精神病患者及孕妇等，原则上不宜按摩。

(3) 礼貌地询问客人是否有预订，如有预订，应迅速查找预约登记表，并尽快为客人安排服务；如没有预订，则根据客人需求为其安排适合的按摩服务。

(4) 对于初次光临的客人，应主动介绍按摩的种类与疗效，并根据客人的情况为其推荐服务项目。

(5) 客人选好消费项目后，服务员可对其他服务项目进行促销。

(6) 应向客人说明按摩服务的时间和收费标准，按客人的要求合理安排技师。

(7) 为客人发更衣柜的钥匙，引导客人更衣，提醒客人保存好更衣柜钥匙，并将贵重物品寄存到前台或随身携带。

(8) 引领客人至按摩室，为客人奉上免费饮品。

(四) 按摩服务

(1) 请客人躺在准备好的按摩床上，为客人盖好毛巾。

(2) 按摩前，应先主动征询客人意见及需要何种按摩手法。

(3) 将客人的基本情况和需求同技师进行沟通，同时向客人介绍技师的资历，然后请技师为客人服务。

(4) 在客人按摩期间应不时询问客人意见，了解客人感受。

(5) 随时与技师保持联系，共同满足客人合理的服务要求。

(五) 按摩结束服务工作

(1) 客人按摩结束后，及时递上毛巾，并帮助客人整理衣服及发式，同时征求客人意见。

(2) 送上饮用水，请客人稍事休息。

(六) 结账服务

(1) 当客人示意结账时，服务员主动引领客人结账或将消费账单递送给客人。

(2) 收验客人递来的现金、信用卡和房卡等，为客人迅速办理结账手续。

(3) 如客人要求挂单，服务员要请客人出示房卡并与前台联系，待确认后请客人签字并认真核对客人的笔迹，如未获前台同意或认定笔迹不一致，则请客人以现金结账。

(4) 收回客人的更衣柜钥匙，对客人的到来表示感谢。

(七) 送客服务

(1) 帮助客人穿好外套，并提醒客人带好随身物品。

(2) 将客人送至门口，与客人道别，并表示期待客人的再次光临。

(八) 收尾工作

(1) 全面做好按摩室的清扫工作。

(2) 通风换气，检查有无客人的遗留物品，如有则应及时报告主管，尽早归还失主，同时还需检查更衣柜的门锁是否完好。

(3) 整理按摩床，收拾客人用过的毛巾等布草，登记数量，填写表格。

(4) 补充客用品，并按规格和标准放在指定位置，准备迎接下一位客人。

(5) 关闭电源、水源和门窗等。

(6) 将对该客人的服务要点记入"客人服务档案"中。

四、美容美发服务流程及标准

(一) 准备工作

(1) 整理好仪容、仪表，应符合饭店康乐部服务人员的要求。

(2) 清洁整理卫生环境。擦拭玻璃门、把手、梳妆台、座椅和盥洗台面，确保室内不留毛发和碎屑。

(3) 检查美容美发设备。检查所有服务设备设施是否齐全、运转是否正常。技师对自己的美容美发工具进行消毒。

(二) 迎接工作

(1) 站立迎客。以标准站姿站立,挺胸、收腹、立腰;客人离门四五步时,主动拉门,微笑,90°鞠躬并问好:"您好,欢迎光临!"

(2) 引领客人入座。询问客人是否有预约,仔细核对信息;若是新客,应主动介绍哪是洗头区、哪是烫发区、哪是美容区等。与客人保持一步的距离,将客人带到位子上。

(3) 获取客人信息。为客人倒茶水饮料、递杂志,并做自我介绍,以拉近距离、加深客人印象。帮助客人分析发质、肤质,推销产品,以取得客人信任。详细填写客户管理表,做好客人信息收集工作。

(三) 美容美发服务

1) 美容服务

(1) 引领客人至相应的美容床,帮助其躺下,介绍技师。

(2) 毛巾一客一换,进行消毒。

(3) 技师在服务过程中要不断询问客人的意见,并提出自己的建议,根据客人的皮肤性质选择相应的护肤用品。

(4) 全套服务时间不少于45分钟。

2) 洗头服务

(1) 与客人沟通,随时调整水温及洗头手法。

(2) 注意客人的表情,察言观色,重视客人的感觉。

3) 为客人设计发型

(1) 将客人与发型师互相介绍。

(1) 发型师仔细分析客人的发质、弹性拉力、颜色、开叉情况、头形等,综合考虑客人意愿,设计发型。

(四) 送客服务

(1) 帮助客人穿戴好衣帽。客人离开时,主动帮助客人穿戴好衣帽,并提醒客人携带好随身物品,注意不要遗漏任何物品,特别是手套、围巾等小物件。

(2) 结账服务。当宾客示意结账时,应主动上前核对手牌,并请客人核对消费项目;询问客人结账方式,按照标准准确、快速地为客人办理;如果客人要求挂账,应请客人出示其房卡并与前台收银处联系,待确认后请客人核对账单签字,认真审核客人笔迹,如前台收银处未对客人资料进行确认或认定笔迹不一致,要请客人以现金支付。

(3) 回收手牌,根据手牌为客人取回鞋子并协助其换鞋。

(4) 送客人至门口并礼貌地向客人道别。

(五) 结束工作

(1) 做好收尾工作。及时冲刷和消毒有关用具,整理好桌椅;将客人使用过的布件类用品点清数量并送交洗衣房。

(2) 做好客户维护。整理好客人资料，做好资料归档工作。

五、氧吧服务流程及标准

(一) 岗前准备工作

(1) 召开班前例会，检查员工的仪容、仪表是否符合服务规范要求，并根据当日情况对人员进行具体分工，向员工通告当日的特色活动以及推出的特价酒水品种、品牌等，使员工明确当日向客人推介的重点。

(2) 开窗或打开换气扇通风，清洁室内环境及设备。

(3) 领取当天营业所需物品，整理好营业所需的桌椅。

(4) 检查客用品，如发现破损应及时更新。

(二) 预订服务

(1) 客人预订时，预订员要主动介绍其经营内容、特色与价格。

(2) 详细询问客人的预订要求，例如订座、人数、到达时间、姓名、单位名称等。

(3) 如确定能满足客人的预订要求时，应准确记录预订信息，同时向客人复述预订内容，进行核实确认，并填写预订表格。

(4) 完成预订后，要及时将预订信息通知相关服务人员，提前做好接待准备工作。

(三) 迎宾服务

(1) 面带微笑，主动问候客人，对常客能够准确称呼其姓名或头衔。

(2) 询问客人是否有预订，并向客人介绍收费标准等，如有预订将客人引领至预订位置，如无预订将客人引领至客人选择的位置。

(3) 如客人需要存放衣物，服务员要提醒客人将贵重物品拿出，然后请客人保管好手牌。

(四) 巡台服务

(1) 应不断清理台面、地面卫生，帮助客人将杯具、香烟等物品归位。

(2) 可将长时间离开的客人的杯具放到工作台上，并及时送到洗涤间清洗，及时准备好适量的机动杯具以备其他客人的光临。

(3) 服务员要随时观察、判断客人的需求动向，适时地进行二次推销。

(4) 如客人不慎将酒瓶碰落摔碎，服务员应及时用扫帚清理干净，切忌用手去拾，再用干拖把或抹布将地面擦干，保证地面干燥清洁。

(五) 结账服务

(1) 客人要求结账时，服务员应认真核实客人的消费账单是否准确，并迅速将账单递送到客人手中。

(2) 接过客人递来的现金时，应仔细核对，收银员应使用服务用语向客人道谢。

(3) 如客人使用信用卡结账，需先确认此卡是否可以使用，然后检查持卡人的姓名、性别、有效期和持卡人身份证等，确认无误后，为客人办理刷卡结账手续，并请客人确认消费金额、签字，最后将信用卡、身份证交还客人。

(4) 如客人要求挂单，服务员要请客人出示房卡并与前台联系，待确认后请客人签字并认真核对客人的笔迹，如未获前台同意或认定笔迹不一致，则请客人以现金结账。

(5) 如遇无理取闹或拒不付账的客人，要及时报告保安部进行处理。

(六) 送客服务

(1) 客人结账后，欲起身离座，服务员应主动上前拉动座椅，协助客人穿好外套。

(2) 如客人有存放的衣物，可根据客人交回的手牌，帮助客人取回衣物。

(3) 提醒客人带好随身物品，送客至大厅门口，礼貌地同客人道别，同时表示欢迎客人再次光临。

(七) 收尾工作

(1) 服务员迅速清理地面、客用桌椅、吧台、卫生间，清洗相关设备及用具。

(2) 检查房间内是否有客人遗留物品，如有则应及时报告主管，尽早归还失主。

(3) 按要求重新摆好台面，等候迎接下一批客人的到来。

六、足浴服务流程及标准

(一) 岗前准备工作

(1) 上一班的工作未完成或需注意的事项应告知下一班的同事。

(2) 下一班的员工未到岗位接班，不准下班，并需向上司汇报。

(3) 本班次需要完成的任务，绝不拖延留给下一班。

(4) 上下班交接的贵重物品，当面交接签名核对。

(二) 预订服务

(1) 客人预订时，预订员要主动介绍足浴服务经营内容、特色与价格。

(2) 详细地询问客人的预订要求，例如订座、人数、到达时间、姓名、单位名称等。

(3) 如确定能满足客人的预订要求，应准确地记录预订信息，同时向客人复述预订内容，进行核实确认，并填写预订表格。

(4) 完成预订后，要及时将预订信息通知相关服务人员，提前做好接待准备工作。

(三) 迎宾服务

(1) 当客人出现时，服务员应站立端正，眼睛注视客人来的方向，面带微笑，客人走近到两米内时先鞠躬30°施礼，并说："下午好/晚上好，欢迎光临！"

(2) 当多位服务人员在一起候客时，应使用统一迎客用语。

(3) 带位/服务人员应迈前两步迎接，用手势带引并说："先生/×位，这边请！"

(4) 迎接宾客时，应遵循先主后宾再随员、先女宾后男宾的顺序，要有"接一答二招呼三"的应变力。

(四) 巡台服务

(1) 如有客人叫服务员或示意需要服务时，应主动上前询问："先生(小姐)您好，请问有什么能帮助您的吗？"或："先生，您好，请问还需要些什么吗？"而不应该说："什么事？"

(2) 检查环境与物品摆设是否美观、整齐、方便、卫生等。

(3) 房间服务应按时巡房，客人的茶水喝到1/2时，应添茶水，做到勤斟茶水。

(4) 当在走廊发现地上有客人掉下的纸团、烟蒂时，不可直接用手去拿，要用随身携带的镊子。

(5) 客人用完的餐具或吃完水果后的果盘，必须及时撤走。

(6) 备好两个无污、干净、无异物的烟盅，放入托盘中。

(7) 烟灰缸里若有一个烟蒂，就要立即换上干净的烟灰缸，一般情况下，不能超过两个烟蒂。

(8) 更换的烟缸中还有半截正在燃烧的香烟时，须先征询客人是否可以撤换掉。

(9) 手托服务盘，右手从托盘中取出一个干净的烟灰缸盖在客人台面上的脏的烟灰缸上，用食指压住上面的干净烟灰缸，用拇指和中指夹住下面的脏烟灰缸，把两个烟灰缸一同撤下放入左手的托盘中，再将托盘中另一个干净的烟灰缸放在桌上烟灰缸原来的的位置。

(10) 收拾台面上的餐具时，一定要使用托盘，应左手托盘，右手收拾餐茶具及用抹布清洁台面。

(五) 结账服务

(1) 客人示意服务员结账时，服务员应询问客人有没有业主卡或会员卡，从收款员处领取相应的账单结算。

(2) 不要用手直接把账单递给客人，应该把账单放在贴士簿(账单夹)中送到客人面前。

(3) 将账单放入账单夹内，检查账单是否相符，并确保账单夹打开时账单正面朝向客人。

(4) 半跪式蹲在结账客人的茶几前，将账单夹打开，从客人右侧递给客人。

(5) 唱读账单："先生，多谢，×折，×××钱。"

(6) 如未知哪位客人付款，应说："请问哪一位结账？"

(7) 客人付现金时，服务员礼貌地在一侧点清现金数目，将现金与账单一同交予收款员处理，核对收款员找回的零钱及账单上联是否正确，将账单上联连同零钱放入账单夹交予客人。

(8) 客人结账完毕，应向客人致谢："谢谢您，先生/小姐，请休息一下。"

(六) 送客服务

(1) 结账完毕时，客人起身后，应提醒客人带齐随身物品，比如手袋、首饰、手机等。

(2) 抓住机会了解客人对本次服务是否满意，假如客人有不满意之处，应向客人解释并表示将竭诚改善。

(3) 将客人送到前台，应说："多谢，请慢走，欢迎再次光临。"还应鞠躬施礼，目送客人离开。

(4) 客人离开餐厅后，服务员须检查客人座位上、台面上是否有客人遗留的物品。

(5) 若发现有客人遗留物品，应立即上交上司，追还失主。

(七) 收尾工作

(1) 检查客人坐卧过的地方，是否有遗留物品，如有应立即报告上司登记，并寻找失主归还。

(2) 客人离开后，无客人时，应先关电视和空调。

(3) 收拾座位后，铺好座位上的毛巾或更换座位和按摩床上的毛巾，打扫地面卫生。

(4) 按原来的标准摆设家具和用品，并关掉电灯和抽风机等。

本章小结

首先，本章介绍了康乐服务质量的含义和内容。康乐服务质量是指饭店康乐部或其他康乐部凭借康乐设备设施，以服务人员的服务技能和服务行为给予客人的一次精神享受程度。康乐服务质量由多项因素共同构成，包括设施设备质量、服务人员劳务质量、项目设置质量、整体环境质量。其次，介绍了康乐服务质量的特点、管理方法。康乐服务质量的特点包括：康乐服务质量构成的综合性、康乐服务质量显现的短暂性、康乐服务质量内容的关联性、康乐服务质量考评的一致性、康乐服务质量评价的主观性。康乐服务质量管理方法分为：全面质量管理法、PDCA循环管理法、零缺陷管理法(ZD管理法)、优质服务竞赛评比法。再次，介绍了投诉产生的原因及处理程序和方法。康乐部投诉的原因包括：企业自身的原因、客人的原因、环境因素。处理投诉的程序和方法包括：做好接待投诉客人的心理准备，设法使客人消气，认真倾听客人投诉并注意做好记录，对客人的不幸遭遇表示同情、理解和抱歉，对客人反映的问题立即着手处理，要具备强烈的服务意识。最后，介绍了康乐部康体运动、休闲娱乐和保健养生三个项目类别的服务流程和标准。

知识链接

健身房服务质量检查评分表见表6-1。

表6-1 健身房服务质量检查评分表

检查项目和内容	规定得分	实际得分			
		完全达标	个别不足	基本达标	不合格
1. 健身设备与器材	9				
(1) 健身器材数量规模	3				
(2) 健身器材配套程度	3				
(3) 器材设备完好率	3				

(续表)

检查项目和内容	规定得分	实际得分			
		完全达标	个别不足	基本达标	不合格
2. 环境质量	18				
(1) 门前环境与标牌美观大方	3				
(2) 健身器材摆放合理	3				
(3) 采光照明	3				
(4) 温度湿度	3				
(5) 换气量及空气新鲜程度	3				
(6) 室内美化、绿化效果	3				
3. 卫生标准	18				
(1) 天花板与墙面卫生	3				
(2) 地面与门窗卫生	4				
(3) 健身器材卫生	3				
(4) 淋浴间卫生	4				
(5) 洗手间卫生	4				
4. 健身服务	20				
(1) 迎接问候主动及时	3				
(2) 按服务程序提供服务	4				
(3) 熟悉常客与俱乐部会员	3				
(4) 着装、礼貌用语	3				
(5) 健身指导与随机服务的细致程度	4				
(6) 为客人服务符合规范	3				
5. 安全服务	8				
(1) 随时提示注意安全，意外情况的处理	4				
(2) 无安全责任事故	4				

(资料来源：任长江，薛显东.饭店管理职位工作手册[M].北京：人民邮电出版社，2006.)

歌舞厅服务质量检查评分表见表6-2。

表6-2　歌舞厅服务质量检查评分表

检查项目和内容	规定得分	实际得分			
		完全达标	个别不足	基本达标	不合格
1. 设备设施	15				
(1) 舞台设置符合要求	3				
(2) 舞台与背景的美观程度	3				
(3) 灯光、音响齐全程度	3				
(4) 厅内沙发、茶几豪华气派	3				
(5) 餐具、酒具新款高档	3				
2. 环境质量	9				
(1) 门前装饰鲜明醒目	3				
(2) 厅内设计装修豪华气派	3				

(续表)

检查项目和内容	规定得分	实际得分			
		完全达标	个别不足	基本达标	不合格
(3) 厅内家具及陈设与厅内布局的协调性	3				
3. 卫生质量	12				
(1) 墙面、门窗的清洁程度	3				
(2) 地面、桌椅、沙发的清洁卫生	3				
(3) 舞台、后台的卫生	3				
(4) 餐具、酒具的卫生消毒	3				
4. 服务员基本素养	15				
(1) 工作内容与服务程序的熟悉程度	4				
(2) 礼貌语言的运用能力	3				
(3) 着装、仪表符合规范	3				
(4) 微笑服务和个性化服务的能力	5				
5. 现场服务	21				
(1) 迎接问候与引导服务的主动性	4				
(2) 桌面服务的及时性	3				
(3) 酒水与食品服务的周到、细致程度	3				
(4) 适度与客人交谈,提高客人兴致的能力	4				
(5) 现场秩序的维护与效果	3				
(6) 礼貌送客并促使客人成为回头客	4				
6. 售票服务	10				
(1) 售票服务的规范性	3				
(2) 票款交接的准确性	3				
(3) 财务手续的完善程度	4				
7. 节目质量	18				
(1) 节目准备的充分程度与效果	4				
(2) 节目质量高雅健康	3				
(3) 节目受客人欢迎的程度	4				
(4) 节目之间配合协调的程度	3				
(5) 整场节目的演出气氛	4				

(资料来源:任长江,薛显东.饭店管理职位工作手册[M].北京:人民邮电出版社,2006.)

案例分析

客人为何中断游戏

2008年10月21日,北京某外资企业销售部经理王先生到广州开会,入住在某五星级国际大饭店。晚饭后,王先生来到了康乐中心的电子游戏厅,在具有高科技含量的模拟电子游戏机房里玩了两个小时的游戏,之后感觉口干舌燥,想买一瓶饮料喝,就问管理员小张:"哥们儿,我想买瓶饮料,到哪里去买?"

"先生，请到二楼咖啡角。"管理员小张礼貌地告诉他。王先生听后，就起身来到二楼的咖啡角买了一瓶饮料，之后回到座位上准备继续玩游戏，但由于中断了5分钟，激情与兴致大减，很快就回到了房间，并用电话向大堂副理马小姐进行投诉。

第二天中午，大堂副理马小姐来到王先生的房间，微笑着告诉他："先生，对于昨天的事我向您道歉。今天晚上您到游戏机房玩，如果口渴了，就不用到二楼的咖啡角买饮料，会有服务员推着流动服务车，专门为您和其他客人提供饮料与点心。"

"真的？我今晚一定去，谢谢！"王先生虽然半信半疑，但还是礼貌地表示感谢。晚上8点，王先生来到了游戏机房，的确看到一位仪态大方的女服务员推着一辆流动服务车，上面放有二十多种饮料和十几种点心，小心翼翼地穿行在一楼的游戏机室。王先生看到这些就放心地玩起了游戏。

夜里10点，王先生玩游戏的兴致很高，但忽然觉得有些口渴，就从口袋里摸出10元钱，招呼那位推着流动车的女服务员："喂，小姐，我要一瓶饮料。"

"先生，请稍等。"服务员的话音刚落，王先生就接到了服务员递来的一瓶饮料，他很高兴，立刻把10元钱递给了服务员小姐。这一系列动作只用了30秒，丝毫没有影响他玩游戏，因此他很满意。王先生过足了游戏瘾，回到房间后在客人意见簿上留下了这样一行字："谢谢大堂副理，谢谢游戏厅的服务员，你们改进工作的效率很高，你们的服务很用心，值得我学习。"

(资料来源：时永春.康乐中心服务技能与实训[M].北京：清华大学出版社，2010.)

试分析：

这则案例中游戏机房的经营与服务理念给你带来什么启示？

实训练习

每4个学生为1个小组，在康乐部康体运动、休闲娱乐和保健养生3个类别中选择3个具体的服务项目(如保龄球服务、棋牌室服务或美容美发服务)，进行角色扮演，以各岗位的服务流程和标准为参照，进行模拟对客服务。

复习思考题

1. 康乐服务质量的含义是什么？
2. 康乐服务质量的内容包括哪些？
3. 简述康乐服务质量的特点。
4. 简述游泳池的服务流程和标准。
5. 简述电玩游戏服务的流程和标准。
6. 简述SPA水疗服务的流程和标准。
7. 怎样理解康乐部投诉的致因？
8. 简述处理投诉的程序和方法。
9. 简述康乐服务质量管理方法。

第七章
饭店康乐服务礼仪及日常用语

知识目标

- 理解日常交往礼仪的含义
- 掌握日常交往礼仪的内容
- 了解日常交往礼仪的特点

技能目标

- 了解康乐日常服务用语的作用
- 理解康乐服务用语礼仪规范
- 熟悉康乐服务语言及其分类应用
- 熟悉康乐服务用语中英文对照

本章导语

　　康乐服务礼仪是在对客服务工作中形成的获得共同认可的礼貌、礼节和仪式。康乐服务礼仪属于职业礼仪的范畴，是礼仪在饭店康乐服务中的具体运用。康乐服务用语是康乐服务人员对客人表示友好和尊敬的语言，它具有体现礼貌和提供服务的双重性。康乐服务人员在日常工作中，应该以客人为中心，运用礼貌用语服务客人、打动客人。作为饭店康乐服务人员，更应该掌握礼仪的基本知识，运用好服务用语。同时，应学会尊重并关心客人，使客人获得满意的感受，从而树立良好的个人形象和组织形象。

案例导入｜学会察言观色

　　一次，我和几个朋友去一家酒吧喝酒，点了一个芝华士套餐，服务员一直按操作要求服务，不停地倒软饮料、介绍酒的年份和酿造过程及产地、换毛巾、斟酒，不断地使用礼貌用语，"先生，请问绿茶冲兑得淡一点还是浓一点""女士，请问您喝什么饮料？我们有各种鸡尾酒……""打扰一下，为您换烟缸""不好意思，打扰一下，为您换毛巾"……最后我的一个朋友终于忍不住发话了："你可不可以安静一点站在一边儿？需要服务时我会吩咐你的。"

　　此时，服务员被一盆"冷水"浇得不知所措，一脸茫然地站在那里，气氛顿时变得非常尴尬。

案例评析:

首先肯定她的服务态度没有错,认真地按操作程序服务,尽心尽力地做好每一个步骤,既没有把酒溅在客人的衣服上,又没有上错酒,任何差错都没有出,最终却招致客人不满。在日常工作和服务中,我们经常遇到这种情况,却找不出原因何在,也不知如何改正。事实上,察言观色是每一个合格的服务员必备的素质。上司会告诉你如何规范服务,但没有办法告诉你这桌是庆祝生日,那桌是同学聚会,不同的服务对象要求不同的服务气氛。有的情况下,你即便很规范地为他服务,他还是会说不到位;有的情况下,你的操作越简单,他越高兴,巴不得你找个借口出去取物,晚点回来。那么,如何把握分寸呢?先"察言",根据客人之间的交谈,确定属于哪种类型;再"观色",通过客人的面部表情、喜怒哀乐,确定你对客人的服务分寸,哪些话该说,哪些话不该说,哪些服务应加强,哪些服务可删减。掌握了这种技巧,你一定能避免被客人"浇冷水",而且还会因为"长眼色"得到客人的好评。

(资料来源: http://wenku.baidu.com/view/a4ad0714866fb84ae45c8dd9.html.)

第一节 康乐服务人员日常交往礼仪

一、日常交往礼仪的含义

日常交际礼仪即非正式场合中的仪式和礼节,主要包括称呼、迎候、介绍、致谢、致歉、告别、握手、拥抱等礼节。

二、日常交往礼仪的特点

(一) 语言的规范性

人们无论谈论什么事都要运用礼貌语言。例如,人们见面时相互问候"您好",告别时说声"再见",在交谈中双方所使用的都是比较规范的礼貌语言。

(二) 行为的规范性

在公关礼仪活动中,人们应遵循一定的施礼规范。例如,人们见面时以握手等行为表示问候,告别时用握手、招手表示再见,关系特别亲密的甚至以拥抱、亲吻表示问候和告别。对于怎样握手、拥抱等都有严格的规定。

(三) 交际礼仪范围的普遍性

交际礼仪既然是人们在交际中必须遵守的规范和法则,那么它的形成和发展就具有一定的历史背景。从古至今，礼仪自始至终贯穿于人们的一切交际活动中，并且普遍地被人们所接受和确认。

(四) 交际礼仪形式的多样性

交际礼仪的种类繁多，表现形式也多种多样。就日常交际活动中常用的礼仪来说，就有鞠躬礼、握手礼、亲吻礼、拥抱礼等多种形式。正式交际场合中的礼仪更是多种多样，礼仪的要求也就更为严格。

三、日常交往礼仪的内容

(一) 见面礼仪

1. 握手礼仪

在握手时，应本着"礼貌待人，自然得体"的原则，灵活地掌握与运用握手的时机和技巧，以显示自己的修养和对对方的尊重。

1) 握手的时机与场合

(1) 应该握手的场合。作为东道主，迎接或送别来访者时要握手，以示欢迎或欢送；在宴会、舞会等重要社交活动开始前与结束时，要与来宾和主人握手，以示欢迎与道别；遇到较长时间未曾见面的熟人要握手，以示久别重逢的欣喜；偶然遇到同事、亲友时要握手，以示高兴与问候；被介绍给不相识者，要握手以示自己乐于结识对方，并为此深感荣幸；向他人表示恭喜、祝贺时，要握手以示贺喜；他人向自己表示恭喜、祝贺时，要握手以示谢意；得悉他人患病、遭受挫折或家人过世时，要握手以示慰问；拜访他人后，在辞行时，要握手以示希望再会。

(2) 不应握手的场合。对方手部有伤；对方手里拿着较重的东西；对方忙着别的事，如打电话、用餐、主持会议、与他人交谈，等等；对方与自己距离较远；双方所处的环境不适合握手。

2) 握手的先后顺序

年长者与年幼者握手，年长者应首先伸手；长辈与晚辈握手，长辈应首先伸手；老师与学生握手，老师应首先伸手；女士与男士握手，女士应首先伸手；已婚者与未婚者握手，已婚者应首先伸手；社交场合的先到者与后来者握手，先到者应首先伸手；职位、身份高者与职位、身份低者握手，前者应首先伸手。

3) 握手的方式

握手的标准方式是双腿立正，上身略向前倾，伸出右手，四指并拢，拇指张开与对方相握。握手时用力要适当，时间要适度，应注意以下几个问题。

(1) 注意神态。与人握手时，应神态专注，热情、友好、自然；应面含笑意，目视对方眼睛，热情问候；在握手时，伸手不能迟缓，也不能一边握手，一边东张西望，或忙于跟别人打招呼。

(2) 注意姿势。握手时，应起身站立；握手时，彼此之间的最佳距离为1米左右；握手时，双方均应主动向对方靠拢。

(3) 注意手位。用右手与人单手相握，是最常用的握手方式。手掌垂直于地面称为"平等式握手"，表示自己不卑不亢；掌心向上，表示自己恭谦、谨慎，这一方式称为"友善式握手"；掌心向下，表示自己感觉甚佳，自高自大，这一方式称为"控制式握手"。

(4) 注意力度。为向交往对象表示热情友好，握手时应当稍许用力；与亲朋好友握手时，所用的力度可以稍微大一些；而在与异性及初次相识者握手时，则应适当减轻力度。

(5) 注意时间。与他人握手的时间不宜过短或过长，一般应在3秒钟内。握手时间过短，会有轻蔑之嫌；握手时间过久，会有虚情假意之嫌，握手对象为异性时则会被怀疑有非分之想。

4) 握手应注意的细节

多人同时握手时应按顺序进行，忌交叉握手；不应戴着墨镜、口里嚼着口香糖与别人握手；握手不能用左手(右手有残疾者除外)；握手时男士要摘手套、摘帽子，但女士如载着薄丝纱手套，则不必摘下；握手后不要立即揩拭自己的手掌；握手时不要将另外一只手插在衣袋里或拿着东西不肯放下；握住对方的手时，不应长篇大论，也不要与其他人交谈；通常情况下，不能拒绝与对方握手，但如果手上有水或不干净时，应谢绝握手，同时必须解释并致歉。

2. 介绍礼仪

1) 自我介绍

应在对方有空闲、情绪较好又有兴趣时，进行自我介绍。当发现对方没有结识兴趣时，赶紧打住，以免自讨没趣。应主动打招呼问好，然后说出自己的姓名、身份；也可以一边与对方握手，一边做自我介绍；还可以利用名片、介绍信加以辅助。态度应亲切自然、友善随和，应做到简约、得体，应实事求是，不可自吹自擂，夸大其词。

2) 他人介绍

他人介绍是为彼此不认识的双方互相引见，或把一个人引见给其他人的一种介绍方式。他人介绍应注意以下细节。

(1) 在介绍之前，应先征得被介绍者同意后再介绍。尤其是将女士介绍给男士时，应先征得女士的同意后再介绍。

(2) 在介绍时，应先向被介绍的双方打招呼，双方应起身或欠身，以表示相互尊重。介绍后，双方应趋前主动伸手与对方握手，可寒暄几句，并可以相互交换名片。

(3) 介绍时应注意顺序，应先将年轻的介绍给年长的、将职位低的介绍给职位高的、将客人介绍给主人、将男士介绍给女士。

(4) 介绍时，举止要端庄得体，面带微笑，目视对方，不能背对任何一位。介绍时应用手示意，但不可用手指头指指点点。

(5) 介绍后，不要马上离开，应略停片刻，引导双方交谈后再离开。

3) 集体介绍

集体介绍是指为多人所做的介绍，介绍时应注意措辞、方式和顺序。

(1) 应注意用规范、准确的措辞，不要用简称或易生歧义的简称。

(2) 在演讲、报告、比赛、会议时，只需要将主角介绍给大家即可。

(3) 若一方人数较多，可采取笼统介绍的方式。

(4) 若被介绍的不止双方，需要对被介绍的各方进行位次排列。应注意越是正式、大型的交际活动，越需注意介绍的顺序。一般的排列方法是：以负责人身份为准；以单位规模为准；以抵达时间的先后顺序为准；以座次顺序为准；以距介绍者的远近为准。

3. 致意礼仪

见面致意可使人产生一种友好和尊重的感觉；相反，则会被认为傲慢、无礼、没有教养。

1) 致意方式

(1) 点头致意。点头致意就是在公共场合用微微点头表示礼貌的一种方式。适合采取点头致意的场合包括：①遇到领导、长辈时。在一些公共场合遇到领导、长辈，一般不宜主动握手，而应采用点头致意的方式。这样既不失礼，又可以避免尴尬。②遇到交往不深者。和交往不深的人见面，或者遇到陌生人又不想主动接触，可以通过点头致意的方式表示友好和礼貌。③不便握手致意时。一些场合不宜握手、寒暄，就应该采用点头致意的方式，如与落座较远的熟人打招呼等。

(2) 鞠躬致意。鞠躬一般在隆重、庄严的场合使用，表示感谢、道别、致意。鞠躬一般要脱帽，身体直立，目光平视，身体上部适当向下弯，角度不宜过大。适合采取鞠躬致意的场合包括：①讲话前后。演讲人在演讲前和结束讲话后，通常要鞠躬致意，表示对听众的感谢和敬意。②领受奖品。得奖人在领受奖品时，要对颁奖人鞠躬致意，感谢鼓励。③道别、告别。如出远门与亲人、朋友道别，在遗体告别仪式或追悼会上与逝者告别，均可以行鞠躬礼。

(3) 鼓掌致意。鼓掌致意是在热烈、隆重的气氛中，表示欢迎、赞成、感谢的一种礼节。规范的鼓掌是左手手指并拢，手掌自然伸直，掌心向内或向上，拇指自然松开，右手手指并拢，用右手手指击打左手掌心。但注意不要合十鼓掌，不要五指分开鼓掌。

(4) 举手致意。举手致意一般用来向他人表示问候。举手致意时要伸开手掌，掌心向外，面向对方，指尖向上。当看见熟人又无暇分身的时候，举手致意可以立即消除对方的被冷落感。

2) 致意规则

男士应先向女士致意；年轻者应先向年长者致意；下级应先向上级致意。在行非语言致意礼时，最好同时伴以"您好"等简洁的问候语，这样会使致意显得更生动、更具活力。

4. 名片礼仪

在社会交往中，使用名片要合乎礼仪规范，做到注意场合，注意顺序，谨慎选用，不失礼节。

1) 名片的内容

名片通常印有姓名、职务、职称、工作单位、通信地址、邮政编码、办公电话、住宅电话、手机号码、传真号码等，使对方看到名片一目了然。

2) 名片的放置

名片应放置在较为精致的名片夹里。男士在穿西服时，可把名片夹放在左胸内侧的口袋里；不穿西服时，名片夹可放在自己随身携带的小提包里。不要把名片放置在腰部以下位置。

3) 名片的递送

(1) 由职位低的先向职位高的递名片；男士先向女士递名片；晚辈先向长辈递名片。当双方不止一人时，应先将名片递给职位高或年龄大者；如果分不清职位高低和年龄大小，应由近到远递送。

(2) 递送名片时，应面带微笑，双目注视对方；如果是坐着，应当起身或欠身。将名片正面朝向对方，用双手的拇指和食指分别握住名片上端的两角送给对方，并说"这是我的名片，请多关照"等寒暄语，不应一言不发。

(3) 如果自己的姓名中有生僻字，应将自己的名字读一遍；不要用手指夹着名片给人，切勿用左手递送名片；不要将名片背对着对方或是颠倒着对着对方；不要将名片举得高于胸部。

4) 名片的接收

(1) 接收他人名片时，应尽快起身或欠身，面带微笑。用双手接住名片的下端两角，仔细看一遍，并说"谢谢""认识您很高兴"等寒暄语，然后再放入上衣口袋。

(2) 如果接受了对方名片而自己没带，则一定要向对方解释。

(3) 与多位客人见面时，可暂时将接收的多张名片放在自己桌前排列好，以便提示自己。放在桌上的名片上面不应再放其他物品，会谈或宴会结束时一定要带上，不要遗忘。

5. 鞠躬礼仪

鞠躬即弯身行礼，源于中国的商代，是一种古老而文明的对他人表示尊敬的郑重礼节。它既适用于庄严肃穆或喜庆欢乐的仪式，又适用于普通的社交和商务活动场合。

1) 鞠躬的规范要求

(1) 欠身礼。头颈背成一条直线，目视对方，身体稍向前倾。

(2) 15度鞠躬礼。头颈背成一条直线，双手自然放在裤缝两边(女职员双手交叉放在体前)，前倾15度，目光约落在体前1米处，再慢慢抬起，注视对方。

(3) 鞠躬礼行礼的距离。行鞠躬礼一般在距对方2～3米远的地方，在与对方目光交流的时候行礼，面带微笑。没有微笑的鞠躬礼是失礼的。

2) 鞠躬时应避免的错误

鞠躬是表达敬意、尊重、感谢的常用礼节。鞠躬时应从心底发出对对方表示感谢、尊重的意念，从而体现于行动，给对方留下诚意、真实的印象，但以下6种错误做法要避免。

(1) 只弯头的鞠躬。

(2) 不看对方的鞠躬。

(3) 头部左右摇晃的鞠躬。

(4) 双脚没有并齐的鞠躬。

(5) 驼背式的鞠躬。

(6) 可以看到后背的鞠躬。

(二) 交谈礼仪

交谈不仅需要较强的语言表达能力，而且需要具备尊重对方、谦虚礼让、善解人意、因势利导等良好的礼仪修养。

1. 交谈的态度

从某种程度上讲，交谈的态度有时甚至比交谈的内容更为重要。

1) 注意语言

在日常工作中，应该自觉采用普通话。在外事活动中，可以使用英语，但在正式的官方活动中，必须使用普通话，以体现一个主权国家的尊严。

2) 注意语音

在公共场所与人交谈，必须有意识地压低自己说话的音量，粗声大气不仅有碍于他人，而且也说明自己缺乏教养。

3) 注意语态

(1) 在自己讲话时，要不卑不亢，恭敬有礼；在别人讲话时，要专心致志，洗耳恭听。

(2) 表情应与谈话的内容相配合。与领导谈话，应恭敬而大方；与同事谈话，应礼貌而谦虚；与群众谈话，应亲切而温和；秉公执法时，应严肃而认真。

(3) 谈话时，表情应当认真，目光直视对方。若要表示自己对对方观点的支持、赞同或理解，则可以点头微笑。

(4) 在与对方谈话时，不应左顾右盼或是双手抱在脑后，因为这些动作往往会给人心不在焉或者目空一切的感觉。

4) 注意语速

与人交谈时，语速应保持相对的稳定，既快慢适宜、舒张有度，又在一定时间内保持匀速。这样，不仅可以使自己的语言清晰易懂，而且可以显示自己胸有成竹、有条有理。语速过快过慢，或者忽快忽慢，会给人一种没有条理、慌慌张张的感觉。

2. 交谈的语言

1) 力求通俗易懂

语言应以务实为本，切不可满口之乎者也，滥用书面语言或名词典故。在与普通群众交谈时，应充分考虑对方的职业、受教育程度等因素，努力使自己的语言生动、具体。如果"官话"连篇，不仅有碍于信息的传达，而且容易脱离群众。

2) 讲究文明礼貌

(1) 尽量使用尊称，善于使用一些约定俗成的礼貌用语，如"您""谢谢""打扰了""再见"等。

(2) 交谈时不可意气用事，以尖酸刻薄的话对他人冷嘲热讽；也不可夜郎自大，处处教训指正别人。

(3) 尽量避免一些不太文雅的说法，对于一些不宜明言的事情可以用委婉的词句来表达，多用一些约定俗成的隐语。例如，想要上厕所时，宜说"对不起，我出去有点事"或说"不好意思，我去打个电话"。

3. 交谈的技巧

交谈技巧的运用应基于对对方感情、人格和自尊心的尊重。委婉含蓄、幽默得体是最重要的交谈技巧。

(1) 要善于察言观色，寻找对方情绪高、心境好、有兴趣的心理时机进行交谈，从而形成和谐气氛。

(2) 要善于用对方感兴趣、有研究体会又乐于谈论和发表看法的内容吸引对方，巧妙营造交谈的氛围。

(3) 要注意以轻松平和、宽容理解的态度和心境感染对方。可使用生动活泼、适度幽默的语言，活跃交谈气氛。

4. 交谈的忌讳

(1) 交谈时不宜选择的话题：倾向错误的话题；令人反感或格调不高的话题；涉及国家或行业秘密的话题；涉及个人隐私的话题；捉弄对方、非议别人的话题。

(2) 谈话时应实事求是，既不能自吹自擂，也不要妄自菲薄。

(3) 交谈时应专心聆听别人讲话，不要随意打断对方的谈话。

(4) 交谈时应礼让对方。

(1) 不要独白。应多给对方发言的机会，与多人交谈时，应照顾到在场的每一个人。

(2) 不要抬杠。不能固执己见，强词夺理。谈话中应明确说出自己的看法，冷静对待不同意见。

(3) 不要冷场。积极与对方合作，冷场时设法打破僵局，可以转移旧话题，引出新话题。

(三) 电话礼仪

1. 接听电话礼仪

(1) 准备笔和纸。如果大家没有准备好笔和纸，那么当对方需要留言时，就不得不要求对方稍等一下。让宾客等待，这是很不礼貌的。所以，在接听电话前，要准备好笔和纸。

(2) 停止一切不必要的动作。不要让对方感觉到你在处理一些与电话无关的事情，对方会感到你在分心，这也是不礼貌的表现。

(3) 使用正确的姿势。如果你姿势不正确，不小心电话从你手中滑下来，或掉在地上，发出刺耳的声音，也会令对方感到不满意。

(4) 带着微笑迅速接起电话。要让对方能在电话中感受到你的热情。

(5) 3声之内接起电话。这是星级饭店接听电话的硬性要求。

(6) 注意接听电话的语调，让对方感觉到你是非常乐意帮助他的，在你的声音中能听出你在微笑。

(7) 注意语调的速度，注意接听电话的措辞，绝对不能用任何不礼貌的语言方式来使对方感到不受欢迎。

(8) 注意双方接听电话的环境，注意当电话线路发生故障时，必须向对方确认原因。

(9) 注意打电话双方的态度，当听到对方的谈话很长时，必须有所反应，如使用"是的、好的"等来表示你在听。

(10) 如果想知道对方是谁，不要唐突地问"你是谁"，可以说"请问您是哪位"或者可以礼貌地问"对不起，可以知道应如何称呼您吗"。

(11) 须搁置电话时或让宾客等待时，应给予说明并至歉。每过20秒留意一下对方，向对方了解是否愿意等下去。

(12) 转接电话要迅速，每一位员工都必须学会自行解决电话问题，如果自己解决不了再转接到正确的分机上，并要让对方知道电话是转给谁的。

(13) 感谢对方来电，并礼貌地结束电话。在电话结束时，应采用积极的态度，同时要使用对方的名字来感谢对方。要经常称呼对方的名字，这样表示对对方尊重。

(14) 如果接到的电话是找你的上级，不要直接回答在还是不在，要询问清楚对方的姓名和大概意图，然后说"帮您找一下"。并将所了解的情况告诉你的上级，由他判断是否接电话。

2. 打电话礼仪

(1) 打电话时，应列出要点，避免浪费时间。

(2) 在打电话之前，要准备好笔和纸，不要吃东西、喝水或抽烟，要保持正确的姿势。

(3) 如果你找的人不在，可以问一下对方什么时间可以再打电话或请其回电话，同时，要将自己的电话号码和回电时间告诉对方。

(4) 在给其他部门打电话时，要先报部门和姓名，这样可以避免对方因为询问你的情况而浪费时间。

第二节 康乐服务用语概述

康乐服务用语是一种具有自身职业特点的语言，是康乐服务人员在日常接待工作中必须使用的规范性语言。康乐服务用语作为一种行业性语言，在使用时应注意相应的规范和要求。

一、康乐日常服务用语的作用

(一) 最大限度地简化服务管理

职业用语的专业性和预控性决定其实用功效。康乐服务人员在上岗前、工作中能够熟练掌握和使用标准康乐服务用语，有利于解决康乐服务过程中的服务态度问题，最大限度地减少客人不满意的因素。

(二) 最大限度地使客人满意

当饭店康乐服务质量进入规范服务阶段时，其员工的例行操作和服务用语也实现了全面标准化，此时，到饭店康乐部的每一位消费者在任何时间、任何地点、任何情况下，接受的任何一位康乐工作人员提供的服务都是基本相同的，从而达到"时时、处处、人人"都令人满意的效果。

(三) 最高程度地体现员工素养

饭店康乐部如果能够始终如一地贯彻执行标准服务操作和服务用语，将会充分体现该饭店业务培训的高度专业化水平，使每一位客人都能感到这里的每一位员工都曾接受过高水平的、严格的业务训练和具有优良的业务素养，从而给他们留下别具一格、令人叹服的深刻印象。

二、康乐服务用语礼仪规范

(1) 遇到宾客要面带微笑，站立服务(坐着时应起立，不可坐着与客人谈话)。服务员应先开口，主动问好打招呼，称呼要得当，以尊称开口表示尊重，以简单、亲切的问候及关照的短语表示热情。对于熟客要注意称呼客人姓氏。招呼客人时可以谈一些适宜得体的话题，但不可问一些客人不喜欢回答的问题。

(2) 与客人对话时宜保持1米左右的距离，要注意使用礼貌用语，注意"请"字当头，"谢"字不离口，表现出对客人的尊重。

(3) 客人说话时要全神贯注、用心倾听，眼睛要望着客人面部(但不要死盯着客人)，要等客人把话说完，不要打断客人的谈话。客人和你谈话时，不要有任何不耐烦的表现，要停下手中的工作，眼望对方，面带笑容，要有反应。不要心不在焉，左顾右盼，漫不经心，不理不睬，对于没听清楚的地方要礼貌地请客人重复一遍。

(4) 对客人的问询应圆满答复，若遇"不知道、不清楚"的事应查找有关资料或请示领导，尽量答复客人，决不能以"不知道、不清楚"作回答。回答问题要负责任，不能不懂装懂，模棱两可，胡乱作答。

(5) 说话时，特别是客人要求提供服务时，服务员应从言语中体现出乐意为客人服务，不要表现出厌恶、冷漠、无关痛痒的神态，应说："好的，我马上就来(办)。"千万不能说："你怎么这么啰唆，你没看见，我忙着吗？"

(6) 在与客人对话时，如遇另一位客人有事，应点头示意打招呼，再请客人稍等，不能视而不见，无所表示，冷落客人，同时尽快结束谈话，招呼客人。如时间较长，应说"对不起，让您久等了"，不能一声不响就开始工作。

(7) 与客人对话，态度要和蔼，语言要亲切，声调要自然、清晰、柔和、亲切，音量要适中，不要过高，也不要过低，以对方听清楚为宜，答话要迅速、明确。

(8) 当客人提出的某项服务要求一时难以满足时，应主动向客人讲清原因，并向客人表示歉意，同时要给客人一个解决问题的建议或主动协助联系解决。要让客人感到，虽然问题一时没解决，但受到了重视，并得到了应有的帮助。

(9) 在原则上，对于较敏感的问题态度要明确，但说话方式要婉转、灵活，既不违反饭店规定，也要维护客人的自尊心，切忌使用质问、怀疑、命令、"顶牛"的说话方式，杜绝蔑视语、嘲笑语、烦躁语、否定语、斗气语，要使用询问、请求、商量、解释的说话方式。

① 询问式。如："请问……？"
② 请求式。如："请您协助我们……"(讲明情况后请客人协助)
③ 商量式。如："……您看这样好不好？"
④ 解释式。如："这种情况，饭店的规定是这样的……"

(10) 打扰客人时(请求客人协助时)，首先要表示歉意，说"对不起，打搅您了"。对客人的帮助或协助(如交钱、登记、配合工作)要表示感谢。接过客人的任何东西都要表示感谢。客人表示感谢时，一定要回答"请别客气"。

(11) 如客人遇到困难，要表示关心、同情和理解，并尽力想办法解决。

(12) 若遇某问题与客人有争议，可委婉解释或请上级处理，切不可与客人争吵。

三、康乐服务语言及其分类应用

(一) 称谓语

例句： 小姐、先生、夫人、太太、女士、大姐、阿姨、同志、师傅、老师、大哥等。

对于这类语言的处理，有下列要求。

(1) 恰如其分。

(2) 清楚、亲切。

(3) 在吃不准的情况下，一般称男士"先生"，称女士"小姐"。

(4) 灵活变通。

例如，你已知道客人是母亲和女儿一起来用餐，如称女儿为"小姐"，称其母亲也为"小姐"就不太恰当，这时应该称其"阿姨"或"女士"。有一定身份的女士来用餐，称为"小姐"似乎分量不够，这时就应该称其为"老师"或"女士"。有身份的老客人第一次来用餐，称其为"先生"是对的，但如果已知他是黄总、胡总或张局长、谭处长，再称他为"先生"就不恰当了，因而我们要求服务人员必须记住老客人的姓氏和职称、职务，并以此相称。在平时的接待工作中，一般不称客人为"同志""书记"，但如果是会议包餐，称"同志""书记"就比较合理。

(二) 问候语

例句： 先生您好！早上好！中午好！晚上好！圣诞好！国庆好！中秋好！新年好！

对于这类语言的处理，有下列要求。

(1) 注意时空感。问候语不能是"先生你好"一句话，应该让客人有一个时空感，不然客人听起来就会感到单调、乏味。例如，中秋节时如果向客人说一声"先生中秋好"就强化了节日的气氛。

(2) 把握时机。问候语应该把握时机，一般在客人离你1.5米的时候进行问候最为合适。对于距离较远的客人，只需微笑点头示意，不宜打招呼。

(3) 配合点头或鞠躬。对客人只有问候，没有点头或鞠躬的配合，是不太礼貌的。例如，一些餐厅的服务员在客人询问"洗手间在哪里"的时候，仅仅用一个远端手势表明位置，没有语言上的配合，甚至只是努努嘴来打发客人，这样就显得很不礼貌。如果服务员在使用远端手势的同时又对客人亲切地说"先生请一直往前走，右边角上就是"，那么客人的感觉就会好很多。

(4) 客人进门时不能首先说"请问您几位""请问您用餐吗"，这时服务员只适宜表示欢迎，然后说"先生，请随我来"。到了大厅或者电梯里后，才能深入询问。例如，"先生，我怎么称呼您"，当对方说"我姓刘"时，可问"刘先生您今天几位呢"，这样话题就可以深入下去了。

(三) 征询语

例句：先生，您看现在可以上菜了吗？先生，您的酒可以开了吗？先生，这个盘可以撤了吗？小姐，您有什么吩咐吗？小姐，如果您不介意，我把您的座位调整一下好吗？

征询语确切地说就是征求意见的询问语。征询语常常也是服务的一个重要程序，如果省略了它，会导致服务错乱。征询语运用不当，会使客人很不愉快。例如，客人已经点了菜，服务员不征询客人"先生，现在是否可以上菜了""先生，你的酒可以开了吗"，就自作主张将菜端上来、将酒打开。如果这时客人还在等其他重要客人，或者还有一些重要谈话没有结束，服务员这样做，客人就会不高兴。在使用这类语言时要注意以下几点。

(1) 注意客人的形体语言。例如，当客人东张西望的时候，或从座位上站起来的时候，或招手的时候，都是在用自己的形体语言表示他有想法或者要求。这时服务员应该立即走过去说"先生/小姐，请问我能帮助您做点什么吗""先生/小姐，您有什么吩咐吗"。

(2) 用协商的口吻。经常将"这样可不可以""您还满意吗"之类的征询语加在句末，可显得更加谦恭，服务工作也更容易得到客人的支持。

(3) 应该把征询当作服务的一个程序，先征询意见，得到客人同意后再行动，不要自作主张。

(四) 拒绝语

例句：你好，谢谢您的好意，不过……承蒙您的好意，但恐怕这样做会违反酒楼的规定，希望您理解。

使用这类语言时有下列要求。

(1) 一般应该先肯定，后否定。

(2) 客气委婉，不简单拒绝。

(五) 指示语

例句：先生，请一直往前走！先生，请随我来！先生，请您稍坐一会，马上就给您上菜。

使用这类语言时有下列要求。

(1) 避免命令式。例如，客人等不及了走进厨房去催菜，如果使用"先生请你出去，厨房是不能进去的"这种命令式的语言，就会让客人感到很尴尬，很不高兴，甚至会与服务员吵起来。如果说"先生您有什么事让我来帮您，您在座位上稍坐，我马上就来好吗"可能效果就会好得多。

(2) 语气要有磁性，眼光要柔和。使用指示语时，不仅要注意说法，还要注意语气要软，眼光要柔，才能让客人产生好的感觉因而消怨息怒。

(3) 应该配合手势。有些服务人员在碰到客人询问地址时，仅用简单的语言指示，甚至挥挥手、努努嘴，这是很不礼貌的。正确的做法是运用明确而客气的指示语，并辅以远端手势、近端手势或者下端手势，在可能的情况下，还要主动走在前面给客人带路。

(六) 答谢语

例句：谢谢您的好意！谢谢您的合作！谢谢您的鼓励！谢谢您的夸奖！谢谢您的帮助！谢谢您的提醒！

对于这类语言的使用，有下列要求。

(1) 客人表扬、帮忙或者提意见的时候，都要使用答谢语。

(2) 要清楚爽快。

就餐客人经常会提出一些菜品和服务方面的意见，有的意见不一定提得对，这时有的服务人员就喜欢去争辩，这是不对的。正确的做法是，不管他提得对不对，服务员都要回应"好的，谢谢您的好意"或者"谢谢您的提醒"。客人有时高兴了夸奖服务人员几句，服务人员也不能心安理得、无动于衷，而应该马上用答谢语给予回报。

(七) 提醒道歉语

例句：对不起，打扰一下！对不起，让您久等了！请原谅，这是我的错。

提醒道歉语是服务语言的重要组成部分，使用得好，会使客人在用餐时感受到尊重，从而对餐厅留下良好的印象。同时，提醒道歉语又是一个必要的服务程序，缺少这个程序，往往会使服务出现问题。对这类语言的处理，要求做到以下两点。

(1) 把提醒道歉语当作口头禅和一个必要的程序。

(2) 态度诚恳，主动。

(八) 告别语

例句：先生，再见！先生一路平安(客人要远去时)，希望在酒楼再次见到您！先生您走好！

对于这类语言的处理，要求做到以下两点。

(1) 声音响亮有余韵。

(2) 配合点头或鞠躬。

总之，不能将与客人道别的语言和仪式变成缺乏情感的程序，要真心诚挚、讲究礼仪，让客人留下美好的回忆。

第三节　康乐服务用语中英文对照

一、日常服务常用语

(一) 问候基本用语

(1) 是的。

　　Yes.

(2) 不是。

No.

(3) 好(可以)。

Ok.

(4) 一定。

Sure.

(5) 可以(好吧)。

All right.

(6) 当然可以。

Certainly(Of course).

(7) 没问题。

No problem.

(8) 我明白了。

Oh，I see.

(9) 你能帮助我吗？

Could you help me？

(10) 我来帮助你。

Let me help you.

(11) 能答应我的请求吗(能帮我个忙吗)？

Would you please do me a favor？

(12) 帮我个忙好吗？

Would you please give me a hand？

(13) 我可以帮你吗？

Can I help you？

(14) 您买东西吗？

May I help you？

(15) 当心！

Be careful！

(16) 小心！

Take care of！

(17) 留神！

Watch out！

(18) 对不起，这里禁止吸烟！

Sorry，but it's no smoking here！

(19) 对不起，这里是不允许您这样做的！

Sorry，but you're not allowed here！

(20) 给您。

Here you are.

(21) 这是找您的钱(收据)。

Here's your change (receipt).

(22) 谢谢。

Thank you.

(23) 不用谢。

You're welcome.

(24) 我可以进来吗？

May I come in?

(25) 请进。

Come in，please.

(26) 请再说一遍。

Pardon？

(27) 乐意为您效劳。

It's a pleasure.

(28) 劳驾。

Excuse me.

(29) 对不起。

Sorry.

(30) 没关系。

Never mind.

(31) 再见。

See you next time.

(32) 早上好，先生。

Good morning，sir.

(33) 下午好，女士。

Good afternoon，madam.

(34) 晚上好。

Good evening.

(35) 您好(初次见面)。

How do you do？

(36) 很高兴见到您。

Glad to meet you.

(37) 您好吗？我很好，谢谢。您呢？

How are you？Fine，thanks. And you？

(38) 欢迎您来到我们康乐中心。

Welcome to our recreation center.

(39) 祝您过得愉快。

Have a good time！

(二) 电话服务用语

(1) ××饭店，前厅，您找谁？

××Hotel，Front desk，Can I help you?

(2) 对不起，我拨错号了。

Sorry，I've dialed the wrong number.

(3) 我能和你们总经理说话吗？

May I speak to your General Manager?

我就是。

Speaking.

(4) 对不起，他现在不在。

Sorry，He is not in at this moment.

您要留口信吗？

Would you like to leave a message?

(5) 对不起，请再说一遍好吗？

Pardon？I beg your pardon?

(三) 祝贺语

(1) 祝贺您！

Congratulations！

(2) 生日快乐！

Happy birthday！

(3) 新年快乐！

Happy New Year！

(4) 圣诞快乐！

Merry Christmas！

(5) 节日快乐！

Have a nice holiday！

(6) 祝您成功！

Wish you every success！

(四) 答谢和答应语

(1) 谢谢您(非常感谢)。

Thank you (very much).

(2) 感谢您的忠告(信息，帮助)。

Thank you for your advice (information，help).

(3) 谢谢，您真客气。

It's very kind of you.

(4) 不用谢。

You are welcome(Not at all. Don't mention it).

(5) 非常高兴为您服务。

It's my pleasure(With pleasure. My pleasure).

(6) 乐意为您效劳。

I am at your service.

(五) 道歉语

(1) 很抱歉。

I'm sorry.

(2) 对不起。

Excuse me.

(3) 很抱歉,那是我的过错。

I'm sorry. It's my fault.

(4) 对不起,让您久等了。

Sorry to have kept you waiting.

(5) 对不起,打扰您了。

Sorry to interrupt you.

(6) 对此表示抱歉。

I'm sorry about this.

(7) 我为此道歉。

I apologize for this.

(8) 没关系。

That's all right.

(9) 算了吧!

Let's forget it.

(六) 征询语

(1) 我能帮您什么吗?

Can (May) I help you? 好的。Yes,please.

(2) 我能为您干点什么?

What can I do for you?

(3) 有什么能为您效劳的?

Is there anything I can do for you?

(4) 请稍等一下。

Just a moment,please.

(5) 我能借用您的电话吗?

May I use your phone?

二、保龄球服务用语

(一)保龄球服务模拟对话

1. 模拟对话1

A：对不起，保龄中心在哪儿？

Excuse me，where can I get to the Bowling Center？

B：请直走，向左拐，下楼，您就见到了。

Please go straight ahead，turn to the left，go downstairs，and then you can find it.

2. 模拟对话2

A：早上好，这是接待处. 我可以帮您什么忙吗？

Good morning，it's reception. May I help you？

B：是的，我想预订保龄球(道)。

Yes，I want to book a reservation for bowling center.

A：好的，先生，请告诉我您什么时间来？

Yes，sir，please tell me when you like to play？

B：明天下午三点半左右。

Tomorrow，about 3：30 pm.

A：先生，您一共几位？打算预订几条球道？

How many people in your party？ And how many lanes would you like，sir？

B：5位，两条道。

Five persons，two lanes please.

A：好的，先生，我可以知道您的姓名吗？

Yes，sir，may I have your name please？

B：约翰·史密斯。

John Smith.

A：您的电话？先生。

And your telephone number please，sir？

B：64376688转540。

64376688，the extension is 540.

A：好的，先生，请让我重复一下，明天下午3：30在保龄球场为约翰·史密斯先生预订两条球道，电话是64376688转540。史密斯先生，是这样吗？

Yes，let me repeat it. It's tomorrow at 3：30 pm for bowling center，two lanes for

Mr. John Smith. The telephone number is 64376688-540. Is it all right，Mr. Smith？

B：是的，很准确，谢谢你。

Yes，exactly，thank you.

A：谢谢您打来电话，再见。

Thank you for calling us，goodbye.

3. 模拟对话3

A：早上/下午/晚上好，先生/女士。

Good morning/afternoon/evening，sir/madam.

B：我想打保龄球，多少钱一局？

How much is it to play one game？

A：20元1局，先生。

20 Yuan，sir.

B. 买5局。

Then I'll play 5 games.

A：5局一共是100元，请先付钱。我旁边的服务小姐会提供给您球鞋。

5 games is 100 Yuan altogether. Please pay first. Please get the shoes from the attenant next to me.

A：对不起，先生，您的鞋号是多少？

Excuse me，what is your shoe size，sir？

B：10号半。

Size 10 and 1/(2)

B：对不起，你能告诉我球道号吗？

Excuse me，Could you tell me my lane number？

A：您的球道是6号。

Your lane is No.(6)

B：谢谢。

Thank you.

A：这是您的鞋。您打完球后，请还回来。

Here are your shoes. Please return them when you are finished.

B：请问6号球道在哪儿？

Excuse me，where is my lane？

A：请向左转，一直走就到了。祝您玩得愉快。

Please turn left，walk ahead and you'll see it. Have a nice game.

(二) 保龄球服务常用语

(1) 请等扫瓶板升起后再投下一个球，谢谢。

Please wait till the pin sweeper has lifted completely，and then bowl the next ball，thank you.

(2) 对不起先生/女士，请不要打扫瓶板。

Excuse me sir/madam，please don't hit (strike) the pin sweeper.

(3) 请不要用球撞击停在球道上的球。

Please don't hit the balls on the lane.

(4) 对不起先生/女士，低于8岁的孩子不允许打球。

Sorry sir/madam，children who are under 8 are not allowed to play the game.

(5) 如果您在第十轮打了全中，将奖励一个球。

If you get a strike on the-tenth frame，you will win an extra frame.

(6) 晚上好，先生/女士，欢迎您。请问是打保龄球吗？

Good evening，sir/madam. Welcome to our recreation center. Would you like to play bowling?

(7) 请问您喜欢在贵宾球道，还是普通球道？

Would you like VIP alley or regular alley，sir/madam?

(8) 好的，先生/女士，我给您开3号球道，可以吗？请预付押金……谢谢您。给您押金收据。

Yes，sir/madam. Is No.3 alley all right？ Please pay… Yuan deposit in advance. Thank you. Here is receipt of your deposit.

(9) 先生/女士，请告诉我您鞋子的尺码。

Please tell me your'shoe size，sir/madam.

(10) 我来给您拿专用鞋，这边请。……请您换鞋，先生/女士。

Please let me take the bowling shoes for you.This way please… Please change the shoes，sir/madam.

(11) 先生/女士，请问您贵姓？

May I have your name，sir/madam?

(12) 先生/女士，请问您用几磅保龄球？

How much pounds of bowling ball would you like，sir/madam?

(13) 对不起，先生/女士，每次在前方白色扫瓶板升起以后，您才可以击球。

Excuse me，sir/madam. Please wait till the pin sweeper has lifted completely，then bowl the next ball.

(14) 先生/女士，您的奖品是现在领取，还是等一会儿一起领取？

Excuse me，sir/madam. Would you like to take your price now or later?

(15) 先生/女士，转道需要几分钟时间，请暂时停止击球。

We need a few minutes for changing scores，wait a moment please，sir/madam.

(16) 先生/女士，我为您退专用鞋，请您到收银台结账。

Excuse me，sir/madam. I will retune your bowling shoes，please cheek the bill at the cashier.

(17) 先生/女士，请给我您的押金收据。

Would you please show me your deposit receipt，sir/madam.

(18) 先生，您一共打了2局，共188元，请您再付28元。

Excuse me，sir，you played 2 games，188 Yuan altogether，please pay 28 Yuan more.

三、健身服务用语

(1) 晚上好，先生/女士，欢迎您。请告诉我您的更衣柜钥匙的号码。

Good evening，sir/madam. Welcome to our recreation center. Please tell me the number of your locker.

(2) 18号更衣柜在那边的左(右)上(下)方。如果您需要擦鞋服务或者有什么问题，请您通知服务员。

The No.18 locker is in the left (right) top (bottom)corner. Please tell any our waiters if you need your shoes wished or anything else.

(3) 好的，先生。擦好的鞋会放在这边的工作柜里，您取鞋时请通知服务员。

Yes，sir. Your polished shoes will be put in our closet. Please inform waiter as you need.

(4) 淋浴间在那边。

Shower room is over there.

(5) 谢谢您，先生。欢迎再来。

Thank you，sir. See you later.

(6) 先生，请问需要装运动衣的塑料袋吗？

Excuse me，sir. Would you need a plastic bay to pack your sport clothes？

(7) 我们的健身俱乐部是全市最好的。

Our healthy club is considered the best one in our city.

(8) 俱乐部会员和饭店商务客人都可在这里享受折扣和优惠。

We offer discounts and complimentary to both club members and commercial hotel guests.

(9) 这是您的更衣柜钥匙，请将柜子锁好，系好钥匙。

This is your locker key，please lock your locker and tie the key to your wrist.

(10) 我们的健身房配备最新式的运动器械。

We have a well-equipped gymnasium with the latest recreational sports apparatus.

(11) 这里有些运动器械是国产的，但大多数是进口的。

Some of the sports apparatus are homemade，but most of them are imported.

(12) 请这边走。

This way please.

(13) 请稍等。

Please wait for a moment.

(14) 那边的那个人是我们的驻店教练。他对各项器械都很熟悉。

The man over there is our resident coach. He is quite familiar with all the sports apparatus here.

(15) 如果您有什么问题，可以叫他来。

If you have any question，please call him.

(16) 如果您需要什么请随时叫我。

Please call me anytime if you need anything.

(17) 这是您的冰水，请慢用。

Here is your ice water，please.

(18) 先生/夫人，您要试一试跑步机吗？

Would you like to try the race apparatus，sir/madam？

(19) 做任何运动前，暖身的伸展运动是非常重要的。

Warm-up stretch is extremely important before any exercise.

(20) 我可以测量一下您的脉搏吗？

Can I take your pulse?

(21) 请问您是付现金还是用信用卡？

Would you like to pay cash or by credit card?

(22) 请仔细检查，不要遗忘任何个人物品。

Please check your locker carefully before leaving. Make sure you haven't left anything behind.

(23) 再见，谢谢您的光临。

Goodbye and thank you for coming.

四、壁球服务用语

(一) 壁球服务模拟对话

1. 模拟对话1

A：一小时多少钱？

How much for one hour?

B：租壁球室35元，租一副球拍20元，租一个球10元，一共65元。

35 Yuan for a squash court，20 Yuan for two squash rackets，10 Yuan for one squash ball. Altogether it's 65 Yuan.

2. 模拟对话2

A：您能否留下身份证或200元人民币作押金？

Would you leave your identification card or 200 RMB as the deposit?

B：好的。这是我的身份证。

Ok. Here is my identification card.

(二) 壁球服务常用语

(1) 壁球运动是一项技术和体力的锻炼。

Squash is a strategic and energetic game.

(2) 先生/女士，您结束的时间是5：10，一共2小时，总共是140元。

Excuse me，sir/madam. Your time end at 5：10，two hours altogether，the total payment is 140 Yuan.

(3) 先生/女士，谢谢您。欢迎再来。

Thank you，sir/madam. See you later.

五、高尔夫球服务用语

(一) 高尔夫球服务模拟对话

A：先生/女士，晚上好，欢迎您。请问您需要球具和运动球鞋吗？

Good evening，sir/madam. Welcome to our recreation center. Would you like any equipment and sport shoes？

B：需要。

Yes.

(二) 高尔夫球服务常用语

(1) 先生/女士，请告诉我您需要的运动鞋尺码。

Please tell me your shoe size，sir/madam.

(2) 先生/女士，我们开始计时的时间是3点，可以吗？

Excuse me，sir/madam. Your time begins from 3：00，is that all right？

六、游泳池服务用语

(一) 游泳池服务模拟对话

1. 模拟对话1

A：欢迎来到游泳中心。请告诉我您的更衣柜钥匙的号码。

Welcome to our swimming pool. Please tell me the number of your locker.

B：68号。

Number 68.

2. 模拟对话2

A：给我拿个救生圈来。

I need a life buoy.

B：这是您的救生圈。

Here is your life buoy.

(二) 游泳池服务常用语

(1) 请问是要游泳吗？

Would you like to swim？

(2) 祝您玩得愉快！

Have a good time. /Enjoy yourself.

(3) 请这边走。

This way please.

(4) 请穿好拖鞋。

Please take the slippers.

(5) 这是您的更衣柜钥匙。号码是168号。请拿好，向里走。

This is the key to your locker. The number is 168. Don't lose it. This way please.

(6) 深水区在那边。

The deep water area is over there.

(7) 请在游泳前淋浴好吗？

Would you please take a shower before swimming？

(8) 请勿跳水，这很危险。

Please don't dive. It's dangerous.

(9) 请照顾好您的孩子，这里有点危险。

Please take care of your children. It's a little dangerous here for the child.

(10) 对不起，女士，穿鞋不得入内。

Sorry，Madam，you are not allowed to come in with shoes on.

(11) 那里有一家游泳用品商店。有多种游泳用品可供挑选。

We have a swimming shop there. There are various kinds of goods for swimming.

(12) 如果您需要什么，请随时叫我。

Please call me anytime if you need anything.

(13) 离开前请归还钥匙，谢谢。

Please return your key before you leaving. Thank you for your cooperation.

(14) 请仔细检查，不要遗忘任何个人物品。

Please check your locker carefully before leaving. Make sure you haven't left anything behind.

(15) 先生，谢谢您。欢迎再来。

Thank you，sir. See you later.

(16) Goodbye and thank you for coming. 再见，谢谢您的光临。

七、网球服务用语

(一) 网球服务模拟对话

A：先生您好，欢迎来到网球中心。请问您要打网球吗？

Welcome to tennis center，sir. Would you like to play tennis？

B：是的。

Yes.

A：好的先生，请问您喜欢哪一个场地？

All right. Which court would you like to choose，sir？

B：那一块就可以了。

That one is fine.

(二) 网球服务常用语

(1) 请问您需要网球拍吗？

Do you need any racket？

(2) 好的，请稍等。

OK. Just a moment，please.

(3) 先生这边请，请坐。我为您放好鞋子。

This way please. Please take the seat. I will take care of your shoes，sir.

(4) 先生，我们开始计时的时间是××点××分，可以吗？

Excuse me，sir. The beginning time is ××，is that all right？

(5) 有什么需要请尽管告诉我。

If you have any problems，please tell me.

(6) 先生，您结束的时间是××点××分，一共××小时，总共是××元。

Excuse me，sir. The ending time is ××，×× hours totally，it is totally ×× Yuan.

(7) 先生谢谢您，欢迎再次光临。

Thank you，sir. Hope to see you again.

(8) 欢迎光临网球场。

Welcome to our tennis court.

(9) 我们是按小时收费的。

Our tennis court is charged for hours.

(10) 您请先发球。

You serve first，please.

(11) 您一定是个高手。

You must be a good player.

(12) 这是您的冰水，请慢用。

Here is your ice water，please.

(13) 如果您有事需要我去做，请您叫我。

If you have anything for me to do，please tell me.

八、台球服务用语

(一) 台球服务模拟对话

A：您好！欢迎来到台球馆，请问您要打台球吗？

Welcome to billiard room. Would you like to play snooker？

B：是的。

Yes.

A：请问您喜欢贵宾间还是大厅？

Would you like VIP room or regular table?

B：大厅就行了。

Regular.

A：好的，先生，您看××号球桌可以吗？

OK，sir. Is it OK to change No. ×× for you?

B：可以。

OK.

(二) 台球服务常用语

(1) 早上好！您需要台球服务吗？

Good morning. Can I help you?

(2) 欢迎来到台球厅。

Welcome to billiard hall.

(3) 请问您要打台球吗？

Would you like to play billiard?

(4) 请问您预订了吗？

Do you have made reservations?

(5) 谢谢您的预订。

Thank you for the reservation.

(6) 祝您玩得愉快！

Have a good time. /Enjoy yourself.

(7) 请这边走。

This way please.

(8) 请稍等。

Please wait for a moment.

(9) 一张台球桌每小时收费60元。

We charge 60RMB per hour for a billiard table.

(10) 请问您需要来双手套吗？

Would you like a pair of gloves?

(11) 请问您是喜欢打英式斯诺克，还是美式十六彩？

Would you like British style or American style?

(12) 这里有很多球杆，您可以随意挑选。

There are many billiard cues，please choose one by yourself.

(13) 请稍等，我马上为你们摆台球……可以开始。

I will arrange it for you right away. Just a moment please…It's ready now.

(14) 我来帮你们计分，好吗？

Shall I help you to take score?

(15) 如果您需要什么请随时叫我。

Please call me anytime if you need anything.

(16) 您一定是个高手。

You must be a good player.

(17) 这是您的冰水，请慢用。

Here is your ice water, please.

(18) 您一共打了2小时，共计120元，这是找您的钱。

You played for two hours, the total payment is 120 Yuan, and here is your charge.

(19) 请到那边的收银处付款。

Please pay at the cashier's desk over there.

(20) 请问您是付现金还是用信用卡？

Would you like to pay cash or by credit card?

(21) 请仔细检查，不要遗忘任何个人物品。

Please check your locker carefully before leaving. Make sure you haven't left anything behind.

(22) 谢谢您，先生。欢迎再来。

Thank you, sir. See you later.

(23) 再见，谢谢您的光临。

Goodbye and thank you for coming.

九、舞厅服务用语

(一) 舞厅服务模拟对话

A：服务员。拿一听可口可乐。

Waiter. I like a tin of Coco Cola.

B：好的，请稍候。先生，您的饮料。

Yes, sir. Just a moment, please. Excuse me, sir. Here is your drink please.

A：服务员，结账。

Waiter. Check the bill.

B：好的，请稍候。总共是××元。

Yes, sir. Just a moment. The total payment is ×× Yuan.

(二) 舞厅服务常用语

(1) 先生，谢谢您。欢迎再来。

Thank you, sir. See you later.

(2) 先生您好，欢迎您。请您将门票交给我，好吗？

Good evening，sir. Welcome to our recreation center. Show me your tickets please.

(3) 先生，我把您的衣服存到寄存处，好吗？给您领取衣物的号牌，请收好。

Excuse me，sir. Would you please let me put your clothes at the cloak room？ Excuse me，sir. This is the number to get your clothes.

十、KTV服务用语

(一) KTV服务模拟对话

A：先生您好，欢迎您。请问您喜欢包间还是散台？

Good evening，sir. Welcome to our recreation center. Would you like VIP room or regular table？

B：贵宾间。

The VIP.

A：好的，先生，这边请。请问这个贵宾间可以吗？请坐。

Yes，sir. This way please. Would you like this VIP room？ Please take your seats.

(二) KTV服务常用语

(1) 请坐。先生，我来为您挂衣服(帽子)。

Please take your seats. Excuse me，sir. Please let me take care of your clothes.

(2) 晚上好，欢迎您，先生。请问喜欢包间还是散台？

Good evening，sir. Well come to our recreation center. Would you like VIP room or regular table？

(3) 好的，先生，这边请，请问这个贵宾间可以吗？请坐。

Yes，sir. This way Please. Would you like this VIP room，sir？ Please take your seats.

(4) 先生，我们计时的时间是9：15，可以吗？如果您有事需要我去做，请您叫我。

Excuse me，sir. Your time begins from 9：15，is it all right？ Please feel free to inform us if you need anything.

(5) 先生/女士，请带好您的随身物品。谢谢您，欢迎再来。

Excuse me，sir/madam. Please carry your belongings with you. Thank you. See you later.

(6) 这个包厢是880元另加15%的服务费。

This room is 880 Yuan RBM plus 15% service charge.

(7) 好的，请稍等。这是您的水果盘，祝您玩得开心。

Just a moment，please. Here is your fruit. Wish you have a good time.

十一、棋牌室服务用语

(一) 棋牌室服务模拟对话

A：先生晚上好，欢迎您到KTV。

Good evening，Sir. Welcome to our KTV.

B：好的，先生。这边请。请问这个包间可以吗？请坐。请稍候。

Yes，Sir. This way please. Excuse me，sir. Is this room all right? Please take your seats. Just a moment，please.

A：先生，您可以开始了。我们的计时时间是×点×分，可以吗？

Excuse me，sir. It is ready now. Your time begins from ××，is it all right?

B：好的，谢谢！

OK，thanks.

(二) 棋牌室服务常用语

(1) 先生，如果您需要陪练或者教练服务，请通知服务员。

Excuse me，sir. Please inform any waiter if you need practicing coach or chief coach service.

(2) 先生，您的鞋。您结束的时间是×点×分，对吗？

Excuse me，sir. Your shoes，please. Your time ends at ××，is that all right?

(3) 先生/女士晚上好，欢迎您。欢迎您到娱乐中心。

Good evening，sir/madam. Welcome to our recreation center.

(4) 好的，这边请。请问这个包间可以吗？请坐，我为您××，您请稍候。

Yes，sir/ madam. This way please. Excuse me. Is this room all right? Please take your seats. I will prepare ×× for you. Just a moment，please.

十二、电玩游戏服务用语

(一) 电玩游戏室服务模拟对话

1. 模拟对话1

A：我们怎样进入呢？

How can we get in?

B：请到电子游戏室换一些游戏币。

Please go to the TV Game Room to change your money into our special coin.

2. 模拟对话2

A：游戏币1元1枚，请问您要多少？

One coin for the video game is one Yuan. How many coins would you like?

B：10个币。

Ten coins，please.

(二) 电玩游戏室服务常用语

(1) 先生/女士，晚上好，欢迎您。游戏币兑换处在那边。

Good evening, sir/madam. Welcome to our recreation center. The coin exchange desk is over there.

(2) 先生/女士，这台游艺机的投币口在这里，每次投两枚。

Excuse me, sir/madam. Here is the hole for inserting the coins, 2 coins per game.

(3) 先生，最近正在进行"彩票兑现金"的奖励活动，欢迎您参与，祝您好运！

Excuse me, sir. We are now promoting an activity for "cash coupon", please join us and good luck.

(4) 先生，祝贺您。我去给您领取奖品。再次祝贺您。请您在这里签字。谢谢您。

Congratulations, sir. I will take the price for you. Just a moment, please. Please sign your name here, sir. Thank you, sir.

(5) 先生，退您20元的游戏币，对吗？给您20元。谢谢您，欢迎再来。

Excuse me, sir. Back your 20 yuan game currency, is it all right? Here is your 20 Yuan. Thank you, sir. See you later.

十三、酒吧服务用语

(一) 酒吧服务模拟对话

A：晚上好，先生，您要喝点什么？

Good morning, sir. What's your pleasure?

B：给我双料的威士忌加苏打水。

Give me a double whisky and soda.

A：加不加冰块，先生？

With or without ice, sir?

B：当然不加冰块。冰块会破坏口味。

Certainly without ice. Ice will spoil the taste.

A：您认为差不多的时候请说"停"，先生。(倒苏打水)

Please say "Stop" at the right time, sir. (Pouring soda).

B：停……好。

Whoa…When.

A：请慢慢品尝，先生。

Enjoy your drink, sir.

(二) 酒吧服务常用语

(1) 请问你想喝点什么？

What do you want to drink a point?

(2) 请问啤酒要冰的还是常温的？

Excuse me, the beer want ice or is still a normal temperature?

(3) 我们现在推出洋酒套餐系列。

We release imported spirits fix menu in restaurant se-nest now.

(4) 芝华士500元一套，有果盘、小吃和4瓶软饮料。

Private's 500 dollar per set of chives，there is fruit bowl，a light repast with four bottles of soft drink.

(5) 对不起，先买单！

Excuse me，check first！

(6) 这是找您的零钱，请收好。

This is to seek your small change，please accept like.

(7) 这是您的发票，先生。

This is your invoice，sir.

(8) 洗手间在楼上。

The bathroom is in the upstairs.

十四、水疗、桑拿、按摩服务用语

(一) 水疗、桑拿、按摩服务模拟对话

1. 模拟对话1

A：早上/下午/晚上好，我可以帮您什么忙吗？

Good morning/afternoon/evening. May I help you？

B：水疗中心有什么项目？

What do you have in the SPA？

A：我们有按摩、桑拿、壁球和健身房，您喜欢哪一项？

We have a massage room，Sauna，Squash and Gymnasium. What would you like？

B：全套按摩服务。请问需多少钱？

Massage and all facilities. How much is it？

A：一共120元。这是您的钥匙牌，请进更衣室。

120 RMB please. Here is your key card，please go to locker room.

2. 模拟对话2

A：早上/下午/晚上好，我能看一下您的钥匙牌吗？

Good morning/afternoon/evening sir，may I see your key card？

B：在这儿。

Here it is.

A：谢谢，先生请跟我来。顺便说一下，在您做按摩之前，请先洗浴，然后穿上浴衣进入按摩室，谢谢。

Thank you. Follow me please. By the way，sir，before you have the massage，please takes a shower and put on your bathrobe. Then you can go into the massage room. Thank you.

(二) 水疗、桑拿、按摩服务常用语

(1) 这是您的更衣柜，请把所有物品放进柜子。按摩室就在更衣室旁边，浴室在按摩室对面，那边是桑拿室，蒸汽室在走廊尽头，AUL还有冷、热按摩池。有事请随时叫我。

This is locker. Please put your entire personal thing here. The massage room is near the locker room. The bath room is just opposite it. That is the sauna room. At the end of this passage are the steam room，a cool massage pool，and a warm one. Please feel free to call me if you need anything.

(2) 请不要往炉内倒太多的水，这样会生成太多蒸气。

Please don't put too much water in the box. That would cause too much steam.

(3) 请俯卧。

Please lie face downwards.

(4) 您哪儿觉得不舒服，先生？

Where do you feel uncomfortable，sir？

(5) 您想用一些按摩乳吗？

Do you want me to use some massage cream？

(6) 请翻身。

Please turn over.

(7) 您需要延长时间吗？

Do you want me to continue the massage？

(8) 不，不需要了。

No，I don't think so.

(9) 是的，请再做一遍。

Yes，please do it once more.

(10) 如果您需要擦鞋、搓背、按摩等服务，请通知服务员。

Please inform waiter if you need to polish shoes or massage.

(11) 先生/女士，干净的毛巾放在浴室中央的毛巾架上。

Excuse me，sir/madam. The clean towels are putting on the hanger in the center of the bathroom.

(12) 这样按摩会不会太重？

Is it too heavy to do the massage like this？

(13) 您习惯按摩吗？

Are you used to massage？

(14) 请问我可以帮您按摩吗？

May I do the massage for you now？

(15) 这样按摩好吗？

Is the massage OK？

十五、美容美发服务用语

(一) 美容美发服务模拟对话

1. 模拟对话1

A：上午好，太太。

Good morning, madam.

B：上午好。我想洗头、做头发。

Good morning. I would like a shampoo and set.

A：是，太太。做什么式样？

Yes, madam. What style do you want?

B：我想换个新发型。你能不能给我看些发型式样的照片？

I'd like to try a new hair-style. Could you show me some pictures of hair styles?

A：可以。我们有各种各样的发型，如剪短发、后掠式、盘花冠式、齐肩式，还有把头发挽成发髻。太太，您请看。

Sure. We have various models: hair bobbed hair sweptback, chaplet hair style, shoulder-length hair style, and hair done in a bun. Please have a look at them, madam.

B：谢谢。请你按这张照片上的发型烫，波浪烫长些。请喷些发胶。

Thanks. Please give me the style in this picture here but make the wave longer. I would like hair spray, please.

A：好的，太太。

Yes, madam.

B：哎哟，吹风太热了，请调整一下吧。

Oh, your hair dryer is too hot. Would you adjust it, please?

A：对不起，太太。我马上调整。现在可以了吗？

Sorry, madam. I'll adjust it right away. Is that all right now?

B：可以了，谢谢。

Yes, thanks.

A：请您看一看。

Please have a look.

B：做得好极了。请把眉毛修一下，再画深一点。

Beautifully done. Please trim my eyebrows and darken them.

A：好的，太太。您还要修一下指甲吗？

All right, madam. And would you like a manicure?

B：要的。请用浅色指甲油。

Yes. Use a light nail varnish, please.

2. 模拟对话2

A：我准备换个新发型，你有什么建议吗？

I'm ready for a new hairdo. Do you have any suggestions?

B：你最近有没有看到什么新的发型？

Have you taken a look at any of the new styles lately?

A：有，我带了一本杂志给你看。我喜欢这个发型。

Yes，I brought a magazine to show you. I like this one.

B：哦，它很漂亮。你的头发要继续留这么长吗？还是要剪短一点？我认为你剪短发一定很好看。或许你该剪得比杂志上更短些才好。

Oh，that is pretty. Do you want to keep your hair this long? Or do you want to take it shorter? I think you would look cute with short hair. Perhaps you should go even shorter than in the picture.

A：你来决定吧。我说过的，我已准备好要改变一下自己。

I'll leave it up to you. Like I said，I'm ready for a change.

B：好。你还应该认真考虑把头发外层颜色染淡一点。

OK. You should really think about getting highlights put in，too.

A：你认为那样会好看吗？我担心那会使我的头发看起来不自然。

Do you think that would look good? I'm worried it will make my hair look unnatural.

B：不会。只是稍微染一下。这次我们可以稍微染一点。如果你喜欢的话，下一次可以染多一点。要不然，染过的颜色4个星期就会淡下去了。

No，it won't. The highlights are very subtle. We can do a little bit this time. If you like it，we can do more next time. Otherwise，the highlights should grow out in about four weeks.

A：好的，我听你的。顺便问一下，洗头、做头发要多少钱？

OK，just do what you want. I count on you. By the way，how much do you charge for a shampoo and set?

B：一共200元。

200 Yuan in total.

(二) 美容美发服务常用语

(1) ××小姐，晚上好！好久不见！

Good evening，Miss ××.Long time no see.

(2) ××小姐！您今天看起来好漂亮。

You look wonderful today，Miss ××.

(3) 谢谢光临，有空常来。

Thank you. Welcome to come again.

(4) 请跟我来。请这边坐。

This way please and sit here.

(5) 如果今天发型师帮您免费设计，价位合理，发型没有问题，您想做吗？

Would you like to have your hair done since the price is reasonable and the hairdresser will design it free?

(6) 请稍等，我去拿洗发水。

Just a moment. I'll get the shampoo.

(7) 洗这样满意吗？请跟我去冲水，谢谢！

Is it OK now？ Please follow me to rinse it.

(8) 对不起，这样躺会累吗？

Is the position OK？

(9) 水温这样可以吗？

Is the temperature of water OK？

(10) 对不起，辛苦您了。

You've had a hard time，thank you.

(11) 请稍等一下，设计师马上来。

Just moment，please. The hair designer is coming.

(12) 请问还有需要我为您服务的地方吗？希望下次还有为您服务的机会。

Is there anything I can do for you？ Hope to serve you again next time.

(13) 先生/女士，现在我们使用××，帮助改善您面部的××。它是××牌的。

Excuse me，sir/madam. We are using ×× to help you improve the ×× of your face. It is ×× one.

十六、其他类服务用语

(一) 投诉模拟对话

A：我真奇怪你们中心怎么会雇佣这样的服务员？他会损害你们的声誉。

I wonder how your center can afford to employ such a rude attendant in the SPA. He will ruin the reputation of your center.

B：非常抱歉！先生，我与康乐部经理联系，他会处理这件事的，您能告诉我您的姓名和电话号码吗？

I'm sorry，sir. I'll contact the recreation manager and inform him. I'm sure he'll deal with it. May I have your name and telephone number？

A：史密斯，电话号码是64870102。

Smith. Telephone number is 64370102.

B：史密斯先生，我代表康乐部经理向您表示道歉，康乐部经理王先生会与您联系。我还能为您做什么吗？

Mr. Smith，please accept my apologies on behalf of the center. Our Recreation Department manager，Mr. Wang will be in touch with you. Can I be of further assistance？

A：我想现在就见康乐部经理。

I want to talk with your manager，immediately.

B：请稍等，我马上给您联系。

Wait a moment please. I will contact with him at once.

(二) 结账服务用语

1. 结账服务模拟对话

A：请问这里可以用信用卡结账吗？

Excuse me，could I pay it with a credit card?

B：对不起，这里不能直接使用，请到总收款台办理手续。

Sorry sir，we don't accept it here. Please go through formalities at general cash desk.

B：总收款台在大堂，公关部的对面。

The general cash desk is in the lobby which is opposite the Public Relations Department.

2. 结账服务常用语

(1) 我们这里只收人民币，那边设有外币兑换处。

We only accept RMB. There is foreign exchange desk over there.

(2) 对不起，票售完了，请等一会儿。

Sorry，we are sold out of tickets. Please wait a moment.

(3) 这里不受理旅行支票。

We don't accept traveler's cherub.

(4) 先生，祝贺您。我去给您领取奖品。稍等，请您在这里签字。谢谢您。

Congratulations. I will take the prize for you. Just a moment，please. Please sign your name here，sir. Thank you，sir.

(5) 请问您是现在结账吗？

Would you like to have the bill now?

(6) 请问您是付现金还是用信用卡？

Would you like to pay cash or by credit card?

(7) 请问你们是分账单还是合在一起？

Would you like the amount on the same bill or separately?

(8) 对不起，我将再算一遍，先生。

I'm sorry. I shall add it up again，sir.

本章小结

本章主要介绍了日常交往礼仪的内涵、特点和内容。日常交际礼仪即非正式场合中的仪式和礼节，主要包括：称呼、迎候、介绍、致谢、致歉、告别、握手、拥抱等礼节。日常交往礼仪的特点：语言的规范性；行为的规范性；交际礼仪范围的普遍性和交际礼仪形式的多样性。日常交往礼仪的内容：见面礼仪、交谈礼仪和电话礼仪。最后，介绍了康乐日常服务用语的作用、礼仪规范及其分类应用，并对日常服务、康体运动、休闲娱乐、保健养生等方面的康乐服务用语的中英文对照做了介绍。

案例分析·

康乐服务经典案例1

2008年十一黄金周期间，举世闻名的北京奥运会刚刚结束，爱好旅游的中国老百姓为了目睹中国鸟巢与水立方的宏伟壮观，纷纷从全国各地涌向北京。有的中老年人或学生参加了当地旅行社组织的旅游团队，在导游的安排下，入住北京的大小饭店；有的中小企业董事长或总经理，带领全家老小在鸟巢附近新开业的准五星级饭店，登记住宿。

10月5日上午9：00，是十一黄金周的第5天，杭州郊区某私营企业董事长刘先生带着太太和5岁的女儿也来到了北京旅游，入住鸟巢附近一家刚开业的准五星级饭店，其目的：一是参观鸟巢与水立方时便于出行；二是享受奥林匹克公园里的清新空气；三是体验北京准五星级饭店提供的超值服务。

下午，刘先生带着太太和女儿参观了鸟巢和水立方之后，又游览了奥林匹克公园。除了兴奋之外，也感到很累。晚上8：00，为了消除疲劳，刘先生带着太太和女儿拿着前厅接待员送给他的两张足疗免费赠券，来到了足疗保健服务大厅，对接待员小白说："小姐，我想到男部足疗馆进行中药足疗，我太太和女儿想到女部足疗馆进行足浴水疗，可以吗？"

接待员小白摇了摇头，回答说："不可以，您的这两张足疗免费赠券只能用于足浴水疗，中药足疗不提供免费服务。"

"中药足疗为何不免费？"

"没有原因，这是饭店的规定。"

"你们饭店的规定不合理，我要投诉！"

刘先生说完，很气愤，就拿出手机向大堂副理进行投诉。5分钟之后，大堂副理和康乐部经理一起来到足疗保健服务大厅，微笑着告诉刘先生："对不起，先生，我们的工作有疏忽，请允许我们改正。刚才我们请示了总经理，您凭这张免费赠券可以进入男部中药足疗室享受免费的中药足疗服务。"

刘先生听了之后，很满意，就让太太带着女儿进入女部足浴水疗室，自己进入男部中药足疗室。

(资料来源：牛志文，周廷兰.康乐服务与管理[M].北京：中国物资出版社，2010.)

试分析：

1. 案例中的中药足疗为何不免费？
2. 案例中的服务人员在对客服务中有哪些不足？应如何改正？

康乐服务经典案例2

某饭店棋牌室里，一位客人怒气冲冲地大声喊着："叫你们经理来，我们在这里消费几十次了，光场租费就足够买十几块好地毯。打通宵牌，能不抽烟吗？服务员又干什么去了？"

该饭店棋牌室的服务员经常听到客人这样的吼叫声，值班经理也经常要处理关于客人烧伤地毯、在地毯上吐秽物的情况。如果坚持原则，往往会得罪客人；如果一味妥协，光棋牌室的地毯，一年之内不知要更换多少次。棋牌室的娱乐消费的确有别于其他场所的消费，在一个相对隐蔽的狭小空间里(客人不希望服务员提供过多的现场服务)，客人的情绪较为复杂(有赢有输)，饮料、香烟消耗量极大，因此产生的垃圾也较多。在与客人的纠纷中，关于地毯的纠纷占60%以上。

(资料来源：朱瑞明. 康乐服务实训[M]. 北京：中国劳动社会保障出版社，2006.)

试分析：

1. 如果你是值班经理，你将如何处理这种情况？

2. 本案例对康乐经营管理人员带来什么启示？

实训练习

每3名学生分成1个小组，并选择1～2个康乐服务项目的服务场景，分别扮演客人及服务人员，用中文和英文进行情景模拟对话。在模拟过程中，除了练习康乐中英文服务用语外，还应着重进行相关服务礼仪方面的训练。

复习思考题

1. 个人礼仪的含义是什么？

2. 个人礼仪包括哪些内容？

3. 日常交往礼仪的含义是什么？

4. 日常交往礼仪包括哪些内容？

5. 如何理解个人礼仪的重要意义？

6. 简述日常交往礼仪的特点。

7. 康乐日常服务用语有哪些作用？

8. 简述康乐服务用语礼仪规范。

9. 如何理解康乐服务语言的分类应用？

第八章
饭店康乐经营与管理

知识目标

- 掌握康乐人力资源管理的内涵
- 掌握康乐部营销的内涵
- 理解康乐部员工激励的内涵
- 掌握康乐部员工培训的内涵、内容和重要作用
- 理解康乐部员工绩效考核的内涵、作用和内容
- 掌握康乐部收入及成本的概念
- 理解康乐部收入及成本的分类

技能目标

- 了解康乐部员工绩效考核的方法
- 掌握康乐营销组合(4P)策略
- 了解康乐员工激励的主要方法
- 熟悉康乐部员工培训的基本方法
- 理解康乐部员工激励的主要功能
- 熟悉康乐收入及成本的控制措施

本章导语

　　人力资源是康乐部乃至整个饭店最宝贵、最重要的资源。如果管理服务人员素质偏低、水平不高，即便康乐部拥有良好的设施设备和康乐项目，也同样不能赢得客人的满意。因而，康乐部应通过运用人力资源管理的方法和技巧，充分发挥康乐组织中人力资源的作用，去实现康乐部的经营目标。此外，面对激烈的市场竞争，康乐部也应在产品、价格、促销和渠道等方面进行有效管理，不断稳定老客源，并尽量争取新客源，实现本部门的持续盈利，进而为康乐部的良好经营和发展奠定基础。同时，还应进行相关财务管理，合理调节收入与成本之间的关系，并能够有效地运用相关管理措施。

案例导入 | 一次成功的升级促销　⊗

　　康乐部前台接待员小张接到一位美国客人从北京打来的长途电话，电话中说3天以后

他将光临康乐部，想预订周末的标准套房两间外加VIP桑拿洗浴服务。

小张马上翻阅了一下预订记录表，并回复客人由于近几天康乐会议接待业务较多，标准套房已经全部订满，VIP桑拿洗浴服务也较为紧张。但小张讲到这里并未马上把电话挂断，而是继续以关心的口吻询问："您是否可以推迟两天来？要不然，请您直接打电话与×××康乐部联系询问如何？"

美国客人说："我们对广州人地生疏，你们那里的康乐服务知名度较高，还是希望你帮我想想办法。而且在店内桑拿洗浴也较为方便，听说你们康乐部的桑拿洗浴中心服务很好。"

小张考虑了一下，认为应该尽量使客人得到满意的服务和接待，于是以商量的口气说："非常感谢您对我们康乐部的信任，我很乐意为您效劳，我们也非常希望能够接待像您这样的尊贵客人。请不要着急，我建议您和朋友准时来广州，先住两天我们康乐部的豪华套房，每套每天收费只多一百美元，在套房内可以眺望珠江的优美景色，室内设施齐全，空间宽敞，服务一流，十分舒适，相信您入住后会十分满意的。而且，对于豪华套房的客人，我们将会赠送面值两百元人民币的现金消费券，供您在康乐部的桑拿洗浴中心消费使用。"

小张讲到这里稍稍停顿，以便客人思考。美国客人稍稍沉默了几分钟，似乎有些犹豫不决。小张又接着说："想必您并不会单纯计较房金的高低，而是在意豪华套房是否物有所值。请问您什么时候乘哪趟班机来广州？我们康乐部会有免费巴士在机场迎接您，到康乐部以后我可以陪您和您的朋友去参观一下豪华套房，到时您再作决定，您觉得怎么样呢？"

美国客人听小张这样讲，反倒没有坚持要参观豪华套房，而是感谢小张的热心介绍，答应先预订两天豪华套房，只是一定要满足VIP桑拿洗浴服务的要求。小张表示没有问题，称会尽量介绍优秀的按摩技师给他。最后，美国客人十分满意地挂断了电话。

案例评析：

本案例中的服务员小张在进行接待工作时，能够在与客人的电话沟通中迅速抓住客人的两大需求，了解康乐部对客人的吸引点所在，即VIP桑拿按摩洗浴服务和康乐品牌，在此基础上进行适时的促销引导。小张还采用了婉转的间接报价方式，只讲明增加额，使直观价格的相对冲击力大大减少，以物超所值吸引客人，使其建议更易于被客人接受。

同时，在与客人沟通的过程中，小张十分注意把握客人的心理变化，站在客人的角度为客人提供中肯的计划和建议，使客人感觉自己受到尊重，自己的要求被给予充分关注。在这种情况下，客人很难拒绝，因而顺利地实现了促销目的。

(资料来源：李舟.康乐中心服务案例解析[M].北京：旅游教育出版社，2007.)

第一节 康乐部人力资源管理

一、康乐人力资源管理内涵

康乐人力资源管理，是指运用科学的方法，吸引和保留基本的优秀员工，充分有效地利用员工的才智，不断训练及培养员工和管理人才，从而不断提高康乐部的劳动效率。

二、康乐部员工培训

(一) 康乐部员工培训的内涵

康乐部员工的培训就是按照一定的目的，有计划、有组织、有步骤地向员工灌输正确的思想观念，传授服务、营销和管理工作的知识和技能的活动。它包括三方面含义：第一，它说明了员工培训的主要目的和要求；第二，它说明了培训的主要内容和范围；第三，它说明了培训是一个康乐组织有计划、有组织的行为。

(二) 康乐部员工培训的重要作用

1. 培训为员工制定自身职业路径奠定基础

培训不仅对康乐部有利，对员工本身也有好处。员工在"接受培训—工作—再培训—再工作"的过程中，熟悉了业务并成为内行，提高了胜任本职工作的信心，从而增强了职业安全感。员工通过培训可以拓宽视野，学到新知识和更先进的工作方法和操作技能、技巧，提高工作能力和服务效率，进而增加个人收入。由于员工通过培训扩大了知识面和工作领域，接受了新的管理理论，从而为将来的晋升发展创造了必要的条件。

2. 培训是康乐部自身经营管理的基本要求

通过培训，可以提高康乐部的管理水平及工作效率，增加经营利润；可以提高康乐部员工的工作能力、服务质量，使其增强对康乐服务的责任感，减少客人投诉；可减少浪费、破损与责任事故，降低物料成本。作为激励手段之一，培训可以增强员工对工作的安全感与满足感，增强团队的凝聚力，减少员工流失，并帮助康乐部解决经营管理业务中的实际问题，促进康乐部的业务发展和服务升级。

3. 培训是康乐部适应市场竞争的必然选择

现代康乐业面临竞争激烈的市场环境，市场信息瞬息万变，生存压力巨大。而竞争的焦点就是人力资源，现代市场环境下的康乐部只有不断培训员工，不断更新拓展员工的知识面，才能适应客人不断变化的需要，才能在激烈的市场环境中立于不败之地。

(三) 康乐部员工培训的内容

1. 职业道德意识培训

职业道德是指康乐业的道德准则和行为规范，它是康乐部从业人员身上体现的精神面貌和社会行为的总和。职业道德培训教育的首要任务是加强对职业道德的认识，从而使员工在服务工作中形成正确的道德观念，逐步确立自己对客观事物的主观态度和行为准则。其次通过职业道德培训教育使员工在本职工作中讲求高尚的道德行为，并且形成长期的职业道德习惯，将康乐职业道德规范自觉运用到本职工作中去。

2. 康乐企业文化培训

康乐企业文化是康乐部员工共有的行为模式、信仰和价值观。康乐企业文化包括康乐部的经营理念、康乐精神、价值观念、行为准则、道德规范、康乐形象以及全体员工对康乐部的责任感、荣誉感等。康乐企业文化现象都是以员工为载体的现象，而不是以物质为中心的现象，由康乐部的全体成员共同接受，普遍享用，而不是康乐部某些人特有的，并且是在康乐部发展过程中逐渐积累形成的。康乐企业文化培训的内容主要包括3个层次：精神文化层，包括康乐核心价值观、康乐精神、康乐哲学、康乐理念等；制度文化层，康乐部的各种规章制度以及这些规章制度所遵循的理念，包括人力资源理念、营销理念、生产理念等；物质文化层，包括康乐建筑物、康乐标识、康乐传播网络等。

3. 员工服务知识培训

服务知识是康乐部员工为了更好地提供服务而应当知道的各种与服务有关的信息总和。掌握服务知识是康乐部各项工作得以顺利开展的基础，只有了解丰富的知识，才能顺利地向客人提供优质服务。

4. 员工心理培训

这是一个新兴的培训概念。康乐部员工心理培训属于心理学的应用范畴，它将心理学的理论、理念、方法和技术应用到康乐部管理和训练活动之中，以更好地解决员工的动机、心态、心智模式、情商、意志、潜能及心理素质等一系列心理问题，使员工心态得到调适、心态模式得到改善、意志品质得到提升、潜能得到开发等。如今员工的心理培训越来越受到康乐部的重视，特别是随着人才和市场竞争的日益激烈，人们生活和工作的节奏加快，压力加重。康乐员工更是如此，面对工作压力，容易出现心理紧张、挫折感、痛苦、自责、丧失信心等不良心理状态，因此心理教育疏导十分必要。试验证明，良好的心理教育、疏导和训练，能够增强员工的意志力、自信心、抗挫折能力和自控能力，还能提升员工的创新意识、贡献意识、集体意识和团队精神。

5. 员工操作技能培训

康乐部的成功在于运作，而成功的运作则依靠有技能的员工来实现。专业知识固然重要，但单纯学习知识，并不能保证员工有效地工作，还需要具备必要的专业技能。因为形成一种行为和思维习惯，不仅需要口头或书面教导，还要进行长期的模仿、重复和实践，这就是技能培训的过程。技能培训的主要任务是对参训者所具有的能力加以补充，其主要目标是解决"会"的问题。

康乐部的服务工作是技能性和技巧性很强的工作。因此，操作技能的培训是员工培训的一项主要内容。例如，康乐项目中的台球、保龄球、网球、沙狐球等都是对规则和技巧要求很高的项目，都需要服务员自身具有一定的操作技能。操作技能的培训既是基础性培训，又是长久的培训，要常抓不懈。操作技能的培训既有集中培训的方式，也有在实践中不断深化提高的必要，以求不断让员工掌握最新的工作方法，提高工作能力和工作效率。

(四) 培训的基本方法

1. 讲授法

讲授法是传统模式的培训方法，也称课堂演讲法。在康乐部培训中，经常开设的专题讲座形式就是采用讲授法进行培训，适用于向大群学员介绍或传授某课题内容。培训场地可选用教室或会议室。康乐部若采用这种培训方法，特别要考虑如何使受训员工自始至终保持学习兴趣、一心一意。这就要求授课者对课题有深刻的研究，并对学员的知识、兴趣及经历有所了解。这种培训方法的重要技巧：首先，应保留适当的时间进行培训讲师与受训员工之间的沟通，用问答形式获取学员对讲授内容的反馈；其次，授课者表达能力的发挥、视听设备的使用也是有效的辅助手段，应加以利用。

2. 角色扮演法

角色扮演是一种情景模拟活动。总体来说，角色扮演法既是要求被试者扮演一个特定的管理角色以观察被试者的多种表现，了解其心理素质和潜在能力的一种测评方法，又是通过情景模拟，要求其扮演指定行为角色，并对行为表现进行评定和反馈，以此来帮助其发展和提高行为技能最有效的一种培训方法。

3. 模拟训练法

模拟训练法就是利用现代科学技术手段创设出的虚幻情景或某些特别条件进行训练的方法。模拟训练法与角色扮演类似，但不完全相同。模拟训练法更侧重对康乐部员工的操作技能和反应敏捷度的培训，它把参加者置于模拟的现实工作环境中，让参加者反复操作装置，解决实际工作中可能出现的各种问题，为员工进入实际工作岗位打下基础。

4. 游戏培训法

游戏培训法是一种具有合作及竞争特性的培训方法，它综合了案例研究与角色扮演的形式，要求参与者模仿一个真实的动态的情景，参与者必须遵守游戏规则，彼此互相合作或竞争，以达到游戏所设定的目标。游戏培训法是当前一种较先进的高级培训方法，是近年来新崛起的一个培训项目，它不同于传统的培训模式，它没有黑板、粉笔、讲义和照本宣科的老师，而是运用先进的科学手段，综合心理学、行为科学、管理学几方面知识，积极调动学员的参与性，使原本枯燥的概念变得生动易懂。它把受训者组织起来，在讲师给出规则、程序、目标和输赢标准的前提下，就一个模拟情境进行竞争和对抗式的游戏。

5. 操作示范法

操作示范法是最常用、最有效的基层培训方法，除由培训教师亲自示范外，还包括用教学电影、幻灯片讲授和参观学习。这种方法适用于较具机械性的工种，如酒吧服务员的调酒或健身房服务员的器械操作训练等。操作示范法的程序是：先由培训教师讲解操作理论与技术规范，并按照岗位规定的标准、程序进行示范表演。对于操作过程中的重点和难点可以反复强调示范。然后由员工模仿演练，同时培训教师应进行指导，纠正错误动作，直到员工符合操作标准。

6. 互动学习法

互动学习法亦称敏感训练法，是一种在由培训教师指导的改善关系小组"实验室"中公开表达情感，提高参加者对自己行为及他人行为洞察力的方法。学员通过在培训活动中亲身体验，来提高他们处理人际关系的能力。该方法的优点是：可明显提高人际关系与沟通能力。该方法的缺点是：其效果在很大程度上依赖于培训教师的水平。互动学习法适用于管理人员的人际关系和沟通能力训练。

7. 视听法

视听法是运用电视机、录像机、幻灯机、投影仪、收录机、电影放映机等视听教学设备为主要培训手段进行训练的方法。随着声像资料的普及与广泛应用，许多康乐组织的员工培训开始采用视听教学手段，并取得了较好的效果。康乐组织还可运用摄像机自行摄制培训视频，选择一定的课题将康乐实务操作规范程序、礼貌礼节行为规范等内容自编成音像教材用于培训中。

三、康乐部员工激励

(一) 员工激励的内涵

激励，即激发鼓励，就是指员工朝向某一特定目标行动的倾向。而在人力资源管理中，激励就是激发调动员工工作积极性的过程。从某种程度说，管理工作的目的就是有效地将员工的动机引向组织的发展目标。康乐部要想有所作为和发展壮大，就必须采取有效的激励措施和激励手段。

有效的激励必须符合康乐部员工的心理和行为活动的客观规律，不符合员工心理活动规律模式的激励不可能满足人的期望，也就达不到调动员工积极性的目的。因此，激发员工的动机的心理过程模式可以表示为：需要引起动机，动机支配行为，行为又指向一定的目标。需要、动机、行为、目标，这4者之间的关系如图8-1所示。

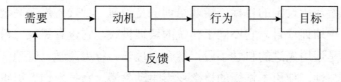

图8-1　激励的心理过程模式

(资料来源：严伟，戴欣佚. 旅游康乐人力资源管理[M]. 上海：上海交通大学出版社，2009.)

(二) 激励的主要功能

1. 激励能够充分开发员工的内在潜能

员工的潜能是蕴藏于员工体内的潜在能力。潜能在人的行为活动中尚未显露出来，但这种潜能的确是存在的，并且一经发掘便会释放巨大的能量。我们平常所说的超越自我和挑战极限，就是发掘人的潜能。美国哈佛大学教授威廉·詹姆士研究发现，在缺乏激励的环境中，人的潜力只能发挥一小部分，即20%～30%；如果受到充分的激励，他们的能力可以发挥80%～90%。这就是说，一个人平常的工作能力水平与激发后可达到的工作能力水平之间存在着约60%的差距。可见，员工的潜能是一个储量巨大的"人力资源库"。挖掘员工的潜力，在生产过程和管理过程中具有极为重要的意义。激励正是发掘人的潜力的重要途径。

2. 激励能够充分提高工作效率

康乐部运转中存在的问题，员工是可以清楚认识的，因而员工中存在着巨大的创造性和潜力。实施激励手段有利于员工创造性地工作，以康乐部主人翁的姿态去工作，再配合康部乐的管理措施，鼓励员工提出合理化建议、建设性意见和措施，不仅能够改进工作状况，从工作方式中挖掘潜力，而且能使员工受到奖励和重视，从而进一步激发员工的创造性和革新精神。

3. 激励是康乐部员工优胜劣汰的原动力

通过激励的实施运作，可留住康乐部所需要的人才，并让其长期为康乐部工作；同时，将不适合康乐工作的人员逐渐分离出去。现代康乐制度下的生产者在产权结构变迁及产权社会化条件下，已经形成一个员工与康乐部分离的退出机制，即康乐部和生产者都获得了充分界定，拥有了充分的转让和收益权，即员工供给者对自己所控制的资源的使用享有独立决策权。这是员工追求自己效用最大化的前提条件。退出机制是在员工市场的基础上形成的，激励是退出机制的外在动力。

(三) 康乐部员工激励的主要方法

1. 参与激励

康乐部要真正发挥员工的作用，就必须把员工摆在主人翁的位置上，尊重他们、信任他们，畅通员工参与康乐部管理的渠道，让他们在不同层次和程度上参与康乐部的管理和决策，吸收他们正确、合理的意见，从而形成员工对康乐部的归属感和认同感，充分发挥每个员工的能力，满足员工自尊和自我实现的需要，实现其价值，这就是参与激励法。参与激励法对康乐部有重大的作用：一方面，它使康乐部管理更加民主科学；另一方面，又使员工感到康乐部重视他们，从而调动员工的工作积极性，员工的价值也得到充分的体现，具有一举两得的效果。康乐部实行参与激励法，实际上就是实行民主化管理的过程。康乐部管理要公开透明，重大决策应充分征求员工的意见，集思广益、群策群力，使康乐部管理能够代表绝大多数员工的意愿和利益。管理者应该通过各种途径使员工参与康乐部管理，对员工提出的意见，不论采纳与否，都应认真对待，而且对于员工的建设性意见要进行重奖，只有这样，才能收到激励的实效。

2. 情感激励

情感因素对人的工作积极性有很大的影响。所谓情感激励，就是管理者必须加强与员工之间的感情沟通，尊重员工、关心员工，把员工真正当作康乐部的主人，而不是被雇佣者。比如，在员工过生日或家庭发生困难时送上祝福与温暖，让员工感到真正有人关心他们，从而更加努力工作以回报康乐部，这样就可取得良好的激励效果。康乐部在实施情感激励时必须抓住一个"心"字，与员工要相互交心，不能做表面文章，要真心关心员工。

3. 物质激励法

物质激励的内容包括工资奖金和各种公共福利。它是一种最基本的激励手段，因为获得更多的物质利益是多数员工共同的愿望，它决定着员工基本需要的满足情况。同时，员工收入及居住条件的改善，也影响其社会地位、社会交往，甚至学习、文化娱乐等精神需要的满足情况。

1) 薪酬激励

薪酬激励是激励员工的基础。科学地设计康乐部员工的薪酬结构，把员工的薪酬与绩效挂钩，可以更好地激励员工的积极性。奖惩激励是指对员工的成绩给予表扬，对员工的失误和错误给予适当的惩罚。

2) 福利激励

福利激励是指康乐部领导者根据康乐部的经济效益制定有关福利待遇的发放标准，确保员工生存与安全的需要，激励员工为康乐部多做贡献。康乐部最重要的经营目的是盈利，获得可持续发展。为了吸引和留住员工，除了合理的薪资外，还需要实施与其实力相适应的福利制度，如有些康乐部在缴纳员工正常的养老保险、失业保险、医疗保险、公积金外，还增加了工伤保险和生育保险、每年的国内外旅游计划、教育补贴、交通补贴、员工生日聚会等，这些完善的福利制度不仅提高了康乐部的声誉，吸引了更多的人才加盟，而且增强了内部协作精神，激发了康乐员工的创造性，营造出积极向上的竞争氛围。

3) 股权激励

康乐产权结构的变化，产生了一种新的物质激励形式——股权激励。股权激励作为一种长期激励方式，是通过让经营者或康乐部员工获得康乐部股权的形式，或给予其享有相应经济收益的权利，使他们能够以股东的身份参与康乐决策、分享利润、承担风险，从而尽职尽责地为康乐部的长期发展服务。现代管理理论和国外实践证明股权激励对于改善康乐部治理结构、降低管理成本、提升管理效率、增强康乐部凝聚力和市场竞争力起到非常积极的作用。

4) 精神激励法

精神激励是十分重要的激励手段，它通过满足员工的社交、自尊、自我发展和自我实现的需要，在较高层次上调动员工的工作积极性，其激励强度大，维持时间长。

(1) 目标激励。目标激励是利用一定的目标对动机的刺激作用，来激励人的积极性、主动性、创造性的方法。它把员工的个人目标与集体目标结合起来形成总目标，从而对员工产生激励作用。实行目标激励的好处体现在三个方面：首先，可以使员工看到自己的价值和责任，一旦达到目标就会获得一种满足感；其次，有利于上下左右的意见沟通，减少达成目标的阻力；最后，能使员工个人利益与康乐部目标相统一。

(2) 示范激励。示范激励，也称为典型示范，是指通过先进人物与典型事件来影响和改变个体或群体的观念和行为的一种激励方法。榜样示范发挥激励作用需要一定的条件。示范由示范原型、示范场、示范效应三部分构成。

四、康乐部员工绩效考核

(一) 康乐部绩效考核的内涵

绩效考核是指康乐部根据一定的考核程序，采用相应的考核方法，按照考核的内容和标准，对考核对象的德、才表现和工作业绩实施定期或不定期的考察和评价。其中，考察是对考核对象的工作过程及工作质量状况进行了解；评价则是在考察的基础上，对考核对象的工作情况做出公正合理的评判。通过绩效考核，使康乐部员工对自己的工作成绩和表现有所了解，为员工的使用、培训、奖励、晋升等提供依据；同时，绩效考核也能促进康乐部经济责任制的落实,可以充分调动康乐部员工的积极性、主动性和创造性。

(二) 康乐部绩效考核的作用

1. 绩效考核为康乐部员工任用提供依据

建立科学的员工考核制度,康乐部门可以积累可靠的人事管理资料,为公平、合理地任用人才提供确切的事实依据。人员任用的标准是德才兼备,人员任用的原则是因事择人、用人所长、容人之短。要想判断员工的德才状况、长处短处,进而分析其适合何种职位,必须对其进行考核。人员考核是"知人"的主要手段,而"知人"是用人的主要前提和依据。

2. 绩效考核是对康乐部员工进行激励的手段

大多数员工希望知道自己在康乐部的工作情况如何,自己的努力是否得到领导的认可。通过定期考核不仅能使康乐部掌握每位员工的具体工作情况,而且能及时向员工反馈考核的结果,让他们了解对工作的评价,知道自己在工作中存在的不足。这有助于员工自觉巩固好的行为,纠正不足,调动他们的工作积极性。考核本身就是对工作业绩的评定和认可,因此它能使员工体验成就感和自豪感,从而增强员工工作的自觉性、主动性。

3. 绩效考核是确定康乐部员工劳动报酬的依据

考核结果是薪金报酬管理的重要依据。按劳付酬、论功行赏能使员工产生公平感,有助于增强员工工作的责任感和信心,避免因报酬不合理而挫伤员工的工作热情,使有限的人力资源能够充分发挥其应有的作用,且能防止人才流失。

(三) 康乐部绩效考核的内容

通常把员工绩效考核内容分为业务技能评价、现实表现评价和沟通与协作评价三部分,见表8-1。

表8-1 康乐部服务员考核表

项目	考核内容	分值	得分	评分标准	备注
业务技能	各种设备操作使用情况	10		(1) 熟练操作各种设备,使用规范,能给客人示范讲解。 (2) 基本掌握各种操作技能,使用合乎规范。 (3) 能操作各种设施设备,使用基本合乎规范	
	设施设备保养情况	10		(1) 使用规范,定期保养,卫生良好,合乎康乐部要求。 (2) 使用基本规范,能保养,卫生基本合格。 (3) 使用基本规范,保养一般	
	微笑服务	10		(1) 日常工作中及服务中,能保持微笑服务。 (2) 服务中,基本能保持微笑,使客人满意。 (3) 服务中,微笑一般	
	专业知识掌握情况	5		(1) 精通康乐部各种专业知识,知识面较宽。 (2) 基本掌握康乐部日常专业知识,能解答客人疑问。 (3) 掌握一定专业知识	
现实表现	外语	5		(1) 通过所属康乐部英语考核A级。 (2) 通过所属康乐部英语考核B级。 (3) 通过所属康乐部英语考核C级	

(续表)

项目	考核内容	分值	得分	评分标准	备注
现实表现	出勤率	10		(1) 无迟到、早退现象，出勤良好。 (2) 出勤良好，月迟到早退在1次以内。 (3) 出勤一般，月迟到早退在2次以内(2次以上不得分)	
	劳动纪律	10		(1) 符合《员工手册》中的行为规范及纪律要求，无违纪违法现象。 (2) 基本符合要求，月违纪在1次以内。 (3) 纪律一般，月违纪在2次以内(2次以上不得分)	
	仪容仪表	10		(1) 完全合乎康乐部《员工手册》及部门要求。 (2) 能按康乐部《员工手册》及部门要求着装，基本合格。 (3) 一般	
	卫生情况	5		(1) 每天按要求做好卫生，保证质量符合标准。 (2) 能按要求做好各项卫生工作，合乎要求。 (3) 基本合格	
沟通与协作	工作完成情况	5		(1) 每天能完成领导安排的工作，保质保量。 (2) 基本能完成领导交付的工作，基本保质保量。 (3) 一般能完成领导交付的工作	
	团队意识	5		(1) 有康乐服务一条龙的思想，保证服务的连续性。 (2) 能团结同事，保证服务的连续性和整体性。 (3) 一般	
	服从意识	5		(1) 服从领导工作安排，主动加班加点完成工作。 (2) 基本服从领导工作安排，能加班加点完成工作。 (3) 一般	
	部门培训参加情况	5		(1) 积极参加部门培训，无缺勤，考核全部合格。 (2) 能参加部门培训，无缺勤，考核基本合格。 (3) 参加情况一般，有缺勤，考核成绩一般	
	康乐培训参加情况	5		(1) 积极参加康乐培训，无缺勤，考核全部合格。 (2) 能参加康乐培训，无缺勤，考核基本合格。 (3) 培训参加情况一般，考核一般	

考核人： 被考核人： 考核分数： 考核日期：

(资料来源：中国康乐员工素质研究组. 星级饭店康乐部经理案头手册[M]. 北京：中国经济出版社，2008.)

(四) 康乐部员工绩效考核的方法

康乐部员工绩效考核的方法是指在康乐部员工绩效考核过程中使用的技术手段。绩效考核不是一项孤立的职能活动，它与绩效管理的其他环节相互作用，互相提供服务，绩效考核提供的数据往往是其他决策的依据。绩效考评方法丰富多样，各种方法都有自身的局限性和使用范畴。考核目的不同，考核方法有所不同，对考核数据的精确性要求也不同。

1.排序考核法

排序考核法，即按每位被考评人员的绩效相对的优劣程度，通过比较，确定每人的相对等级或名次。排列方向由最佳排至最劣，反之均可。排序比较可以循某个单一的特定绩效维度，如服务质量、服务态度等进行，但更常见的是对每个人的整体工作状况进行比较。

2. 360度绩效考核法

360度绩效考核法，又称全方位绩效考核，它是从上级、下级、同事、自我、客户全方位收集评价信息，从多个视角对员工进行综合绩效考核并提供反馈的方法。每个考核者站在自己的角度对被考核者进行考核。这种多方位的考核，可以避免一方考核的主观武断，增强绩效考核的信度和效度，如图8-2所示。

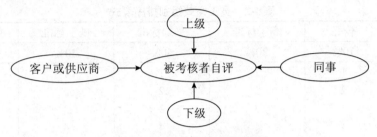

图8-2　360度绩效考评模型

(资料来源：王珑，徐文苑. 康乐人力资源管理[M]. 广州：广东经济出版社，2007.)

3. 目标管理考核法

目标管理由管理大师彼得·德鲁克在1957年提出，被称为"管理中的管理"，是一种被广泛接受的管理理念和应用成熟的绩效考核模式。简单而言，目标管理就是让管理人员和被管理者共同参加工作目标制定，在工作中实行"自我控制"并努力完成工作目标的管理制度。它是根据注重结果绩效和任务管理的思想，先由康乐部经理提出组织在一定时期的总目标，然后由组织内各部门和员工根据总目标确定各自的分目标，并在获得适当资源配置和授权的前提下积极主动为各自的分目标而奋斗，从而使组织的总目标得以实现的一种管理模式。目标管理的实质是"目标绩效导向的自我管理"，目标体系、有效的授权、双向沟通、自我激励是其构成要素。单纯的目标管理强调目标的完成，而不以其中的完成过程、完成原因为重点。

4. 关键事件考核法

关键事件考核法是由美国学者弗拉赖根和伯恩斯共同创立的，即通过观察，记录有关工作成败的关键性事件，以此对员工进行考核评价。关键事件法要求保存最有利和最不利的工作行为的书面记录。当这些行为对部门效益产生积极或消极的重大影响时，管理者应把它记录下来。在考核的后期，考核者运用这些记录和其他资料对员工业绩进行考核。这种考核方法可以贯穿整个考核阶段，而不是仅仅集中在最后几周或几个月里。在运用关键事件法的时候，管理人员将每一位下属员工在工作活动中所表现出来的非同寻常的良好行为或非同寻常的不良行为记录下来。然后在每6个月左右的时间里，管理人员和其下属人员见一次面，根据所记录的特殊事件来讨论后者的工作绩效。

5. 强制分布考核法

强制分布考核法，即按照康乐部管理者想要达到的员工分布曲线效果进行评定，即事先确定员工在每一个绩效等级上所占的比例，如优秀占10%、良好占20%、合格占40%、较差占20%、不合格占10%，然后按这一比例把员工分配到各个等级上去。

这实际上是将员工绩效按照组别进行排序的方法。这一方法的理论基础是数理统计中的正态分布概念，认为员工绩效应该遵从正态分布的情况。当然，具体到各个部门，比例可以有一定的浮动。这一方法的优点：能形成清晰的绩效等级差别，避免评价结果的"居中现象"，能比较容易发现工作特别优秀的员工；缺点：如果部门员工都比较优秀，这种考评方法就会挫伤员工的工作积极性。该种方法的具体应用见表8-2。

表8-2　员工绩效组别排序表式

等级	较好	高于标准	平均标准	低于标准	较好
百分比/%	10%	20%	40%	20%	10%
名单	1 2 3 4 5 6 7	1 2 3 4 5 6 7	1 2 3 4 5 6 7	1 2 3 4 5 6 7	1 2 3 4 5 6 7

(资料来源：逄爱梅，王春林.康乐人力资源管理与开发[M].上海：华东理工大学出版社，2009.)

6. 自我评定法

负责考评的人员将业绩考评的内容以问题的形式向员工提出来，让员工自己做出报告，为自我评定。

这种方法为员工反思、总结自己过去所做的工作提供了机会。员工在经过系统的思考以后，可以比较容易地看到自己的成绩和存在的不足，甚至可以发现康乐部管理中存在的问题。所以，这种方法在业绩考评工作中应用比较广泛，并经常和为康乐部提合理化建议的工作一起进行。

自我评定法有许多优点，但它的局限性也是显而易见的。比如，个人对自己的评价有时不够客观、全面，有时故意回避某些情况。所以，自我评价的结果不能作为业绩考评的唯一标准。员工自我鉴定表见表8-3。

表8-3　员工自我鉴定表

姓名		部门		职务		入职时间	
工作总结、自我评价							
对康乐部现有问题的建议							
个人今后的设想与规划							

(资料来源：任长江，薛显东.康乐管理职位工作手册[M].北京：人民邮电出版社，2006.)

第二节　康乐部营销管理

一、康乐部营销的内涵

康乐部营销是在以客人为中心的经营思想的指导下，以康乐产品、定价、销售渠道和促销策略为主要内容和手段的经营活动。

二、康乐部营销组合策略

这里主要介绍4P营销组合策略。4P营销组合是1960年美国著名营销学家杰罗姆·麦卡锡在对波顿教授的营销组合概念进行归纳的基础上提出的。4P指的是Product(产品)、Price(价格)、Place(地点，即分销渠道)和Promotion(促销)4个英文单词。该理论认为，如果一个营销组合中包括合适的产品、合适的价格、合适的分销策略和合适的促销策略，那么这将是一个成功的营销组合，企业的营销目标也可以借以实现。

产品，主要包括产品的实体、服务、品牌、包装，是企业提供给目标市场的货物、服务的集合，如康乐企业给客人提供的菜品、服务等康乐产品组合。

价格，主要包括基本价格、折扣价格、付款时间。企业营销分析可以从企业购买原材料的成本价格、销售产品的卖出价格、竞争对手的市场价格来分析。康乐企业经营成本除了门面租金、员工工资、设备折旧等固定成本外，还需要广告宣传费、活动公关费和服务费用等。所以，康乐产品的出售价格就包含这些费用。

地点，通常称为分销的组合，它主要包括分销渠道、储存设施、运输设施、存货控制，它代表企业为使其产品进入和达到目标市场所组织、实施的各种活动，包括途径、环节、场所、仓储和运输等方面。康乐企业的营销渠道主要是提供现场烹饪产品和助餐服务的直销渠道，其他渠道只起辅助作用。

促销，是企业利用各种信息载体与目标市场进行沟通的传播活动，包括广告、人员推销、营业推广等。康乐企业可通过康乐广告、人员销售和主题活动等来开展促销活动。

三、康乐部产品策略

(一) 康乐产品的概念

就一般产品而言，市场营销学认为产品是指企业提供给市场并能够满足人们某种需求的任何事物，包括实物、服务、场所、组织、思想以及主意等。康乐产品是指康乐客人在康乐部活动期间所获得的各种感受，它包括客人感觉到的各种满意或不满意，是客人住店期间的全部经历的总和。

(二) 康乐产品的构成

现代营销理论认为，产品的构成是有层次之分的，一个完整的产品应该由基本产品(或核心产品)、形式产品、期望产品、延伸产品和潜在产品5个层次构成。康乐产品的构成同样涵盖这5个方面。

1. 核心产品

康乐核心产品是指康乐部向其客人提供的康乐产品的基本效用或利益。客人在康乐部能享受到康体运动、休闲娱乐和保健养生的服务，这就是客人的基本利益。

2. 形式产品

康乐形式产品是指康乐核心产品借以实现的形式。它包括康乐档次、康乐风格、康乐特色和康乐环境4个方面。

3. 期望产品

康乐期望产品是指客人在购买康乐产品时所期望得到的其他相关利益。比如安全先进的康乐项目设施、周到细致的人员服务以及优雅清洁的康乐环境等。

4. 延伸产品

康乐延伸产品又叫康乐附加产品，是指客人在购买形式产品和期望产品时附带获取的各种利益。如客人做SPA水疗项目，赠送免费棋牌室娱乐时间等。

5. 潜在产品

康乐潜在产品是指康乐现有产品以外的，但是将来可能发展成为最终产品的那些潜在状态的产品。凡是目前康乐部还没有正式提供的产品，如果将来客人对这些产品有需求，我们就把这样的产品称为潜在产品。

(三) 康乐产品组合策略

康乐产品组合是指康乐各部门生产、提供的全部产品的有机构成和数量的比例关系。康乐产品组合的应用通常需要考虑4个因素，即广度、长度、深度和关联性。

1. 康乐产品广度

康乐产品组合的广度是指康乐部能够组成几个相对独立的部分。例如，康体运动类、休闲娱乐类和保健养生类。

2. 康乐产品长度

康乐产品组合的长度是指康乐部所能提供的产品数量。它可以分为总长度和平均长度，前者是指康乐部所能提供的全部产品的总和，后者是指产品总长度(量)与产品线(数)的比值。

3. 康乐产品深度

康乐产品组合的深度是指康乐部提供的某种产品的品种个数。值得注意的是，康乐产品的深度可以多层次挖掘，特别是各部门提供的产品很值得做出多层次深度分析。

4. 康乐产品关联性

康乐产品组合的关联性是指康乐部中相对独立的康乐项目之间的相关程度，又叫康乐产品组合的黏度。一般认为，康乐产品组合的黏度都是较大的，也就是说康乐各部门之间的联系比较紧密，这一点也体现了康乐产品的特征。

四、康乐部定价策略

(一) 新产品定价策略

新产品的定价是康乐营销策略中一个十分重要的问题，它关系康乐新产品能否顺利地进入市场，能否站稳脚跟，能否获得较大的经济效益。目前，国内外关于新产品的定价策略主要有3种，即撇脂定价策略、渗透定价策略和满意定价策略。

1. 撇脂定价策略

撇脂定价策略，是指康乐部把新产品推向市场或进入新市场时，利用客人的求新、求奇心理，抓住激烈竞争尚未出现的有利时机，有目的地将价格定得很高，以便在短期内获取尽可能多的利润，以尽快地收回投资的一种定价策略。客人收入不同，消费心理不同，因而对康乐产品有不同的需求，特别是对新产品，有求新心理的客人总是愿意先试一试新产品，而其他客人则宁愿等一等。

2. 渗透定价策略

渗透定价策略又称薄利多销策略，与撇脂定价策略相反，是指康乐部把新产品推向市场或进入新市场时，利用客人求实惠的消费心理，有意将产品价格定得很低从而吸引客人，以期很快打开市场，并占领市场，从而谋取远期的稳定利润。这种策略就像将水倒入泥土中，水很快就会从缝隙里渗透进去，因此称这种策略为渗透定价策略。

3. 满意定价策略

满意定价策略又称平价销售策略，是介于撇脂定价和渗透定价之间的一种定价策略。撇脂定价法定价过高，对客人不利，既容易引起竞争，又可能遭到客人拒绝，具有一定风险；渗透定价法定价过低，对客人有利，对康乐部最初收入不利，资金的回收期也较长，若康乐部实力不强，将很难承受；而满意定价策略采取适中价格，基本上能够做到供求双方都比较满意。采用满意定价策略必须先做期望价格调查和预测，然后根据客人对新产品的期望价格来确定。

(二) 心理定价策略

1. 尾数定价策略

尾数定价策略也称非整数定价策略，即给康乐产品定一个非"整数"价格，从而让客人产生一种经过精确计算的最低价格的心理。这种定价策略一般适用于休闲娱乐类和保健养生类康乐产品和服务。

2. 整数定价策略

整数定价策略是指康乐部将产品的价格定在整数上的一种策略。这种定价策略比较适合高档、名牌的康乐产品，容易使客人产生"一分价钱一分货"的购买意识，有助于企业提高经济效益。这种定价策略一般适用于康体运动类康乐产品和服务。

3. 声望定价策略

声望定价策略是一种高价策略，主要针对客人"价高质必优"的心理，对客人心目中"上档次"的康乐产品制定较高的价格。这种定价策略适用于高档次康乐产品，或者是产品质量尚不为人所知、购买风险较大的康乐产品，其目的不仅是使康乐部获得较高的单位产品利润，而且以出售高价优质的产品在市场上不断提高康乐部的声望，同时也满足了部分客人希望通过购买这种康乐产品提高自身价值和社会地位的求名心理和炫耀心理。康乐部如采取声望定价策略，必须保证产品的高质量，并高度重视客人对康乐产品需求的变化，尽最大可能使产品迎合客人的消费偏好，以维护和巩固客人对康乐部的信任感。

4. 招徕定价策略

招徕定价又称特价产品定价，是一种有意将少数康乐产品降价以招徕客人的定价方式。产品的价格定得低于市价，一般都能引起客人的注意，这是适合客人求廉心理的。这种定价策略是以康乐部的总体利益为目标，而并不是以个别的产品收益为目标。如果一家饭店的康乐部对自己的KTV采用招徕定价策略，那么这家饭店的康乐部会在牺牲自己KTV包房利润的基础上，通过增加酒水、食物等产品的销售，最终实现整体的高收益。

(三) 折扣定价策略

1. 数量折扣

数量折扣是指对达到一定数量的购买行为给予一定折扣的策略，其目的是刺激客人购买康乐产品。饭店为了鼓励客人大批量购买自己的产品，通常会以数量折扣的形式将康乐部的一部分利润让渡给对方。数量折扣策略又分为一次性批量折扣和累计批量折扣。一次性批量折扣便于康乐部大批量生产和销售产品，有利于降低成本，加快资金的周转速度。累计批量折扣则是针对在一定时期内累计购买康乐产品的数量或金额超过规定数额的购买者的价格折扣，例如康乐美容项目对累计规定次数的客人给予相应折扣的优惠待遇。实行这种价格策略的目的在于与最终客人建立长期友好的合作关系，一批忠诚的客人可以帮助康乐部更好地应对激烈的市场竞争。

2. 季节折扣

季节折扣策略是指康乐部在销售淡季时，为鼓励客人购买康乐产品而给予的一种折扣优惠策略。旅游目的地的气候因素、传统节日以及客源市场的假期等因素的综合作用，造成了饭店特别是度假型饭店市场季节性强的特点，与此同时也带来了淡季时大量服务设施闲置的问题。为提高服务设施的利用率，饭店康乐部可在淡季时进行折价销售，但前提是必须保证降价后所增加的营业收入高于所增加的变动成本，同时也应考虑康乐部所在饭店的形象，在淡季时不能将价格降得太低。

3. 同业折扣

同业折扣策略是指康乐部根据各类中间商在销售中所起作用的不同而给予不同的价格折扣。一般来说，大型中间商(如网络中间商、大型旅行社、航空公司等)销售的康乐产品的数量要多于规模较小的中间商(如小型旅行社)，因而饭店康乐部给予大型中间商的折扣一般要大于其他中间商。饭店康乐部实行同业折扣策略的目的在于激励各类中间商的销售积极性，以尽最大可能地向市场销售康乐产品。

五、康乐部渠道策略

(一) 直接销售渠道和间接销售渠道策略

当康乐产品的客人购买频率偏低但购买量较大时，康乐部往往采用直接销售的策略。客人为了谋求供应关系的稳定，加上具体交易时，产需双方往往需要较长时间协商谈判才能达成协议，因此直接销售途径比较适宜。而间接销售渠道是区别于直接销售渠道的另一种方式，它是指康乐产品与客人之间需要中间商作为连接的桥梁，而不是直接的、面对面的销售。

(二) 长渠道和短渠道策略

渠道的长短即经销饭店康乐部中间商的个数。中间商环节多的营销渠道称为长渠道，环节少的渠道称为短渠道。长短渠道的选择，主要依据中间商的销售能力，包括推销速度、经济效益、市场信息等。中间商的销售能力强，需配置的中间商环节就可减少；反之，为保证市场的产品覆盖面，就要加长营销渠道。

(三) 宽渠道和窄渠道策略

渠道的宽窄，取决于每个渠道层次使用中间商的个数。在客源不太丰富而且十分分散的地区，渠道宽能保证一定客源；在客源丰富且相对集中的地区，自然要选择窄渠道。在决定渠道的宽窄时，有三种方案可供选择。

1. 独家销售渠道

独家销售渠道即在优先的几家中间商中挑选一家作为销售代理，如康乐产品具有某种特殊性或形式新颖，饭店康乐部即可采用这种模式，有利于经销商更积极地推销，提升产品声誉，提高利润率。

2. 密集型销售渠道

密集型销售渠道即为方便客人购买，选择尽可能多的中间商推销自己的产品。

3. 择优型销售渠道

择优型销售渠道即选择少量优秀的中间商来推销康乐产品，它能稳固市场的竞争地位，并促进与挑选出来的中间商建立良好的关系，获得足够大的市场覆盖面。

康乐市场销售渠道策略有很多种，到底选择哪一种要根据康乐市场的重点而定，而且渠道策略一经选定并不是一成不变的。由于康乐市场随政治、经济、科技等因素不断发生变化，为适应市场，康乐部的决策者必须具备灵活的头脑，根据实际情况选择最佳销售渠道。

六、康乐部促销策略

(一) 人员推销

雇佣销售员销售康乐产品，主要是为了扩大饭店康乐部的预订范围。服务项目的销售，可以使康乐部获取较大的经济效益。饭店销售部通常有专职的销售人员，主要销售康乐产品。事实上，作为固定投资项目的康乐设施，同样具有与客房产品一样的不可贮存性。因此，加强销售力度、细分销售工作内容，具有十分现实的意义。促销的具体工作内容与分工如下所述。

(1) 宣传饭店康乐设施及服务产品，争取预订。从事此类工作的销售员，应富于想象力，善于寻找新的市场机会，确定新目标、发掘新渠道、发展新客户。要熟悉康乐产品的推销技巧，引导客人完成对饭店康乐产品的知晓、熟悉、喜爱、偏爱、确信乃至购买的整个行为过程。

(2) 为客人办理预订康乐产品的手续，从事日常的销售工作，办理日常的预订手续。在这项工作中，预订台、服务台的服务人员应掌握良好的销售技巧，熟知产品属性，了解日常客情及场地当天的租用状况，做好相关的预订工作，办好文字登记手续。

(3) 为客人提供售后服务，或为客人解决特殊问题。对于重要的客人、住店客人、常客、会员、团体客人来说，康乐售后服务非常重要。推销员的任务之一是及时协调双方关系，同时解决实际需要与服务之间的矛盾。

(二) 广告宣传

广告宣传是康乐部借助一定的宣传媒体，将康乐产品或服务的信息传递给客人，同时对自身形象进行宣传，从而影响饭店在社会上的地位的一种促销方式。它是康乐营销中常用的方式之一。相对于人员推销，广告宣传的宣传面更广、渗透力更强，更容易被客人接受，通过精心设计，可以使康乐产品或服务、价值观与饭店文化深入客人心中。

广告媒体的类型众多，各有不同的功能和特点，康乐部应根据不同广告宣传的特点及要求，正确、合理地选择媒介。一般常用的广告宣传媒体包括报纸、杂志、广播、电视、户外广告、直接邮寄和互联网等，具体见表8-4。

表8-4 广告媒体类型及优缺点

媒体类型	优点	缺点
报纸	灵活；及时；普及；很好地覆盖当地市场；可信度高；便于剪贴存查	有效期短；再生质量差；传阅性差
杂志	对象明确；针对性强；可信；有威望；再生质量高；传阅性好	购买广告前置时间长；成本高；传播不广泛；不能保证刊登位置
广播	普及率高；灵活；成本低；及时	只有听觉效果；播出时间短；吸引注意力差；听众分散
电视	覆盖面广；视听结合，效果显著；灵活；艺术性强；感官吸引力强	绝对成本高；时间性强；易受干扰；受众不明确
户外广告	灵活；展示重复性好；成本低；竞争低；位置选择性好	受众面小；创意受限
直接邮寄	灵活；可选择受众；同一媒体中无竞争者；可以个性化	相对成本高；会让人产生"垃圾邮件"的印象
互联网	选择性好；成本低；直接；互助性强	受众少；单一；相对影响小；受众控制展示时间

(资料来源：栾港，马清梅. 市场营销学[M]. 2版. 北京：清华大学出版社，2010.)

(三) 营业推广

营业推广也称销售促进，它是指康乐部在某一特定时间与空间范围内采用特殊的方法和手段刺激客人消费，以达到促使客人尽快购买或大量购买康乐产品的一种促销策略。康乐营业推广的目的主要是刺激购买，包括促进新客人消费、鼓励老客人继续光顾、鼓励客人在淡季光顾等。营业推广的推销作用一般介于广告和人员促销之间，信息传递功能弱于广告，购买激励强于广告，与推销相比恰好相反。营销推广同时也离不开广告和人员推销，广告可以传递饭店康乐营业推广的时间、地点和内容，营业场所的介绍、演示、解答和购买主要由推销人员承担或参与。

营业推广策略首先表现为推广场所的选择。在促销目的明确以后，需选择确定是在本饭店营业场所还是在中间商的营业场所进行推广，选择哪些中间商作为营业推广的合作伙伴等。营业推广策略也表现为选择促销与购买奖励的具体形式和内容。在营业推广期间，康乐部可以采用向购买者赠送礼品、新产品试用、赠送优惠券、有奖销售、抽奖等方式，在推广现场展示介绍产品，鼓励客人尝试，以达到刺激消费的目的。

(四) 公共关系

公共关系是康乐部以传播和沟通为手段，以建立长期合作、互利互惠的公众关系为重点，以塑造良好的组织形象为目标的活动。公共关系的目的——塑造组织形象；公共关系的主体——组织；公共关系的客体——公众；公共关系的途径——传播和沟通。

1. 公共关系的职能

(1) 塑造形象。在现代社会，良好的形象是康乐部的一笔无形财富，它可以为康乐产品或服务赢得消费信心，吸引优秀人才，找到可靠的原材料和能源供应商，增加投资者信心，求得稳定而有效的经销渠道，赢得赞赏和拥护等，因此塑造组织形象是公共关系的首要职能。

(2) 沟通信息。公共关系活动的本质是通过双向沟通，有效地达成康乐部与客人之间的信息交流。因此，公共关系的重要职责之一就是收集和传播组织所需要的各种信息。一般来说，康乐部收集的信息包括公众对饭店和康乐部的评价、需求信息、竞争者状况信息、各种社会信息等；康乐部传播的信息包括康乐部基本情况、康乐部发展动向和康乐部产品情况等。

(3) 协调关系。公共关系是一项内求团结、外求发展的经营管理艺术，其中协调是实现饭店康乐部目标的重要保证。协调关系包括协调康乐部与饭店的关系、康乐部内部各部门之间的关系、康乐部与客人之间的关系三个方面。

2. 康乐部公关活动的途径

(1) 利用新闻宣传。新闻宣传是指无须投入经费而获得的对康乐部及其产品的有利报道，通常是由第三者编发的。它是康乐部除广告以外的较好的宣传方式，并且具有广告无法比拟的优点，如具有新闻价值、可信度高、费用低廉等，它对于树立康乐部形象和促进康乐部产品销售都具有十分重要的意义。因此，公关人员要同各种新闻媒体保持良好关系，尽可能地结识新闻编辑人员和记者，以便能在各种新闻媒体上获得对康乐部有利的宣传报道。

(2) 举办专题活动。康乐部通过举办各种专题活动，如知识竞赛、体育比赛、联谊会、研讨会、记者招待会、展览会、重要节日或主题事件庆典活动等，不仅可以扩大饭店康乐部的影响，提高康乐部的知名度，而且能够吸引记者前往采访报道，可以说是康乐部制造新闻的最好方法。

(3) 赞助或开展公益活动。各种公益活动，如运动会、文化比赛、基金会等，往往会引起众人注目和各种新闻媒介的广泛报道。因此，康乐部如果能投入一定资金和时间用于各种公益活动，不仅可以树立康乐部的良好形象，赢得公众的广泛赞誉，而且能够得到显露自己的机会，从而提高康乐部的知名度。

(4) 开展公关广告。公关广告是指康乐部为了提高知名度、树立良好的康乐部形象和求得社会公众对康乐部的支持和帮助而进行的广告宣传。公关广告一般有三种形式：一是致意性广告，包括对客人惠顾表示感谢，对公众表示节日祝贺，就有损客人利益的事件进行道歉等；二是解释性广告，即就某一问题向公众做出解释，以消除误会和增进了解；三是倡导性或公益性广告，即倡导人们从事某种公益活动或提倡某种风尚等。

第三节 康乐部财务管理

一、康乐部营业收入管理

(一) 营业收入的概念

营业收入是指康乐部在经营活动中由于提供劳务或销售商品而获得的收入。它是康乐部经营活动的直接成果，是康乐部收入的主要来源。营业收入的含义可以从以下三个方面来理解。首先，营业收入是康乐部在一定时期和一定经营范围内所从事营业活动的产物；其次，营业收入是康乐部各项经济活动联合作用的结果；再次，营业收入是康乐部由于销售商品或提供劳务而增加的资产或减少的负债。

(二) 营业收入的分类

1. 按经营项目分类

(1) 按项目的重要等级区分。可以将经营收入分为主营项目收入和辅助项目收入，将具体的项目分别列于这两个大项目之下。由于各企业的主营项目不同，收入分类也不尽相同。

(2) 按项目的活动方式区分。可以将经营收入分为康体项目收入、娱乐项目收入、保健及美容项目收入，将具体的项目分别列于这三个大项目之下。这种方法不会因企业不同而使收入分类不同，因此便于横向比较。

(3) 按项目规模大小区分。可以将营业收入按规模大小的顺序排列。这种方法简单明了，比较直观。但采用这种方法时，企业不同，排列顺序也不同。

2. 按计价方式分类

(1) 计时收入。这是按宾客消费时间收费而形成的收入。有很多康乐项目是以出租设备使用权的形式来经营的，因而采用计时收费的方式。例如，KTV、麻将室、氧吧、按摩室、健身房、乒乓球室、壁球室、网球场等。

(2) 计量收入。这是按宾客使用服务设备或消费产品的数量收费而形成的康乐营业收入，适用于一些便于统计数量的康乐项目。例如，保龄球馆一般以局为计费单位；电子游艺机以使用次数为计费单位。

(3) 计人次收入。这是指按宾客消费的人数和次数为计费单位而取得的收入。这种计费方式适用于多人共同消费同一项目，如夜总会、舞厅、部分游泳池以及绝大部分室外游乐项目等。

3. 按营销方式分类

(1) 常规销售收入。常规销售收入是指按平日的一般价格销售而形成的营业收入，这是康乐营业收入的主要成分，又可分为两种情况：单项收入和综合收入。单项收入，是指宾客消费单项服务而累加起来的收入；综合收入，是指为宾客提供多项康乐服务或多次服务而一次性结账所形成的收入。

(2) 优惠销售收入。许多企业为了稳定客源、拓展市场，在特定时期或特定时间优惠销售，如节假日的优惠活动，在平时对特定的人士或团体实行优惠价等。一般有三种优惠形式：折扣优惠、金额优惠和赠送优惠。折扣优惠，即按宾客消费额的一定百分比优惠计算，即通常说的打折；金额优惠，即在宾客实际消费的基础上少收一部分，通常是抹去零头；赠送优惠，一种是根据宾客的消费数额免费赠送饮料或带有本企业标志的小纪念品，另一种是免费赠送适量的消费额度。

(三) 营业收入控制的基本措施

(1) 健全组织控制。康乐部的经营管理与业务运作必须遵循合理的组织结构与分工，相互制约，协调发展，达到管理控制的作用。由于康乐部营业收入控制环节涉及岗位众多，要想做好康乐部的营业收入控制工作，必须明确各岗位权限且协调统一，才能达到良好的控制效果。

首先，要有明确的岗位分工，把一些不能由一个人承担的职务，分别由几个人掌管，不要只由一个人单独承担。其次，要实行岗位责任制，在康乐企业中，以明确的分工为依据，不同的人对自己的岗位要负责。最后，在康乐企业中，某几种相互有关的职务不能由一个人承担，这样可以避免个人制造假账或避免掩盖出现的差错和弊端。

(2) 强化人事控制，任何控制功能与制度都是通过人来完成和实现的，因此针对康乐企业营业收入控制的要求，必须对相应的员工加以管理控制，才能使之按既定的管理目标和方向去实施。

首先，企业要重用人才，唯德、贤、能者为用，对重要部门的员工聘用应严格审查；其次，企业要注意避免不合适的职务调换；再次，企业要开展适当的业务培训，提高员工业务素质，不仅要提高员工的基本工作技能，还要重视员工服务意识的提高；最后，康乐企业应果断地处理不合格的员工，不能因一些不合格的员工影响企业的形象，从而使营业收入受到不必要的损失。

(3) 完善监控及反馈体系。康乐企业要对营业收入目标的制定及执行情况进行监督和控制，并在监督的基础上不断改进企业制定的营业收入目标，防止目标过高或过低，及时反馈给有关部门，通过改进各部门的工作不断修正康乐企业的营业收入目标。

■ 二、康乐部营业成本管理

(一) 营业成本的概念

康乐部的成本是指康乐部在生产经营和提供劳务的过程中发生的各种直接支出和耗费。成本、费用是制定产品价格、收费标准的重要依据，也是衡量经营管理水平的重要财务指标。因此，必须加强对成本费用的核算和管理。通过成本费用核算，可以有效监督部门执行国家规定的成本开支范围和费用开支标准；可以为计算部门盈亏和编制会计报表提供依据；可以为制定康乐服务项目的价格和劳务收费标准提供资料；也可及时、有效地监督和控制部门经营管理过程中的各种费用支出，降低成本费用，降低劳动耗费，提高服务产品的竞争力。

(二) 营业成本的类型

1. 按是否由主管人员负责分类

(1) 直接成本。直接成本是指由某一康乐项目的主管人员直接控制、负责的成本，如康乐经营场所中的餐饮原材料成本，提供康乐服务时发生的消耗和费用，服务人员的劳动成本等，其成本高低与康乐部管理水平有极大关系。

(2) 间接成本。间接成本是指那些一般不易明确划归某一部门的成本，它虽然与营业情况有关但一般不能由某一康乐项目的主管人员来负责，如康乐经营场所的基建维修费等成本。

2. 按是否随业务量变化分类

(1) 固定成本。固定成本是指在较短时间内不随业务量的变化而变化的成本，如康乐营业场所的租金、正式员工的基本工资、康乐设施设备的折旧费等。

(2) 变动成本。变动成本是指随着经营业务量的变化而变化的成本，包括客用消耗品成本、餐饮成本等。

3. 按是否受管理人员影响分类

(1) 可控成本。可控成本是指某项费用的发生与某一个营业项目或者某一个管理人员的管理行为有关，这些管理行为将影响这些成本的变动。

(2) 不可控成本。不可控成本是指这些费用的发生不受营业项目或管理人员行为的影响，如各种政府管理费用是由国家规定的。

(三) 营业成本控制的基本措施

1. 制定成本标准

成本标准是成本控制的准绳，成本标准首先包括成本计划中规定的各项指标。但成本计划中的一些指标比较综合，还不能满足具体控制的要求，因此必须规定一系列具体的标准。确定这些标准的方法，大致有5种，分别是量本利分析法、预算控制法、主要消耗指标控制法、制度控制法和标准成本控制法。

2. 监督成本的形成

监督成本的形成，就是根据控制标准，对成本形成的各个项目，经常地进行检查、评比和监督。不仅要检查指标本身的执行情况，而且要检查和监督影响指标的各项条件，如娱乐设备、员工的操作水平和服务水平、员工的工作环境等。成本日常控制主要包括易耗品费用的日常控制、工资费用的日常控制、间接费用的日常控制。康乐企业对这些成本费用的日常控制，不仅要有专人负责和监督，而且要求费用发生的执行者实行自我控制，还应当在责任制中加以规定，这样才能调动全体职工的积极性，使成本的日常控制有群众基础。

3. 及时纠正偏差

针对成本差异发生的原因，查明责任者，区分轻重缓急。在此基础上，应提出改进措施并加以贯彻执行。对于重大差异项目要及时纠正，具体流程如下所述。

(1) 提出问题。要找到那些成本降低潜力大且各方关心的问题，并寻找各种成本超支的原因。

(2) 讨论和决策。问题选定以后，应发动有关部门和人员进行广泛研究和讨论。对重大问题，可能要提出多种解决方案，然后进行各种方案的对比分析，从中选出最优方案。

(3) 确定方案实施的方法步骤及负责执行的部门和人员。

(4) 贯彻执行确定的方案。在执行过程中也要及时加以监督检查。方案实施以后，还要检查方案实施后的经济效益，衡量是否达到预期目标。

本章小结

本章共分为三部分，分别介绍了康乐部的人力资源管理、营销管理和财务管理。在康乐部人力资源管理部分中，首先，介绍了康乐部人力资源管理的内涵、康乐部员工培训的内涵、员工培训的重要作用、员工培训的内容和培训的基本方法。其次，介绍了康乐部员工激励的内涵、主要功能和主要方法。最后，介绍了康乐部员工绩效考核的内涵、作用、内容和方法。在康乐部营销管理部分中，首先，介绍了康乐部营销的内涵。其次，介绍了康乐部营销组合(4P)策略。康乐部营销组合策略包括产品策略、价格策略、促销策略和渠道策略。在康乐部产品策略部分，介绍了康乐产品的概念、康乐产品的构成、康乐产品组合策略(广度、长度、深度和关联性)。在康乐部定价策略部分，介绍了新产品定价策略、心理定价策略和折扣定价策略。在康乐部渠道策略部分，介绍了直接及间接销售渠道、长短渠道策略、宽窄渠道策略。在康乐部促销策略部分，介绍了人员推销、广告宣传、营业推广、公共关系等相关知识。在康乐部财务管理部分，重点介绍了康乐收入及成本的概念、分类和成本控制的基本措施。

🔲 知识链接•

康乐部编外人员管理制度

第1章　总序

第1条　为加强康乐部编外人员管理，满足康乐部经营的用人需要，特制定本制度。

第2条　本制度主要适用于康乐部各种短期兼职、一般专业人员等不纳入康乐员工编制的人员的管理。

第2章　编外人员的招聘与解聘

第3条　康乐部各营业点根据经营需要确定编外人员的种类、人数，填写《编外人员需求申请表》。

第4条　《编外人员需求申请表》应报人事行政部审批，并根据审批结果由人事行政部统一招聘或自行招聘。

第5条　编外人员报名时需填写一份专用表格，经人事行政部和康乐部双方面试合格后方可录用。

第6条　编外人员必须接受由康乐部统一安排的身体健康检查，检查不合格者不予录用。体检费用由编外人员自付。

第7条　编外人员必须根据康乐部要求确定入职日期，到人事行政部办理入职手续后方可上岗。

第8条　编外人员的试用期为30天，试用期内表现合格者可正式录用。

第9条　编外人员辞职必须提前30天通知营业点经理，并经批准后到人事行政部和康乐部办理相关离职手续。

第3章　日常考核与管理

第10条　编外人员被正式录用后，须按所在班组的各项工作要求对其进行考核。

第11条　所有编外人员必须服从管理，自觉遵守康乐部各项规定。对严重违反规章制度、表现较差、业务技能差及不能胜任本职岗位的员工，轻者予以批评、警告，情节严重者将予以辞退。

第12条　所有编外人员必须严格遵守请假制度。如需请假，应提前1天向上级报告，以便上级安排工作。

第13条　康乐部为编外人员提供统一制服，费用由康乐部承担。制服在饭店内洗涤须按康乐布草洗涤门市价收取费用，但可给予优惠。

第14条　编外人员可到财务部购买餐券，在员工餐厅用餐。

第15条　特殊编外人员因工作需要必须入住康乐部宿舍的，应按床位对其收取管理费(包括日常设备维修费用)。

第16条　编外人员宿舍必须配有独立水表、电表，康乐部将根据实际用量，每月按政府规定价格收取水电费。

第17条　编外人员需自行携带床上用品，如用品需要洗涤可到康乐布草房洗涤，费用按康乐部有关规定自付。

(资料来源：刘俊敏.酒店康乐部精细化管理与服务规范[M].北京：人民邮电出版社，2009.)

案例分析

康乐服务经典案例

C饭店是一家四星级的商务型饭店，接待的客人多为商务客人及附近大公司的高级职员。最近康乐部经理接到几宗投诉，客人反映对饭店KTV的服务不满意，康乐部经理经过一番调查，发现问题出在KTV包房中的服务员没有积极地去活跃包房的气氛，冷落了客人，未能使客人尽兴。服务员认为自己的职责是完成点歌，提供饮料、小吃等服务，而没有认识到当KTV中的DJ缺席或不设DJ岗时，服务人员应承担DJ的职能。康乐部意识到应加强对KTV包房服务员的培训工作。如果能够让KTV包房内的领班及服务员认识到他(她)们既要分工又要合作，要积极地调动KTV包房的娱乐气氛，就能做好KTV的服务工作，并让客人满意而归。

(资料来源：吴克祥，周昕.康乐经营管理[M].北京：中国旅游出版社，2004.)

试分析：

1. 康乐部经理应该做些什么？
2. 如何有效地设置KTV包房内的服务人员？

实训练习

每5个学生为1个小组，走访3～5家饭店康乐部了解其人力资源状况，包括人员学历结构、年龄结构、薪酬待遇、培训情况等，并撰写相关调研报告。同时，以小组为单位设计并撰写一则康乐部营业推广或公关活动方案，题目和主题不限，并制作PPT进行讲解说明。

复习思考题

1. 怎样理解康乐部营销的内涵？
2. 怎样理解康乐人力资源管理的内涵？
3. 康乐部员工绩效考核主要有哪些方法？
4. 简述康乐营销组合(4P)策略。
5. 康乐部员工激励主要有哪些方法？
6. 康乐部员工培训主要有哪些基本方法？
7. 简述康乐部员工招聘的流程。
8. 康乐部员工招聘有哪些渠道？
9. 康乐部员工培训包括哪些内容？
10. 简述康乐部员工绩效考核的内容。
11. 如何理解康乐收入的概念？
12. 康乐部成本控制有哪些措施？

第九章
饭店康乐设备及安全管理

- 掌握康乐部设施设备的含义
- 了解康乐部安全事故的种类
- 熟悉康乐设施设备管理的程序
- 掌握康乐设施设备管理的作用

- 了解康乐安全事故的处理方法
- 熟悉康乐设备管理的基本方法
- 了解康乐设施设备的保养与维修
- 熟悉安全事故的预防措施

康乐设施设备是饭店康乐部向客人提供各项产品的物质基础，是康乐服务人员从事接待服务活动的物质载体。同时，康乐部的安全工作也十分重要，它的好坏不仅反映康乐部的管理水平、服务质量，而且直接涉及客人的人身和财产安全。因而，充分掌握康乐部设施设备和安全管理的知识，对于康乐服务人员而言意义重大。

案例导入丨棋牌室的设备故障

7月的一天，骄阳似火，酷热难耐。大多数客人都没有出去游玩，选择留在饭店休息。一组客人想到饭店的棋牌室玩几圈麻将，进入棋牌室后觉得棋牌室室温偏高。客人张先生就打开空调，想降温，可是怎么拨弄，空调都不管用。于是同行的王先生找到棋牌室的服务员报修。

不一会儿，服务员小林就带着维修工来到棋牌室。维修工来回拨动了几下空调开关，空调通风口便吹出冷气。

小林想可能是由于客人操作上的失误导致空调暂时失灵，但为了照顾客人的面子又不能直接告诉客人这空调没有坏。于是小林想了一下，对客人笑着说："空调刚刚只是有点小毛病，现在已经完全修好了。谢谢您给我们及时提出来。"王先生和张先生也笑着说：

"没事没事，下次注意一下就行了。"然后高兴地把小林送出了房间。

案例评析：

饭店部门的设备可能会由于某些不明原因出现短暂性失灵，或者由于客人操作失误而造成设备坏了的假象。对于这种情况，如何在不损及客人面子的前提下圆满处理，就成为一个棘手的问题。在本案例中，小林的处理方法比较妥当。在现场氛围不是很融洽的情况下，是对客人说实话"空调没有坏"，还是说一个善意的谎言留住客人，小林选择了后者。"空调刚刚只是有点小毛病，现在已经完全修好了"，这样说既不会伤到客人的自尊心，又能给客人留下饭店服务速度快、重视客人要求的好印象。

(资料来源：李舟.饭店康乐中心服务案例解析[M].北京：旅游教育出版社，2007.)

第一节　康乐设施设备管理

一、康乐设施设备的含义

(一) 康乐设施

康乐设施包括建筑、装潢和家具等方面。如康乐场馆的外墙、屋顶、水池、道路、室内装饰、装潢(天花板、地毯、墙布、瓷砖、地砖、花岗岩、大理石、门窗、隔断、窗帘轨道)、室内家具等。

(二) 康乐设备

1. 康乐基础设备

康乐基础设备包括机械、电气设备及系统(输配电系统、上下水系统、空调系统、冷冻系统、通风系统、电子计算机系统、消防系统、音像系统、电话、电传传真通信系统、电梯、自动扶梯及升降机、各类清扫清洗设备等)。

2. 康体健身设备

健身器材包括踏步机、跑步机、划船器、综合多功能力量训练器；游泳池池水循环系统包括循环泵、过滤罐、池底吸尘器等；球类包括保龄球全自动红外线对焦计分系统、磁力置瓶机、球道系统、室内模拟高尔夫球场设备、电脑主机、高解像投影机、全方位红外线追踪系统以及壁球、网球、台球等设备。

3. 保健养生设备

保健养生设备包括桑拿干/湿蒸房系统、蒸汽炉、全自动恒温器、按摩浴池循环系统、自动过滤砂缸、水泵连/隔发器、全自动池水消毒器、空气泵、加热及制冷系统、热水发生器或水冷(风冷)制冷机组件、按摩喷射龙头、池底灯连低压变压器等。此外，还包括煽油机、吹风机、电剪、电动转椅、蒸汽机、高频率仪、蜡疗机、综合美容仪、文眉机等。

4. 休闲娱乐设备

休闲娱乐设备包括卡拉OK、舞厅音响、音像、灯光系统、CD机、LD机、VCD机、功放器、调音台、棋牌室(自动洗牌机)、形式各样的灯具等。

除此之外，接待服务时的服务车、行李车、冰箱、果汁机、制冰机，打扫卫生时用的吸尘器、地毯机，管理及办公设备等，均属于设施设备管理的范畴。

二、康乐设施设备管理的作用

(一) 可以提升康乐服务质量

康乐部是以出售设备的使用权和服务人员的劳务为主要经营方式的部门。康乐设备是员工为客人提供服务产品的物质条件，是康乐服务的质量赖以建立和提高的物质基础。没有完好的设备，康乐服务就无法正常提供；设备的完好程度，对康乐服务质量会产生重大影响。

(二) 可以增强饭店的盈利能力

一方面，康乐项目的收费标准，是建立在相应的设备条件和劳务条件之上的。只有提供完好的设备和令人满意的服务，才能保持较高的收费水平，从增加收入方面促进饭店经济效益的增长。另一方面，设备维修费用是饭店的一项重要支出。做好设备管理工作，可以节约设备维修费用支出、降低营业成本、增加利润，从减少支出方面促进饭店经济效益的增长。

(三) 可以确保客人的人身财产安全

康乐部必须尽一切可能，使客人获得满意的安全感。康乐部的安全设备如保安电视、消防设施、防盗系统等工作都应绝对可靠。例如消防系统，绝对不能在应急时失灵，以免延误救火时间，使来康乐部消费的客人的财物遭受损失。

三、康乐设施设备管理的制度

(一) 建立和健全设备管理制度

设备管理制度，包括设备的选择评价管理制度、设备的维护保养合理使用制度、设备的维修管理制度、设备事故分析处理管理制度、设备点检合理制度、设备档案管理制度等。饭店康乐部应建立和健全设备管理制度，确保各项工作按照制度有序进行。

(二) 坚持设备的分类编号登记和归口保管制度

总的原则是饭店所有设备都应由工程部统一归口管理，不同用途、性质的设备由分管部门及班组专职管理。例如，卡拉OK、DJ房的音像灯光设备由歌舞厅管理，美容美发设备由美容美发厅负责管理。

(三) 坚持设施设备的日常维护和保养制度

为保证设施及设备处于良好状态，各专职工作人员应合理使用，定期保养设备，如发现故障必须及时排除，并努力掌握设备的运行规律。其核心就是坚持"三好"，即管好、用好、修好。管好是指操作人员对自己使用的设备及附件要保管好，未经有关专业负责人批准，不能乱动设备的位置；非本设备操作人员不准擅自使用；不得擅离岗位，如发生事故，应保护现场，并如实报告事故经过。用好是指严格遵守设备操作规程，不超负荷使用，不带病运转。修好是指保证设备按期修理。此外，还应达到"四会"的要求：会使用——熟悉设备结构，掌握操作规程，正确、合理使用设备，熟悉加工工艺。会保养——保持设备内外清洁，熟悉、掌握一级保养内容和要求，按润滑图表正确注油，保持润滑面无锈蚀、碰伤。会检查——饭店康乐设备开动前，会检查各操作机构、安全限位是否灵敏可靠；设备开动后，会检查运行声音有无异常，并能发现故障隐患。会排除故障——通过设备的声响、温度、运行情况等现象，及时发现设备的异常状态，并能判定出现异常的部分及原因，根据自己掌握的技能，采取适当的措施排除故障。自己不能解决的故障，要迅速通知检修人员，并协同排除故障。

四、康乐设备管理的基本方法

(一) 建立设备技术管理档案

设备技术管理档案是指设备从规划、设计、购置、安装、调试、使用、维修、改造、更新直至报废等全过程活动中形成并经整理应归档保存的图纸、图表、文字说明、计算资料、图片、音像资料等，它是饭店康乐部技术档案的一部分。

1. 设备的管理范畴

对单台设备价值超过一定金额的重点设备应单独建立档案，低于这一金额的设备原则上不建立档案，归入一般固定资产登记的范畴。有些设备虽价值达不到这一金额，但因为是关键设备或者是主要设备的重要辅件，或者是批量大的设备，也应归入档案设备的管理范畴。

2. 设备的分类编号

为了方便对设备的统计和管理，对建档的所有设备都要进行编号，原则上一台设备一个编号。康乐设备一般采用三级编码制进行编号。第一个号码表示设备种类；第二个号码表示设备使用部门；第三个号码表示设备编号。例如，卡拉OK厅某台电视机的编号为"D0503"。其中，"D"表示电视机；"05"表示康乐部；"03"表示这台电视机的序号。有些设备的分类可能更多，以此类推，也可采用四级编码、五级编码等方式来进行分类管理。

3. 设备的技术档案资料

建档设备范围内的所有设备都必须有技术档案，内容包括：设备的品种、名称、规格、价值、数量、生产厂家、购买日期、使用部门、技术数据、合格证、使用说明书、批准文件等。

4. 设备的档案管理

设备技术档案应有专人进行管理，负责资料的收集、造册填写、归档和整理，妥善保存设备技术档案，为管好、用好设备提供基础依据。为做好设备技术档案的管理工作，所有购置的新设备的相关资料应移交设备档案管理人员，然后整理归档，妥善保管，如有文件的缺失应及时补充。对一些重要的技术资料档案，为防止遗失，除保留原件外，还应及时备份。

(二) 制定设备使用、操作、保养、维修规程

设备管理应按类归口、分片包干，将责任落实到班组和个人，还应当详细编制每台设备的使用方法、操作规程，并培训设备的使用人员。同时制定各种设备的维修保养规程，建立维修保养制度。一般应由康乐部负责日常养护、一级保养和小修；工程部负责二级保养、中修和大修；财务部负责检查使用效果、规范执行岗位经济责任制。

1. 设备使用规程

设备使用规程是对操作工人使用设备的有关要求和规定。主要包括：设备投产运行编制的操作维护规程、对操作人员的基本操作要求、安全事故的处理程序等。例如，操作工人必须经过设备操作基本功的培训，具备对该设备"会使用、会保养、会检查、会排除故障"的能力，并经过考试合格，发给操作证，凭证操作；不准超负荷使用设备；遵守设备交接班制度等。

2. 设备操作规程

设备操作规程是指对操作工人正确操作设备的有关规定和程序。各类设备的结构不同，操作设备的要求也会有所不同，编制设备操作规程时，应该以制造厂家提供的设备说明书的内容要求为主要依据。

五、康乐设施设备的保养与维修

康乐设备的保养与维修是设备管理的重要组成部分，它直接决定着设备的完好率和使用寿命，也会影响饭店的经营成本和整体经济效益。因此，康乐部的管理者要重视设备的保养与维修。

(一) 康乐设施设备的维护保养

康乐部的设施设备在运转使用过程中，会由于经营环境中的尘土、空气中的各种化学成分、设备运转中的相应运动，使外观变得陈旧，机械产生磨损、松动或变形，导致设备运转状态变差。这就要求管理人员对设备进行有计划的清洁、润滑、检查、调整等工作，即设施设备的维护保养；通过制度来明确规定由何人在何时负责对设备进行何种程序的保养，要求达到什么目的；规定饭店康乐部在一段时间内必须用于设备保养的资金数量。只有这样，才能使设施设备长期保持良好的工作运转状态。设施设备的维护保养一般分为日

常维护保养和定期维护保养。

(二) 康乐设施设备的维修

设施设备的修理和维护保养是不能互相代替的两项工作，两者的工作内容不同，要达到的目的也不同。修理主要是修复和更换已经磨损或锈蚀的零部件，维护保养则是处理设施设备在运转过程中随时发生的技术状况的变化，如脏、松、缺等。在设备运行中，即使设施设备的保养工作完全按规定、计划进行，各种设施设备的自然消耗磨损仍然会不可避免地产生。自然的侵蚀、不规范的使用和各种意外，都会使设施设备在运转过程中发生各种故障，使其不能正常工作。要使其恢复正常功能和运转，就必须对磨损部位进行修复，更换失效的零部件，并调整各部件之间的连接关系，使之协调。这种技术活动就是设施设备的维修。在康乐部中，设施设备的维修可按确定修理日期和修理内容的复杂程度进行分类。

第二节　康乐安全管理

一、康乐安全事故的种类

康乐娱乐场所的安全事故主要有火灾、偷窃及敲诈、打架斗殴、黄赌毒及设施设备安全5种形态。

(一) 火灾事故

康乐部的歌舞厅、卡拉OK厅等灯光昏暗，加之客人饮酒抽烟，火源较难发现和控制，一旦起火，因康乐场所装修材料多为易燃材料，且多处下层，通风能力弱，逃生与救援不便，容易酿成大祸。

(二) 偷窃及敲诈事故

偷窃事故主要会影响休闲者的财物安全。康乐娱乐场所人员复杂，光线昏暗及休闲者放情娱乐，给不法分子创造偷窃机会。例如，经常有女性社会人员到包厢以敬酒的名义与客人闲聊，借机盗取客人财物。敲诈则主要表现为康乐部对休闲者进行"宰客""诱骗"及销售假货、以次充好等违规操作和违法经营。例如，我们经常听到很多人以交友为诱饵，诱骗客人消费，给客人造成重大经济损失。

(三) 打架斗殴事故

打架斗殴多源于酗酒，在娱乐场所斗殴容易伤害客人，同时也会损坏康乐部设施设备。此类事故容易在歌舞厅、酒吧及KTV中出现，因此更应提高警惕。

(四) 黄赌毒事故

黄赌毒不仅严重危害客人利益，而且也严重妨碍旅游业、饭店业的发展。2010年6月，重庆某高星级饭店康乐休闲中心涉嫌黄赌毒，不仅对重庆旅游饭店业造成恶劣影响，而且对该饭店的管理方——世界某知名集团产生影响。北京某高档康乐会所涉嫌黄赌毒，这不仅为北京休闲业带来负面影响，也影响了整个中国休闲娱乐业。

(五) 因设施设备引发的不安全事故

2010年6月，深圳欢乐谷某娱乐项目设备突发故障，造成6死10伤的重大安全事故。设施设备的安装不合理或设备产品的不合格等，导致康乐场所安全事故发生率有增长趋势。因此，饭店康乐部应尤其重视自身设施设备的安全性，将安全隐患消灭在萌芽之中。

■ 二、康乐安全事故的预防措施

(一) 提高防火安全意识，加强现场巡视

康乐部的服务人员应熟悉各种防火设备的配置位置以及各种消防器材的使用方法，日常加强对各类消防器材的检查与维护，同时应在康乐场所加强巡视，及时制止客人的不安全行为，消除安全隐患，避免火灾事故的发生。

(二) 掌握运动伤害防护与急救处置的知识

在康乐部，有时会因设施设备的操作不当、客人自身运动方式及运动时间不当、不按规则运动以及康乐管理出现疏忽等原因，造成客人身体伤害。康乐部的服务人员应掌握运动伤害防护与急救处置的知识，以保证当客人出现意外情况时，能及时进行施救和采取应对措施。

(三) 主动向客人提供技术服务与技术指导

康乐部的服务人员应熟练地操作、使用本部门(如健身房、游泳池、保龄球馆等)的各种设施设备，了解其性能、结构、特点和使用注意事项，以便为客人提供器械使用指导和操作服务，以防止客人因不恰当的操作而造成伤害。

(四) 加强对场所与客人的安全控制

饭店康乐部各场所人员比较分散，客人在活动时容易放松对自己财物的保管，从而造成财物丢失。为此，服务人员应严格执行康乐场所的安全规定，提醒客人注意保管好私人物品，并做好现场的巡视和防盗工作。

(五) 提高紧急情况的应对与处理能力

康乐场所的人员比较复杂，经常会出现一些突发事件，如客人因酗酒而引发斗殴等。因此，服务人员应具备较强的应变能力，能及时对突发的治安事件做出反应，减少它们给

饭店与客人带来的危害与损失。

三、康乐安全事故的处理

(一) 常见创伤的处理

1. 切割伤或擦伤的处理

(1) 擦伤一般伤口较浅，可用卫生棉稍加挤压，挤出被污染的血液。若伤口很脏，可用清水冲洗后用酒精消毒，然后再用创可贴或纱布包扎。

(2) 切割伤若伤口较浅，可参照擦伤处理。

(3) 若动脉出血，应压住伤口接近心脏部位的动脉，在经过简单创面处理后迅速将伤者送医院治疗。

(4) 若手指或脚趾被切断，应马上用止血带扎紧伤口，或用手指压住受伤的部位止血，将断指用无菌纱布包好，立即把伤者连同断指送医院手术治疗。

2. 灼伤或烧伤的处理

(1) 用冷水冲洗，进行局部降温。

(2) 清洗干净后，蘸干表皮的清水，盖上纱布，用绷带包好，送到医院作进一步治疗。

(3) 因电击或火灾引起的烧伤，可先用生理盐水冲洗一下，再盖上消毒纱布，用绷带包扎，并尽快送医院治疗。

3. 昏厥的处理

(1) 昏厥是由脑部缺血、空气不好、消化不良和精神紧张等因素引起的，症状为脸部苍白、肌肉失去控制等。

(2) 若客人出现快要昏厥的前兆时，应把其头部置于双膝之间，这样可以使血液迅速流至头部，从而使情况好转。

(3) 应该松开昏厥者的衣服，并令其斜躺，头部应比身体略低，使血液容易流向头部。

(4) 如果客人还有知觉，可以让其吸入一点氧气或喝一点提神的饮料，例如热咖啡、热茶等。

(5) 若客人已经失去知觉，应立即拨打120急救，同时可用冷毛巾擦拭其脸部、胸部，但不可用冷水泼在客人脸上。

4. 骨折的处理

(1) 若伤口有出血现象，应先止血，然后包扎，再固定骨折部位。

(2) 固定伤骨时，用木板、杂志和纸板等可找到的材料做支撑物，扶托包括骨折断端上下两个关节在内的整个伤肢，这样才能保证骨折部位不错位。

(3) 固定时，应在骨突处用棉花或布片等柔软物品垫好，以免磨破突出的骨折部位。

(4) 固定骨折的绷带松紧应适度，并露出手指或脚趾尖，以便观察血液流通情况。

(5) 立即送医院治疗。

5. 创伤的处理

(1) 如果受伤客人感到颈部极度疼痛，并出现癣肿的现象，就可能是颈椎骨折。

(2) 必须由专人进行急救，切勿移动颈部，否则会导致永久性瘫痪。

(3) 立即送往医院治疗。

6. 脊柱骨折的处理

(1) 当判断客人所受的损伤可能是脊柱骨折时，不要轻易去移动伤员的肢体，在无法确定有无脊柱骨折时，要当作有脊柱骨折来处理。

(2) 在搬运颈椎骨折的病人时，要三个人同时进行，指定其中的一个人负责牵引固定伤员的头部，并负责喊口令使三个人动作一致，三个人同时将伤员抬起，以仰卧姿势放在硬板担架或床板上，颈后放一个小垫子，头下不能放枕头，头两侧用沙袋类重物固定，防止头左右晃动，颈部还应用布带适当地固定一下，然后送往医院。

(3) 搬运胸腰椎骨折的伤员，最好由四个人同时进行，其中三个人站成一排一起用力，分别托住伤员的头、肩、臂和下肢，另一人在对面帮助，一起把伤员托起放在硬板担架上，要让伤员处于俯卧位，注意绝对不能抱头、抬腿，以免造成脊柱极度弯曲，加重对脊髓的压迫和损伤。

7. 扭伤和拉伤的处理

(1) 查看受伤部位，观察伤势。

(2) 若伤势较轻，可喷洒局部外用药，并嘱咐客人注意休息。

(3) 若伤势较重，应用冰袋均匀施压于受伤部位，并马上送医院治疗。

8. 溺水事故的处理

(1) 立即将溺水客人急救上岸。

(2) 立即清除溺水者口鼻内的污物，若有假牙应取下，保持呼吸道通畅。

(3) 垫高溺水者腹部，使其头朝下，并压拍其背部，使吸入的水从口、鼻流出，此项救助的时间不宜过长，而应抓紧时间进行复苏急救。

(4) 让溺水者仰卧于硬板或地上，打开气道，口对口吹两口气，再检查颈动脉是否正常跳动。

(5) 对呼吸、心跳停止者，应立即实施人工呼吸及胸外心脏按压等急救措施。

(6) 迅速拨打急救电话120，将溺水者送医院急救。

(7) 在送往医院的途中不要中断急救。

(8) 将事情发生经过及处理过程详细记录下来，以备查询。

(二) 火灾的处理

1. 火灾的处理程序

(1) 员工要保持冷静与镇定，立即报告饭店消防中心和上级。简明扼要地讲清楚着火的地址、着火的火源以及火灾的范围，同时能够冷静地回答通信人员的提问。

(2) 火灾现场的自救和互救。当班经理必须立即奔赴现场，组织员工参加灭火。饭店领导到场后，视火情严重程度，由值班经理决定是否报火警119及组织客人疏散，并对现场及附近的安全负责任。康乐服务人员在火灾发生时，应注意以下事项。

第一，服务员平时应当熟记工作区域周围的应急逃生路线。

第二，发生火灾时，一定要沉着冷静，根据现场情况，采取不同的应急措施。

第三，关闭所有电器及通风、排风设备，撤离现场时不得使用电梯。

第四，帮助客人撤离时要将房门关上，要特别照顾老弱病残及儿童。组织客人撤退，维护好逃生现场纪律，不可惊慌拥挤。

第五，当烟比较重时，要尽量协助客人放低身体，沿着墙角匍匐前进，并且用湿毛巾、手帕等捂住口鼻，迅速逃离火场。

第六，如果身上着火，不要奔跑，要迅速把着火的衣服撕开脱下，来不及撕脱衣服可就地打滚，把火压灭。旁边的人帮助用水浇灭，或者用随手拿到的扫把、衣服等帮助其拍打、覆盖灭火。

第七，逃生路线被火封锁时，应立即回到未着火的室内，关闭门窗并扯下窗帘等堵住门窗缝隙，有条件的应不断向靠火场一面的门窗上洒水降温，并尽快发出求救信号。

第八，保护好起火现场以便查明起火原因。

2. 手提式干粉灭火器的使用

手提式干粉灭火器如图9-1所示。

(1) 灭火时，快速将灭火器拿到火场并晃动灭火器避免干粉结块，在距离燃烧物5m处拔掉保险销，一只手提住灭火器提把并用力压灭火器压把，另一只手握住喷嘴，对准火焰猛烈喷射。

(2) 扑救可燃、易燃液体时，应对准火焰根部进行喷射，当所扑救的液体流淌燃烧时，也应对准火焰根部由近向远进行喷射。

(3) 当使用磷酸铵盐的干粉灭火器扑救固体可燃物的初起火灾时，应对准燃烧最猛烈处进行喷射，也可以集中多个灭火器同时灭火。

手提式干粉灭火器的使用方法如图9-2所示。

图9-1　手提式干粉灭火器

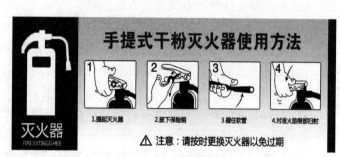

图9-2　手提式干粉灭火器使用方法图示

(三) 其他安全事故处理

1. 停电事故的处理

(1) 当值员工应安静地留守在各自的工作岗位上，不得惊慌。

(2) 及时告知客人是停电事故，正在采取紧急措施恢复供电。

(3) 如果是在夜间，应用应急灯照亮公共场所，帮助滞留在走廊及电梯中的客人转移到安全的地方。

(4) 加强公共场所的巡视，防止有人趁机打劫，并注意安全检查。

(5) 防止客人点燃蜡烛而引起的火灾。

(6) 供电后检查各电器设备是否运行正常，其他设备是否有损坏。

(7) 做好工作记录。

2. 打架斗殴的处理

(1) 对容易发生打架斗殴的区域要重点防范，并配备保安人员加强巡逻。

(2) 舞厅、酒吧的服务员在工作时要注意饮酒过量的客人，如果发现应礼貌地劝阻，一旦发现有打架斗殴的情况，应立即制止并保护客人，同时报告保安部，并视情况有礼节地进行劝阻。

(3) 检查店内的物品是否有损坏，如有损坏，应确定损坏程度及赔偿金额，并向肇事者索赔。

3. 突发暴力事件的处理

(1) 立即打电话通知保安部，讲清楚现场情况。

(2) 保安部接到报警后，应立即赶赴现场，同时立即视情况着手处理，要维护现场秩序，劝阻围观人员，保护好现场。

(3) 向当事人、报案人和知情人了解案情，做好记录，并对现场拍照。

(4) 看守犯罪分子，保管好客人遗留在现场的物品，并统一登记。及时与公安机关联系，并协同公安人员做好有关善后工作。

4. 客人破坏设备的处理

1) 发现客人破坏设备设施

(1) 立即上前制止。

(2) 如果个人无法控制局势，则迅速通知保安人员、领班到场。

(3) 维持现场秩序，避免无关人员围观。

2) 保护事故现场，检查受损设备

(1) 将客人带离事故现场，服务员仔细检查设备受损情况，并做好详细记录。

(2) 保持现场原状，等待保安部和工程部人员到场。

3) 要求客人赔偿

(1) 向有关部门查询受损设备的价格，根据可修复情况，确定客人的赔偿金额。

(2) 向客人提出索赔。

(3) 如果客人同意赔付，陪同客人到收银处缴纳罚款。

(4) 如果客人拒付，请当班经理出面协商。

4) 及时向工程部报修

5) 记录事情经过

将事情起因、经过及处理结果详细记录在值班日志上，以备日后查阅。

5. 客人食物中毒的处理

(1) 食物中毒以恶心、呕吐、腹痛和腹泻等急性肠胃炎症状为主，如果发现客人同时出现上述症状，应立即报告本部门主管领导，并通知医务室医生前往诊断。

(2) 初步确定为食物中毒后，应立即对中毒客人紧急救护，并将中毒客人送医院治疗。

(3) 对客人吃过的所有食品取样备查，以确定中毒原因，并通知当地卫生防疫部门。

(4) 对可疑食品及有关餐具进行控制，以备查证和防止其他人中毒。

(5) 对中毒事件进行调查，查明中毒原因、人数等。

(6) 做好有关善后工作。

6. 客人死亡的处理

(1) 立即报告保安部，并保护现场。

(2) 保安人员到现场后，应向报告人问清有关时间、地点，当事人身份和国籍等情况，认真记录并立即上报。

(3) 如发生自杀、他杀，应立即向公安机关报案，并保护好现场，等待公安人员前来处理。

(4) 若客人未死亡，应及时送医院抢救。

📖 本章小结

康乐设施包括建筑、装潢和家具等方面；康乐设备包括饭店基础设备、康体健身设备、休闲娱乐设备、美容美发设备等。康乐设施设备管理可以提升康乐服务质量，可以增强饭店的盈利能力，可以确保客人的安全。因此，应建立和健全设备管理制度，坚持设备的分类编号登记和归口保管制度，坚持设施设备的日常维护和保养制度。康乐设备管理的基本方法包括建立设备技术管理档案，制定设备使用、操作、保养、维修规程。康乐部娱乐场所安全事故主要有火灾、打架斗殴、偷窃及敲诈、黄赌毒及设施设备安全5种形态。康乐部安全事故的预防措施包括：主动向客人提供技术服务与技术指导，掌握运动伤害防护与急救处置的知识，提高防火安全意识，加强现场巡视，加强对场所与客人的安全控制，提高紧急情况的应对与处理能力。康乐安全事故的处理包括：常见创伤的处理、火灾的处理和其他安全事故处理。

📖 知识链接

康乐部财产物资管理制度

第一章 财产设备管理制度

第一条 根据财务部有关固定资产管理制度，康乐部使用的各种财产设备由专人负责管理，建立康乐部财产二级明细账，各部门使用的财产设备由各部门建立财产二级账，以便随时与财务部相互核对，做到账账相符、账物相符。

第二条 部门使用的各种财产设备实行"谁主管，谁负责"的责任制，按照使用说明准确使用，并切实做好日常的维护和清洁保养工作，做到物尽其用、正确使用。

第三条 财产设备的调拨、出借必须经财务部经理或总经理审核批准，填写财务部印制的固定资产调拨单，私自调拨、出借要追究当事人责任。

第四条　财产设备在饭店部门之间转移，由管理部门填写固定资产转移单，并办理设备账、卡的变动手续，同时将其中一联转移单送交财务部备案。

第五条　设备因使用日久损坏或因技术进步而淘汰需报废时，必须经饭店工程部鉴定和财务经理或总经理批准后才能办理报废手续。

第六条　新设备的添置必须经饭店批准，会同财务部和本部门共同验收，并填写财务部印制的财产领用单，办理领用手续后，登记入账。

第七条　康乐部每季度应对各部位使用的设备进行一次检查和核对，每年定期清查盘点，确保账物相符，发生盈亏必须查明原因，并填写财务部印制的固定资产盘盈盘亏报告单，报财务部处理。

第二章　物料用品管理制度

第八条　物料用品主要是指供客人使用的各种物品，包括布件和毛巾类用品、卫生保健用品、文具和服务指示用品、包装用品以及工具类物品、办公室用品和清洁洗涤用具等低值易耗品。

第九条　各部位应设有专职或兼职人员负责上述物料用品的管理工作，按财务部物资管理制度、低值易耗品管理制度和定额管理制度，编制年度物料用品消耗计划；按物料用品的分类，建立在用物料用品台账，掌握使用及消耗情况；办理物料用品的领用、发放、内部转移、报废和缺损申报等工作。康乐部领班负责督导和检查。

第十条　各种物料用品的领用，应填写财务部印制的物料用品领用单，经部门经理审核签字后，向财务部仓库领取，并及时登记入账。布件和毛巾类用品以及工具类物品，除因业务发展需要增领外，实行以旧换新的办法，并填写物料用品领用单和财务部统一印制的饭店低值易耗品报废单。报废的物品，应先经部门经理审批，并由财务部统一处理。各种物料用品在内部转移，由相关部门物资管理人员办理转移登账手续。

第十一条　各种物料用品的消耗、领用和报废、报损每月底由各部门物资管理人员统计、清点一次，并填物料用品耗用情况月报表，经部门经理审核后，确保统计数字准确，数、物和台账相符。

第十二条　各部位领班应结合日常管理工作，加强对物料用品使用情况的检查和监督，做到准确使用和合理使用，杜绝浪费。

(资料来源：中国饭店员工素质研究组.星级饭店康乐部经理案头手册[M].北京：中国经济出版社，2008.)

📖 **案例分析**

王女士的挎包不翼而飞

2009年7月初，王女士花了近2000元在北京某饭店健身俱乐部办了一张VIP健身卡。某日，王女士下班之后，去此俱乐部锻炼，其将挎包存放在洗澡间租用的柜子内(大柜子每月租金80元，小柜子每月租金30元)，挎包内有其刚取的2000元现金、3张银行卡、身份证、手机等物。

王女士练完瑜伽回到洗澡间准备洗澡时，突然发现其柜子敞开着，挎包不翼而飞。王女士随即报警，并与俱乐部的相关负责人商谈赔偿事宜。该俱乐部一名负责人说："我们已经告知会员有贵重物品可存放到吧台，已经尽了告知义务，因此不该承担责任。另外，案件尚在侦查阶段，一切要等案件侦破后再说。"

律师解答：俱乐部应承担责任。理由是：健身俱乐部不能以提示"贵重物品存放到吧台"而免除赔偿责任。王女士缴纳相应的保管费用，双方已形成有偿的保管合同，根据有关法律规定，保管期间因保管人保管不善，造成保管物损毁丢失的，保管人应当承担损坏赔偿责任。另外，健身俱乐部由于自身的管理问题造成王女士的财物丢失，属保管不善，应当对王女士承担赔偿责任。

同时，因为双方之前未对更衣柜存放物品进行验收，在实际理赔过程中，消费者还需要实际举证其丢失物品的内容及价值。

(资料来源：时永春.康乐中心服务技能与实训[M].北京：清华大学出版社，2010.)

试分析：

1. 康乐服务人员应该采取何种措施以防止饭店客人财物的丢失和损毁？
2. 服务人员应如何处理饭店康乐部的丢窃事件？

实训练习

每6名学生为1个小组，实地走访某家星级饭店康乐部，详细了解设备使用和管理情况，同时实地调研该饭店康乐部日常安全管理制度和具体做法，并根据该饭店的实际情况，以小组为单位提出具有建设性的意见和建议。

复习思考题

1. 康乐部设施设备的含义是什么？
2. 康乐部安全事故包括哪些种类？
3. 简述康乐设施设备管理制度。
4. 康乐安全事故的处理方法有哪些？
5. 简述康乐设备管理的基本方法。
6. 怎样理解康乐设施设备的保养与维修？
7. 试分析康乐设施设备管理的作用。
8. 康乐安全事故的预防措施有哪些？

第十章
饭店康乐卫生管理

▌知识目标▐

- 掌握康乐部卫生工作的特点
- 掌握康乐部服务人员卫生制度的基本要求

▌技能目标▐

- 熟悉康乐部各部门卫生管理规范
- 熟悉营业场所卫生制度的基本要求

▌本章导语▐

　　康乐场所卫生是饭店服务质量的重要组成部分，不仅影响饭店的形象，而且关系在此工作的客人和服务人员的身体健康。虽然康乐部门各项目之间在康乐内容、设备结构、使用要求等方面存在差异，卫生内容与卫生要求也不尽相同，但在整体要求方面是一致的。本章主要介绍了康乐卫生管理的特点、基本要求和清洁保养标准，为康乐卫生管理提供一定的借鉴。

案例导入 | 消毒剂过量引发的游泳馆风波

　　2006年夏季，某饭店室外游泳池突然接到客人的投诉信息，说有部分儿童在本池内游泳后出现眼部不适、呼吸道有异样感等。有关负责人员迅速展开调查，发现是服务人员在给游泳池消毒时操作不当，致使消毒剂使用过量。游泳池内弥漫着消毒剂的刺激味道，而较为敏感的儿童是最先产生反应的。面对焦急的家长，康乐中心负责人表示深深的歉意并愿意承担相应的赔偿责任。

案例评析：

　　游泳是人们夏日消暑的绝佳选择，生活水平的提高促使很多人不仅选择在公共游泳池内游泳，也开始选择人相对较少的星级饭店泳池作为运动场所。泳池消毒应在晚上游泳池没有客人的时候进行。在人多时，特别是在有儿童时向泳池内洒消毒剂，是一种十分不负责任的错误做法。

　　运动健身场所也须注意安全，只有严格按照操作规程规范执行，才能杜绝可能存在的隐患和风险的发生。所以，我们必须时时关注运动休闲项目的负面作用及其危险性，确保安全第一。每一位服务人员都应树立安全意识，将客人安全放在工作首位。游泳运动是一项风险性运动，在室内游泳池里，首先要注意水的卫生安全，必须在统一标准下加强管理；其次要注意客人的运动安全，游泳池需要有完善的救生、急救机制和相应的配套专业人员与器材设施，以杜绝和减少安全隐患。

(资料来源：左剑.康乐服务与管理[M].北京：科学出版社，2008.)

第一节　康乐部卫生管理概述

一、康乐部卫生管理的特点

清洁是客人选择饭店的第一要求，康乐活动是放松心情的一项活动。康乐场所的卫生情况不仅影响饭店的形象、声誉和经济效益，而且关系在此工作和娱乐的客人们的身体健康。所以，康乐场所的卫生工作在康乐部的经营活动中有着极其重要的地位，其特点包括以下几个方面。

(一) 工作量较大

康乐部项目比较多，设备数量多，且设施设备与客人接触多，这是康乐部卫生工作量大的表现。所有与客人密切接触的项目、设备都应及时进行清洁、消毒，以保证客人接触的项目是符合卫生标准的。所以，康乐部卫生工作人员不仅要在设备使用前进行清洁，而且要在设备使用过程中随时为客人进行清洁，从而使客人愉悦地享受康乐项目。因此，工作量大是康乐部卫生工作的第一特点。

(二) 卫生工作重复率高

使用康乐项目的客人流动量大、设备使用频率高，有的设备每更换一位客人就应进行一次卫生清洁。例如，按摩和美容美发设备，同样的卫生清洁工作每天要多次重复；按摩与桑拿的客人衣裤则是一客一用。卫生工作重复率高是康乐部卫生工作的第二特点。

(三) 项目之间差异较大

康乐项目有游泳、棋牌、斯诺克、保龄球、高尔夫、网球、壁球、美容美发、SPA水疗以及歌舞厅、健身房、游艺厅等，各个项目对卫生要求差异较大。例如，游泳、SPA水疗对水质要求很高，保龄球、沙狐球要求球道经常除尘和打磨，乒乓球要求桌面洁净，斯诺克要求桌面除尘，健身房要求设备干净、整洁。因而，各康乐项目之间对卫生的要求差异较大。

二、康乐部营业场所卫生制度的基本要求

(1) 营业场所卫生实行"三清洁制度"，即班前小清洁、班中随时清洁和班后大清洁，部分区域实行计划卫生制度和每周大清理制度。

(2) 使用有效方法使大厅空气随时保持清新。

(3) 做好灭蚊、灭蝇、灭鼠、灭蟑螂工作，定期喷洒药物(发现蚊蝇及时喷杀)，如果不能控制，应及时通知专业公司进行消灭。

(4) 食品分类存放，每周对冰箱进行彻底清理和整理，对即将过期的食品饮料要按规定撤换退库。

(5) 要随时对客人用过的杯具进行消毒(消毒方法：将洗刷干净的杯具杯口朝下装入器皿，再放进消毒柜内，并启动开关，消毒时间为15～20分钟)。消毒后，等温度下降后方可取出杯具，然后放置在柜内，用干净的布盖好备用。

(6) 对消毒柜进行计划清理，领班应每天记录消毒情况，写明消毒时间、数量、种类、消毒人姓名等。

(7) 服务员每天要对更衣室进行消毒(可以使用紫外线消毒或化学药剂消毒)。

(8) 主管应每天对杯具及房间的消毒情况进行检查，如发现有不按规定消毒或不进行消毒的情况要按饭店的"奖惩条例"有关规定予以处理。

(9) 康乐部经理对部门所辖区域的卫生负有最终责任，必须定期进行全面检查，并将检查记录在案，作为各班组卫生评比的重要依据之一。

三、康乐服务人员卫生制度的基本要求

康乐服务人员卫生是餐厅卫生管理的一个重要组成部分。员工直接面对客人，直接接触食物、餐具，如果服务人员在卫生方面有不良习惯，或者操作不当，都会影响食品的卫生，所以必须养成良好的卫生习惯并落实到工作当中。

(1) 餐厅所有工作人员必须持健康证上岗，如无健康证则应停止其工作。

(2) 具备基本的健康卫生知识，保持身体健康、精神饱满、睡眠充足。

(3) 讲究个人清洁卫生，做到"四勤"，即勤剪指甲、勤洗澡理发、勤洗衣服和被子、勤换工作服，消除身体异味并保持干净整洁。

(4) 做好上岗前的准备工作，换好干净整洁的工作服，吧台及厨房工作人员戴好帽子，个人物品存放在指定的地方。

(5) 工作中杜绝不良习惯，避免用手触摸头发或面孔，不得面对着食品、客人咳嗽、打喷嚏，不准随地吐痰。

(6) 上班前不能吃带异味的食品，不饮含酒精的饮料，保持口气清新。

第二节 康乐部卫生管理规范

一、KTV及舞厅卫生管理规范

(1) KTV及舞厅的卫生条件、卫生设施及用品用具必须符合国家《文化娱乐场所卫生

标准》的要求。

(2) KTV及舞厅应有符合规定的通风设施，以保持室内空气清新无异味。

(3) KTV及舞厅的空调器滤网、电扇叶片、座位套应定期清洗，保持整洁。

(4) KTV及舞厅内禁止吸烟，禁烟标志要明显。

(5) KTV及舞厅内不得使用紫外线灯、滑石粉和有害烟雾剂。

(6) 茶具、毛巾等应做到"一客一换一消毒"，清洗、消毒须有专人负责，且方法要正确。

(7) 及时清扫厕所，要做到无积污、无异味。

二、棋牌室卫生管理规范

(1) 包厢门开启灵活，门把手清洁完好，门面无污迹。

(2) 包厢地面须保持清洁，无污迹、水迹；地角线上无污迹。

(3) 麻将机表面无污迹、杂物；机箱内无烟头、烟灰、筹码；底盘上无污迹、杂物，底下无垃圾。

(4) 电视柜无污迹；电视机表面无灰尘；遥控器表面无污迹。

(5) 沙发表面无明显污迹、破损；靠垫须摆放整齐；椅子表面无污迹，不锈钢脚表面清洁、光亮。

(6) 洗手间镜子光亮，无污迹；地面清洁，无水迹、污迹；抽水马桶须干净，无异味；厕纸足够并将顶端折成三角形；顶部灯光完好、明亮。

(7) 走廊地面清洁，无杂物、垃圾、烟洞；地毯干净；顶部灯具完好，无污迹。

三、游泳馆卫生管理规范

(1) 游泳馆的整体环境须美观、舒适、优雅、整洁。

(2) 游泳馆内所有金属件光亮，镜面光洁。

(3) 游泳馆门口的营业时间、客人须知、价格表等标志标牌应设计美观，有中英文对照，字迹清楚，表面无污迹。

(4) 室内游泳池、休息区、配套设施的整体布局合理协调，空气新鲜、通风良好、光照充足。

(5) 游泳馆内应保持标准的室内换气量、自然光率、室内温度、水温和室内相对湿度等。

(6) 休息区的躺椅、座椅、餐桌应摆放整齐，大型盆栽盆景美观干净。

(7) 顶层玻璃与墙面干净、整洁，地面无积水，休息区地面躺椅、餐桌座椅、用具等无尘土、无污迹和无废弃物，无卫生死角。

(8) 更衣室、淋浴室、卫生间的天花板光洁明亮；墙面、地面整洁，无灰尘蛛网，卫生间无异味；更衣柜内无尘土、无垃圾、无脏物等。

(9) 游泳池水质清澈透明，无污物、毛发；池水定期消毒，并定期进行更换。

(10) 饮用水无色、透明、清洁，符合国家卫生标准。

四、美发室卫生管理规范

(1) 营业场所的卫生条件、卫生设施及用品、用具必须符合国家《理发店、美容店卫生标准》的要求。

(2) 理发用的大、小围布要经常清洗更换。

(3) 不定期地对美发设备、理发工具进行全面清洁、消毒,确保安全卫生,符合卫生监督标准。

(4) 确保美发室环境清新,不得在房内吸烟,保持禁烟标志光亮清洁。

(5) 备有供患头癣等皮肤病客人专用的理发工具,并有明显标志,用后及时消毒,单独存放。

五、美容室卫生管理规范

(1) 美容室的卫生条件、卫生设施及用品、用具必须符合国家《理发店、美容店卫生标准》的要求。

(2) 美容师在提供美容服务前,应将双手清洗干净,并戴上口罩。

(3) 所有的毛巾应保持干净,无异味、无破损,分类存放于带门的布草柜内;柜内应无污渍、无杂物,干净整洁。

(4) 客用的毛巾、床单、美容衣服应做到"一客一换一消毒",用过的布草要集中送往客房部布草房进行洗涤、消毒。

(5) 毛巾须用消毒水充分浸泡后方可放入热毛巾箱。

(6) 确保美容工具的清洁及正常使用,应做到"一客一消毒",对化妆刷、粉扑、眉钳、黑头针等美容工具用紫外线消毒箱进行消毒,且消毒时间不能少于30分钟;消毒后的工具应妥善存放,并对消毒工作做好文字记录。

(7) 不得做创伤性、医疗性美容手术;发现患有皮肤病的客人应劝其到医院治疗,并做好文字记录及交接班工作。

(8) 确保美容室环境清新,不得在房内吸烟。

(9) 美容室使用和销售的美容产品必须有省、市卫生部门出示的检验合格证明书。

六、桑拿洗浴卫生管理规范

(1) 桑拿洗浴的卫生条件、卫生设施及用品、用具必须符合国家《公共浴室卫生标准》的要求。

(2) 保持桑拿洗浴室内墙壁、天花板和地面无积水、无杂物、无污渍、无破损、无蜘蛛网;确保淋浴设备、按摩设备能正常使用。

(3) 所有毛巾应干净无异味、无污迹,并按要求折叠好后分类存放在布草房带门的柜子内;柜内应保持干净,无污渍及其他杂物。

(4) 脏布草要及时回收到规定的布草车内,并运送到洗衣房,同时接收更换的新布草。

(5) 应对清洁用具分类使用和分开摆放，清洁毛球应有明显的区别标志，胶手套可以用不同颜色加以区分，垃圾桶要及时清倒。

(6) 客用毛巾应做到"一客一换"，用过的毛巾应集中送往客房部布草房洗涤消毒；员工在折叠干净毛巾前要洗手消毒；用于折叠毛巾的台面须先用消毒水抹擦干净，防止交叉污染。

(7) 客用更衣柜内、外要保持清洁，要求无污渍、无异味，做到"一客一用一消毒"。

七、健身房卫生管理规范

(1) 服务台及接待室天花板光洁无尘，灯具清洁明亮；墙面干净、无脱皮现象；地面无污迹、无废弃物；服务台面干净整洁，服务台内无杂物；沙发、茶几摆放整齐，烟灰缸内的烟头及时清理。

(2) 更衣室地面干净无尘，无走路留下的鞋印；更衣室内无卫生死角、无蟑螂等害虫；更衣柜表面光洁、摆放整齐，柜内无杂物；为客人提供的毛巾、浴巾等物摆放整齐。

(3) 健身室天花板和墙面光洁无尘，地面干净，无灰尘，无废弃物；健身设备表面光洁、无污迹，手柄、扶手、靠背无汗迹，设备摆放整齐；光线柔和，亮度适中。

(4) 淋浴室墙面、地面无污迹，下水道通畅，室内无异味；淋浴器表面光洁，无污迹，无水渍。

(5) 卫生间墙面、地面光洁；马桶消毒符合要求，无异味；镜面无水迹，光洁明亮；水箱手柄、洗手池手柄光洁。

(6) 休息室墙面、地面无灰尘、无杂物，沙发无尘，茶几干净，用品摆放整齐；电视机表面干净无尘，荧光屏无静电吸附的灰尘，遥控器无灰尘、无汗渍；室内光线柔和，亮度适中，空气清新。

八、保龄球卫生管理规范

(1) 发球区。用发球区专用清洁剂清洗，用丁字形拖把将发球区清理一遍，当使用频率高时，可用抛光机打磨；把用干毛巾清理出的脏物和灰尘抖到垃圾箱内，确保发球区光亮、无油、无尘、无脏物。

(2) 球道。用专用除油拖把从置瓶区向犯规线处推除球道油，不得将专用除油拖把推过犯规线进入发球区；用打磨机打磨；用涂油机涂油或用油拖人工上油，确保球道光滑、涂油均匀。

(3) 置球区。用专用除油拖除油；用除尘拖把清洁干净，确保平整光亮、无尘、无油污。

(4) 球沟和回球道盖板。用浸有球道清洗剂的百洁布将盖板和球沟上的脏物清洗干净；立即用干毛巾或布将清洗剂擦净，确保整洁无尘、无杂物。

(5) 回球机。将清洁剂均匀地喷在干净的抹布上，用抹布擦拭回球机表面，确保干净无尘、无污渍、无杂物。

(6) 球员座椅。将清洁剂均匀地喷在干净的抹布上，用抹布擦拭椅面、靠背、椅腿、椅背，确保整洁干净、无污物。

(7) 计分台及计算机显示器。用抹布擦拭记分台和计算机显示屏表面的灰尘，用柔软的抹布和除静电清洁剂擦拭显示屏，确保整洁干净，显示屏无静电吸附的灰尘，无手迹。

(8) 公用球及球架。定期用公用球专用洗球机洗球；每日用抹布擦拭球表面的灰尘、汗迹及球架的灰尘，确保干净光洁，无尘、无汗迹或污迹。

(9) 公用鞋。喷洒消毒除臭剂；用抹布擦拭，确保鞋面光亮无尘、无污迹，鞋内无杂物、无异味，消毒达到国家卫生标准。

(10) 置球机。每天用抹布擦拭一至两台；定期对所有机器做专业擦拭保养，确保无灰尘、无油污。

(11) 保龄球。将清洁剂均匀地喷在干净的抹布上，用抹布擦拭保龄球表面，确保整洁干净、无污迹、无脱漆和破损。

(12) 布景板。用除尘拖除尘，用抹布擦拭，确保整洁干净，无污迹、无蜘蛛网，色彩鲜明。

九、台球卫生管理规范

(1) 台呢的绒毛由顺毛和逆毛织成。除尘时，应握紧软毛刷沿着顺毛方向拉成直线，不能回拉或画弧线；桌边与台面夹角区域，用软毛刷的前端沿顺毛方向拉成直线；国产台呢的绒毛无方向，但除尘操作时，毛刷最好按一个方向运行；当台呢出现褶皱或发现溜球现象时，可用电熨斗将台呢熨平；保持每天清理台呢1～2次，顺毛方向熨烫1次为佳；任何液体不得洒在台呢上，特别是啤酒、饮料等含糖液体，否则台呢会变硬，从而影响使用寿命；确保台呢平整无污迹、无灰尘，绒毛柔顺。

(2) 台边及台脚用抹布擦拭干净；定期用碧丽珠擦拭，保持清洁光亮；确保光洁无尘、无污迹、无划痕。

(3) 球杆、球架每天用干布擦拭一次，营业时注意擦拭球杆上的汗迹；每周用省铜水对架杆的铜头省铜一次；确保光洁润滑、无汗迹、无污迹，铜质部分光亮、无铜锈斑。

(4) 记分牌每天用干布擦拭，每周用省铜水对铜质记分牌省铜一次，确保干净光洁、无污迹、无灰尘，铜质部分无铜锈斑。

(5) 将台球放入30℃左右的温水盆中加入适量的液体洗涤剂(尽量不使用洗衣粉)，浸泡5～10分钟，如果球面有污染物，需用软毛刷清除，再将球取出置于另一盆30℃左右的清水盆中清洗；清洗完毕后，用质地柔软的厚毛巾将球擦干；在球的表面均匀地喷洒少量碧丽珠，用干毛巾反复擦拭即可，确保球面光洁无尘、无污迹。

(6) 沙发、茶几木质部分每天用抹布擦尘一次，每月定期打蜡一次；玻璃部分每天用镜布将手印及灰尘擦掉；布质椅面或沙发面每天用吸尘器吸尘一次，视使用情况每半年或一年用沙发机清洗一次；确保木质部分干净光洁、无灰尘、无杂物，玻璃部分无手印、无灰尘，布质椅面或沙发面无灰尘、无杂物、无污迹。

(7) 球台照明灯泡及灯罩每天用干抹布擦拭一次,确保无灰尘、无污迹。

(8) 服务台及吧台每天擦拭、整理,吧台应每天擦拭并消毒,确保台面干净整洁、无杂物,符合卫生检疫标准。

十、网球卫生管理规范

(1) 球网、球网架定期用水清洗,确保球网清洁、无破损,网架无尘、无污染。

(2) 球拍每天擦拭干净,确保无尘、无破损。

(3) 球每天用干净的软布擦拭,确保无污物、无破损。

(4) 球鞋喷洒消毒除臭剂;用抹布擦拭,确保鞋面光亮无尘、无污迹;鞋内无杂物、无异味,消毒达到国家卫生标准。

(5) 将清洁剂均匀地喷在干净的抹布上,用抹布擦拭座椅椅面、靠背、椅腿、椅背,确保整洁干净、无污物。

(6) 围栏定期用水冲洗,确保围栏清洁无尘、无破损。

十一、高尔夫球卫生管理规范

(1) 球杆每天用干布擦拭一次,营业时注意擦拭球杆上的汗迹,确保光洁、无锈斑、无汗迹、无污迹。

(2) 球每天用干净的软布擦拭,确保光洁无尘。

(3) 球鞋喷洒消毒除臭剂;用抹布擦拭,确保鞋面光亮无尘、无污迹;鞋内无杂物、无异味;消毒达到国家卫生标准。

(4) 太阳伞每天用抹布擦拭伞面、伞柄,确保干净、无污迹。

十二、壁球卫生管理规范

(1) 壁球室用专用清洁剂清洗地面,用干拖布清理干净,保持干燥;普通墙面每天抹除浮尘一次,确保地面平整光洁、无尘、无污迹,墙面光洁、平滑,无掉皮、脱皮。

(2) 球拍、球每天用干净的软布擦拭,确保无尘、无污物、无破损。

(3) 将清洁剂均匀地喷在干净的抹布上,用抹布擦拭座椅椅面、靠背、椅腿、椅背,确保整洁干净、无污物。

十三、沙狐球卫生管理规范

(1) 球桌用抹布擦拭干净,保持清洁光亮,确保无尘、无污迹、无划痕。

(2) 用专用球沙回收器将球沙吸入储尘盒中,使用筛篮筛选,确保球沙干净无尘、均匀。

(3) 用刮沙板刮去球道中的球沙,确保球道干净无沙。

(4) 球用软布擦拭,确保明亮光洁、无尘、无污物。

(5) 电子记分器用抹布擦拭灰尘,确保整洁干净。

十四、游艺机卫生管理规范

(1) 每天擦拭游艺机表面的灰尘、手印和汗迹等。

(2) 用专用除静电清洁剂擦拭框体式游艺机的显示屏幕。

(3) 每天用消毒清洁剂擦拭游艺机的手柄、凳子等与客人身体有直接接触的部位。

(4) 确保游艺机表面光亮无灰尘、无污迹、无汗迹、无手印,屏幕上无灰尘、无印迹。

(5) 确保手柄、凳子等与客人身体有接触的部位干净无尘、无印迹,消毒后符合国家卫生标准的检测要求。

本章小结

本章首先介绍了康乐部卫生工作的特点:工作量大、重复率高、项目差异大;其次介绍了营业场所卫生制度的基本要求和康乐服务人员卫生制度的基本要求;最后分别介绍了KTV及舞厅、棋牌室、游泳馆、美发室、美容室、桑拿洗浴、健身房、保龄球、台球、网球、高尔夫球、壁球、沙狐球和游艺机等项目的卫生管理标准。

知识链接

康乐部卫生管理制度

第一条　卫生标准

1. 走廊随时吸尘,无污迹及杂物。

2. 沙发、茶几、桌椅台面等清洁完好,摆放有序,烟灰缸及时更换。

3. 餐具卫生,光亮整洁,无水渍,茶渍,无缺口。

4. 地面、墙壁、天花板、门窗洁净无尘,镜面无灰尘、污迹、水痕、指印,洁净光亮。

5. 库房内所有物品摆放整齐,分类放好。

6. 吧台内干净整洁,记事本及各类物品码放整齐,严禁个人物品出现在营业场所。

7. 保持机房内卫生,设备卫生干净,每周对整个机房和设备做一次大清扫。

8. 每天擦拭、清洁健身器械,定期消毒。

9. 多功能厅除了正常的每天清洁外,大型活动前后应及时做好清洁卫生工作。

10. 上岗前保持良好的个人卫生(头发、指甲等)。

第二条　卫生检查制

1. 清洁卫生工作实行层级管理逐级负责制。

2. 实行每月检查制,部门经理及主管随时抽查,第一次督促,第二次警告,第三次罚款(根据百分考核法确定罚款额度)。

3. 任何人如因餐具卫生等问题引起投诉,视情节追究责任。

4. 如饭店卫生检查有一处不合格,饭店扣1分,部门罚10分。

第三条　责任落实

1. 日常卫生清洁工作由当班人负责。

2. 一、二楼所属卫生落实到班组个人。

3. 如有特殊情况，如维修或清洁地毯时，由当班人员协助及时做好清洁卫生工作，并保持营业场所清洁和设施、设备完好。

(资料来源：中国饭店员工素质研究组.星级饭店康乐部经理案头手册[M].北京：中国经济出版社，2008.)

案例分析

康乐卫生管理经典案例

李先生外出办事回到饭店后决定让自己轻松一下，于是便来到饭店室内健身房，挥汗如雨地练了起来，感觉十分舒畅。

服务人员小润见此情景，赶紧为李先生送上了一条刚刚消过毒的冰镇毛巾。当李先生拿起毛巾准备擦汗的时候，发现毛巾有破损，便皱了皱眉头，叫来小润，让她换一条。小润十分礼貌地说："好的，先生，请稍等一下，我马上给您换。"并迅速为李先生换了一条毛巾，请李先生使用。

待李先生结束运动出来之后，小润迎上前说："先生，您好，今天是我们饭店的清洁日，所以我们想请先生对我们的清洁工作做出评价，可以吗？"李先生心想也好，看看他们的卫生情况。于是，小润带李先生参观了他们清洗毛巾的地方。

参观后，李先生对饭店的卫生表示赞许。小润接着说："其实刚刚那条毛巾有破损，是因为拿过来清洗的时候被钩到了，但经过我们的高温消毒，是绝对没有问题的！"李先生笑着说："我相信你们饭店的卫生。"

(资料来源：时永春.康乐中心服务技能与实训[M].北京：清华大学出版社，2010.)

试分析：

1. 小润的做法是否可取？试作评价。

2. 如何使客人信任饭店的消毒卫生工作？

实训练习

由3名同学组成1个调研小组，调研当地某星级饭店康乐部2个以上项目场地(含2个)的卫生管理方式和标准，与其他调研小组共同研究相同部门卫生管理的共性内容，并提出合理化的意见和建议。

复习思考题

1. 康乐部卫生工作有哪些特点？

2. 试分析康乐部各部门卫生管理规范。

3. 康乐部服务人员卫生制度的基本要求是什么？

4. 康乐部营业场所卫生制度的基本要求是什么？

附录A
旅游娱乐场所基础设施管理及服务规范

引言

本标准的制定旨在保障旅游者在旅游娱乐场所的安全和合法权益，满足其娱乐要求，促进旅游娱乐场所的管理和服务水平的提高。本标准在总结、借鉴国内外有关资料和技术规范的基础上，根据国家有关法律法规和旅游部门的规章，并参照有关国家标准的要求而制定。

1. 范围

本标准规定了旅游娱乐场所的设施、安全、信息、服务和应急等的管理要求。

本标准适用于接待旅游者的各类旅游娱乐场所。

2. 规范性引用文件

下列文件中的条款通过本标准的引用而成为本标准的条款。凡是标注日期的引用文件，其随后所附的修改单(不包括勘误的内容)或修订版均不适用于本标准。但是，鼓励根据本标准达成协议的双方研究是否可使用这些文件的最新版本。凡是不标注日期的引用文件，其最新版本适用于本标准。

GB 2894—2008　安全标志及其使用导则

GB 5768—2009　道路交通标志和标线

GB 8408—2008　游乐设施安全规范

GB/T 10001.1—2012　(所有部分)标志用公共信息图形符号

GB 13495.1—2015　消防安全标志

GB 15630—1995　消防安全标志设置要求

GB/T 16766—1997　旅游服务基础术语

GB/T 17775—2003　旅游区(点)质量等级的划分与评定

GB/T 18973—2002　旅游厕所质量等级的划分与评定

GB/T 20501.1—2013　(所有部分)公共信息导向系统、要素的设计原则与要求

GB/T 21268—2014　非公路用旅游观光车通用技术条件

JGJ 50—2013　城市道路和建筑物无障碍设计规范

3. 术语和定义

GB/T 16766—1997确立的以及下列术语和定义适用于本标准。

3.1　旅游娱乐场所

旅游企业为旅游者提供公开旅游娱乐体验的合法经营场所。

3.2　大型旅游娱乐活动

法人或者其他组织在旅游区域内面向社会公众举办的每场次预计参加人数达到1000人以上的体验各类娱乐项目的活动。

3.3　突发事件

突然发生，造成或者可能造成严重社会危害，需要采取应急处置措施予以应对的自然灾害、事故灾难、公共卫生事件和社会安全事件。

4. 总则

4.1　由若干类型和功能组成的旅游娱乐场所应有统一的经营管理机构和明确的地域范围。

4.2　旅游娱乐场所的建筑、设施、服务项目、运营管理应符合安全、消防、卫生、环境保护等现行国家标准和有关的行业标准。

4.3　旅游娱乐场所的经营者应遵守职业道德，诚实守信，诚信经营。

5. 设施管理要求

5.1　设施的基本配置要求

5.1.1　通用要求

5.1.1.1　旅游娱乐场所配置的所有设施、设备应符合国家有关规定及已颁布的国家标准和行业标准的规定。

5.1.1.2　下列特种设备应具有安全技术规范要求的设计文件、产品质量合格证明、安装及使用维修说明、监督检验证明等文件。特种设备的显著位置上应有登记标志。

a) 锅炉；

b) 压力容器；

c) 压力管道；

d) 电梯；

e) 起重机械；

f) 客运索道；

g) 大型游乐设施。

5.1.1.3　对于新型设施、设备无相应国家或行业标准的，应具备经国家技术监督行政主管部门备案的产品执行标准。

5.1.1.4　国外进口设施、设备应符合我国有关安全、卫生和环境保护等技术标准，具备机电产品进口证件(包括《进口许可证》《进口自动许可证》)。

5.1.2　接待设施

旅游娱乐场所应配置与其规模相适应的接待设施。接待设施至少应包括：收银处、计价收费设备、问询处、行李及贵重物品保管处等。

5.1.3　信息服务设施

旅游娱乐场所应配置内部管理用信息系统和面向旅游者的信息公告服务系统。信息服务设施至少应包括：电子显示导览屏、公共广播、引导标牌、安全标志和设施服务安全提示牌等。各种标志、图形符号应符合国家标准GB 2894—2008、GB/T 10001.1—2012、GB

13495.1—2015、GB 15630—1995和GB/T 20501.6-20B的要求。

5.1.4　公共设施

5.1.4.1　旅游娱乐场所应配置公用电话、照明设施、环保垃圾箱、符合GB/T 18973—2002规定的4级以上旅游厕所、符合JGJ 50—2013规定的残障人士通道及相应设施等。

5.1.4.2　有条件的旅游娱乐场所宜配置停车场。

5.1.4.3　按GB/T 17775—2003的要求，通信设施应能保证接收手提电话信号。

5.1.5　安全设施

旅游娱乐场所应配置与其规模相适应的安全设施。安全设施至少应包括下列各项，并应按相关部门的规定在出入口、主要通道等地安装闭路电视监控设备，且保证在运营期间工作正常、不中断。

a) 应急照明灯；

b) 医疗急救药品；

c) 医疗救护器材；

d) 应急交通工具；

e) 应急通信系统；

f) 安全指引标志。

5.1.6　专项娱乐设施

根据旅游娱乐场所的需求，配备相适应的专项娱乐设施，如：游艺机、水上游乐设备等。所有配备的游乐设施应符合GB 8408—2008中第4～8章的安全要求。

5.2　设施的运营要求

5.2.1　设施的运营应保证不污染周边的环境和卫生，不破坏旅游资源。

5.2.2　设施的运营应符合GB 8408—2008中第9章的要求。

5.2.3　旅游娱乐场所提供的娱乐服务项目，应当明码标价。

5.2.4　所有娱乐设施、设备应在明显位置配备使用说明标示牌，并在提供服务之前以广播的形式介绍使用安全注意事项。

5.2.5　为旅游者提供娱乐用的设施、设备在每日使用前应进行例行检查，并做记录。特种设备还应进行试运行。

5.2.6　具有危险隐患的设施周围应设置安全栅栏，安全栅栏的尺寸规格按GB 8408—2008中第7.8.1条的规定执行。

5.2.7　设施、设备的操作、管理和维修人员应经考试合格后持证上岗。

5.2.8　当发生天气恶劣、设备故障或停电等紧急情况或有可能发生上述情况时，应停止运营。

6. 服务管理要求

6.1　服务岗位要求

6.1.1　应对各服务岗位制定服务规范及明确的岗位职责和服务内容。

6.1.2　有特殊要求或安全要求的服务岗位，如特种设备服务岗位、水上娱乐服务岗位等，应制定符合相应国家标准或行业标准要求的岗位服务规范和岗位安全责任制度，配备专职的安全管理人员。

6.1.3　客服中心岗位服务规范应包括为老、弱、病、残、孕、抱婴者、失散游客及团队预约等制定特殊服务规定。

6.1.4　应建立上岗培训制度，有特殊要求的岗位应由具有专业资格的培训机构进行上岗前培训。

6.2　服务人员要求

6.2.1　服务人员应遵守旅游职业道德和岗位规范，礼貌待人，维护旅游者的合法权利。

6.2.2　服务人员应掌握本岗位所需的专业知识，按国家相关规定持证后方可上岗。

6.2.3　特殊岗位的服务人员应满足相关国家标准、行业标准和地方标准的要求。

6.2.4　服务人员发现事故隐患或者不安全因素，应当立即向现场安全管理人员和单位有关负责人报告。

6.2.5　服务人员应熟练掌握本岗位有关应急安全处理方法。

6.2.6　服务人员应身体健康，无职业禁忌证，应持有效的健康体检证明方可上岗服务。

6.2.7　营业期间，服务人员应着统一的工作制服，佩戴工作标志牌。

6.2.8　服务人员应会讲流利的普通话，吐字清晰，普通话达标率为100%。

6.2.9　接待海外旅游者的服务人员应能用相应的外语为海外旅游者服务。

6.2.10　服务人员应主动、具体、翔实地介绍服务内容和服务价格，并主动为老、弱、病、残、孕和抱婴者提供特殊服务。

6.2.11　提倡微笑服务，使用礼貌用语。

6.2.12　服务人员应尊重旅游者的道德信仰与风俗习惯，满足不同民族人员的合理需求。

6.2.13　对旅游者提出的问题暂时不能回答的或暂时无法解决的，应记录并事后跟进。

6.2.14　设施、设备服务人员应时刻观察旅游者的动态，指导旅游者安全娱乐。

6.2.15　各出入口服务人员应具有接待和疏通旅游者的能力，在高峰期间，协助门岗工作，确保出入口畅通无阻。

6.2.16　发现旅游者遗失物品，应及时上缴有关部门以方便归还失主。

6.2.17　当发生突发事件时，应立即报告，并按职责采取有效措施，减少损失。

6.3　服务流程要求

6.3.1　通用要求

旅游娱乐场所应对所提供的各项娱乐活动或服务定制相应的、合理的服务流程，包括：服务内容、与服务内容相对应的管理部门和服务流程图。

6.3.2　信息公告

6.3.2.1　在服务的初始阶段和中间过程中，应利用信息设备，如电子显示屏等向旅游者及时通报场所内设施及服务项目当前的状况。

6.3.2.2　服务过程中所有提供的娱乐服务项目和出售的商品，应明码标价，并向消费者出示价目表，其价格应符合相关部门的规定范围。

6.3.2.3　公共广播语言应采用标准普通话播音；按地域不同宜增加当地方言播音。

6.3.2.4　接待海外旅游者场所中的所有标示信息至少以中、英文两种以上文字表示；公共广播语言至少以中、英文两种以上语言广播。

6.3.3　投诉处理

6.3.3.1　应按公平、公正、公开的原则建立完善的投诉处理制度。

6.3.3.2　在服务的不同阶段处应设立投诉接待处，或投诉箱、投诉簿等。

6.3.3.3　投诉处理应达到24h内回复、10天内反馈处理结果。对不满意处理结果的，应积极配合上级主管部门调查，协调处理。

6.3.3.4　投诉处理结案率大于98%。

6.3.3.5　建立投诉档案管理制，档案记录应实事求是，保持完整。

6.3.4　信息收集、统计与归档

6.3.4.1　旅游娱乐场所的内部管理用信息系统应能够实时对场所进出的旅游者数量、经营效益、从业人数等业务情况进行收集和统计。

6.3.4.2　应采用统计技术对采集到的数据进行统计分析。

6.3.4.3　应对所有统计信息和记录建立统计台账和核算制度，并按相关规定按时报送各级管理部门。

6.3.4.4　信息统计数据文档保存期为5年。

6.3.5　服务质量控制

6.3.5.1　企业应制定质量管理目标，并建立监督检查制度。

6.3.5.2　企业宜设立质量管理部门或质量管理岗位。

6.3.5.3　企业应公布24h服务电话，受理旅游者的投诉和咨询。

6.3.5.4　企业应有专职人员负责服务质量的监督和考核。社会有效投诉率应不超过万分之三。

6.3.5.5　应定期向旅游者发放并回收《征求意见表》。

6.3.5.6　应有计划、有目的、有选择地回访旅游者。

6.3.5.7　应对旅游者提出的合理化建议制定有效的纠正措施，改进服务工作，提高服务质量。

6.3.5.8　鼓励企业积极获取相关的质量管理体系和环境管理体系等的认证。

7. 安全管理要求

7.1　安全管理机构

7.1.1　旅游娱乐场所应设置安全管理机构，负责建立安全管理制度，组织落实各项安全措施，进行安全检查、监督和培训。

7.1.2　旅游娱乐场所应设置独立的应急管理机构，履行值守应急、信息汇总和综合协调职责，并负责现场的应急处置工作。

7.1.3　应急管理机构视实际需要聘请有关专家组成专家组，为应急管理提供决策建议，必要时参加突发事件的应急处置工作。

7.1.4　管理机构的中高层人员应具有5年以上从事旅游相关工作的经验，熟悉行业法律、法规及相关的管理规定，具备相关的专业知识。

7.2　安全管理制度

7.2.1　治安管理

7.2.1.1　旅游娱乐场所除应符合相关部门的规定外，还应配备安全保卫人员，负责安全巡查，维护场所秩序，制止治安纠纷。

7.2.1.2 举办大型旅游娱乐活动，承办者应在活动举办日的20日前向公安机关提出安全许可申请。承办者应制定安全工作方案，并上报当地公安机关。安全工作方案包括下列内容：

a) 活动的时间、地点、内容及组织方式；

b) 安全工作人员的数量、任务分配和识别标志；

c) 活动场所消防安全措施；

d) 活动场所可容纳的人员数量以及活动预计参加人数；

e) 治安缓冲区域的设定及其标志；

f) 入场人员的票证查验和安全检查措施；

g) 车辆停放、疏导措施；

h) 现场秩序维护、疏导措施；

i) 应急救援预案。

7.2.1.3 旅游娱乐场所不应销售有可能伤害旅游者的带有刃器的商品，如刀具类商品，包括仿真商品。

7.2.2 消防管理

7.2.2.1 应建立消防安全管理制度，并符合国家有关消防管理的规定和相应的国家标准。

7.2.2.2 对于露天场所的消防安全应制定适合本企业的消防安全标准，报上级主管部门备案。

7.2.2.3 保持消防通道畅通，并在有可能发生火灾隐患的地方附近配置相适应的消防器材。

7.2.2.4 应开展全员消防教育，定期组织所属员工进行消防培训和应急演练。根据需要建立自身的专业消防队，或由职工组成义务消防队。

7.2.3 设施、设备管理

7.2.3.1 旅游娱乐场所应建立设施、设备的使用、管理和维护制度，包括安全分析、安全评估和安全控制。

7.2.3.2 应根据设施、设备的执行标准制定有关的操作运行规范和安全检查规范，建立设施、设备的管理档案。

7.2.3.3 属于特种设备的应建立健全特种设备安全管理制度，单独设立安全技术档案。按安全技术规范向特种设备检验检测机构提出定期检验要求。至少每月进行一次自行检查。当出现故障或者发生异常情况时，应当对其进行全面检查，消除事故隐患。

7.2.3.4 应保证举办大型旅游娱乐活动时，场所外围及场所内部不断电。

7.2.4 食品安全管理

7.2.4.1 场所内销售的预包装食品应获得食品生产许可证，其销售包装上印有食品质量安全QS标志。

7.2.4.2 餐饮服务应符合国家食品卫生管理规定，并达到相关国家标准和行业标准的要求。餐饮环境整洁，并应配备消毒设施，使用一次性环保餐具。

7.2.5　交通安全管理

7.2.5.1　应按照场所经营面积设置合理的疏散通道、安全出口和救护车专用通道，并保证营业期间进出便捷、畅通无阻。

7.2.5.2　所有通道应在醒目位置设置清晰的指示标志，标志内容和形式应符合标准GB 5768—2009的要求。

7.2.5.3　对需要配备交通设施的旅游娱乐场所，其交通工具应安全可靠，符合标准GB/T 21268—2014的要求；交通路面应符合交通工具及道路交通的要求，并与景观艺术、人文及生态环境要求相适应。

7.2.5.4　场所内应实行机动车礼让行人的人性化安全交通制度。

7.2.6　突发事件管理

7.2.6.1　应急预案

7.2.6.1.1　旅游娱乐场所须制定应对各类突发事件的应急预案，并与当地相关部门和政府的预案紧密衔接。

7.2.6.1.2　应急预案应具体规定突发事件应急管理工作的组织指挥体系与职责和突发事件的预防与预警机制、处置程序、应急保障措施以及事后恢复与重建措施等内容。

7.2.6.1.3　应急预案应根据实际情况变化不断补充和完善。

7.2.6.1.4　在大型旅游娱乐活动举办过程中发生公共安全事故、治安案件的，安全责任人应立即启动应急预案，并报告公安机关。

7.2.6.1.5　应针对各种可能发生的突发事件，建立预测预警系统，开展风险分析，做到早发现、早报告、早处置。

7.2.6.2　应急处置

7.2.6.2.1　信息报告

a)　突发事件发生后，现场主管应于10min内向应急管理机构报告。应急管理机构应于10min内向旅游娱乐场所最高管理者报告。

b)　重大突发事件应立即报告，最迟不得超过1h向有关地区和主管部门通报。应急处置过程中，亦应及时续报有关情况。

7.2.6.2.2　先期处置

应急管理机构在收到突发事件报告后，应立即启动相关应急预案，及时、有效地进行处置，控制事态，积极救助，全力保障游客的生命财产安全。如涉及人员受伤，应于10min之内得到紧急救助。

7.2.6.2.3　应急响应

对需要各场所、部门共同参与处置的突发事件，各场所、部门的主管领导应积极配合，在人力、物力、财力、交通运输、医疗卫生及通信等方面予以保障。

7.2.6.2.4　应急结束

相关危险因素消除后，应按有关规定做好善后处置，并对事件的起因、性质、影响、责任、经验教训和恢复重建等问题进行调查与评估。

7.2.6.3　应急演练

应急管理机构应结合实际，有计划、有重点地进行相关预案的培训及演练。

7.2.6.4 责任与奖惩

突发事件应实行责任追究制。对应急管理工作中做出突出贡献的应给予表扬和奖励；对迟报、谎报、瞒报和漏报重要情况的或有其他失职、渎职行为的应按相关规定对责任人给予惩治。

7.3 安全检查

旅游娱乐场所的安全管理机构应制定安全检查制度，对所有涉及安全的规章制度和服务项目按规定进行周期检查和抽查，并做好相应记录。

(资料来源：中华人民共和国国家旅游局. www.cnta.gov.cn.)

附录B
康乐服务师资格认证项目简介

1. 项目概况

如今,利用闲暇时间,通过趣味十足、轻松活泼的康乐形式,达到放松身心、减轻压力,使身体、心理更加健康的目的已成为一种生活时尚。据不完全统计,北京市目前有近千家康乐场所,从业人员达20万,但人员素质参差不齐。日益丰富的康乐项目,大幅度增加的康乐场所,如康乐中心、健身中心、保龄球馆等,对康乐服务人员尤其是高水准人员的需求量迅速增加。北京申奥的成功,更增强了全民健身意识,同时在无形中推动了康乐服务行业的发展,提高了对康乐服务管理人员的要求。

(康乐)服务师职业认证考试将实行全国统一考试大纲、统一命题、统一组织的方式。考试分为理论知识考试和专业技能考核两部分。理论知识考试实行统一题库、随机组卷;专业技能考试实行现场演示考试。考试合格者经全国服务师职业资格考评委员会评审认证,由国务院国资委商业技能鉴定与饮食服务发展中心颁发《(康乐)服务师职业资格证书》。该证书全国范围内有效,是持证人任职、上岗的必备条件,也是用人单位考核持证人资格能力的重要参考依据。《(康乐)服务师职业资格证书》采取登记注册制度,可在国务院国资委商业技能鉴定与饮食服务发展中心对外合作处和全国服务师专业委员会网站上查询。

职业名称:(康乐)服务师

职业定义:(康乐)服务师是指在健身场所运用专用设施、设备、技术为社会、团体和个人提供娱乐性和技术性的专业服务,以提高康乐服务场所经营效益的服务人员,其职能包括:

(1) 提供产品和服务;

(2) 现场康乐服务活动的设计、组织和实施管理;

(3) 康乐场所的经营管理;

(4) 康乐行业研究和专业推广。

(康乐)服务管理师资格认证分为三个层次:助理(康乐)服务师(职业等级三级)、(康乐)服务师(职业等级二级)和高级(康乐)服务师(职业等级一级)。

1. 助理康乐服务师(具备以下条件之一者可申报初级职业资格)

(1) 具有高中及以上学历,连续从事康乐服务工作1年以上,经助理康乐服务师正规培训达到规定标准学时。

(2) 具有中专及以上学历,经助理康乐服务师正规培训达到规定标准学时。

2. 康乐服务师(具备以下条件之一者可申报中级职业资格)

(1) 取得助理康乐服务师职业资格证书，连续从事康乐服务工作1年以上，经康乐服务师正规培训达到规定标准学时。

(2) 具有中专及以上学历，连续从事康乐服务工作1年以上，经康乐服务师正规培训达到规定标准学时。

(3) 具有大专及以上学历，经康乐服务师正规培训达到规定标准学时。

3. 高级康乐服务师(具备以下条件之一者可申报高级职业资格)

(1) 取得康乐服务师职业资格证书，连续从事康乐服务工作2年以上，经高级康乐服务师正规培训达到规定标准学时。

(2) 具有大专及以上学历，连续从事康乐服务工作2年以上，经高级康乐服务师正规培训达到规定标准学时。

(3) 具有本科及以上学历，连续从事康乐服务工作1年以上，经高级康乐服务师正规培训达到规定标准学时。

(资料来源：全国服务师专业委员会)

参考文献

[1] 吴玲. 康乐服务[M]. 北京：高等教育出版社，2010.

[2] 左剑. 康乐服务与管理[M]. 北京：科学出版社，2008.

[3] 杨建容. 康乐技术与服务[M]. 北京：中国地图出版社，2007.

[4] 刘俊敏. 酒店康乐部精细化管理与服务规范[M]. 北京：人民邮电出版社，2009.

[5] 牛志文，周廷兰. 康乐服务与管理[M]. 北京：中国物资出版社，2010.

[6] 刘建华. 康乐服务[M]. 2版. 北京：中国劳动社会保障出版社，2007.

[7] 谭晓蓉，王辉，黄刚. 康乐服务员实战手册[M]. 北京：旅游教育出版社，2006.

[8] 任长江，薛显东. 酒店管理职位工作手册[M]. 北京：人民邮电出版社，2006.

[9] 李津. 世界5星级酒店管人管事制度大全[M]. 长春：吉林大学出版社，2009.

[10] 杨狄. 社交礼仪[M]. 北京：高等教育出版社，2005.

[11] 王俊人. 酒店服务礼仪[M]. 北京：中国物资出版社，2005.

[12] 张智慧，闫晓燕. 康乐服务与管理[M]. 北京：北京理工大学出版社，2011.

[13] 徐少阳. 康乐与服务[M]. 北京：清华大学出版社，2011.

[14] 雷石标. 康乐服务与管理[M]. 北京：北京师范大学出版社，2011.

[15] 李舟. 饭店康乐中心服务案例解析[M]. 北京：旅游教育出版社，2007.

[16] 时永春. 康乐中心服务技能与实训[M]. 北京：清华大学出版社，2010.

[17] 陈秀忠. 康乐服务与管理[M]. 北京：旅游教育出版社，2006.

[18] 劳动和社会保障部教材办公室. 康乐服务员(高级)[M]. 北京：中国劳动社会保障出版社，2007.

[19] 朱瑞明. 康乐服务实训[M]. 北京：中国劳动社会保障出版社，2006.

[20] 吴克祥，周昕. 饭店康乐经营管理[M]. 北京：中国旅游出版社，2004.

[21] 李玫. 康乐服务实训教程[M]. 北京：机械工业出版社，2008.

[22] 中国酒店员工素质研究组. 星级酒店康乐部经理案头手册[M]. 北京：中国经济出版社，2008.

[23] 李玫. 康乐经营与管理[M]. 2版. 重庆：重庆大学出版社，2009.

[24] 杨海清. 康乐服务与管理[M]. 北京：对外经济贸易大学出版社，2010.

[25] 唐少峰. 康乐服务基本技能[M]. 北京：中国劳动社会保障出版社，2010.

[26] 吴业山，刘哲. 康乐服务学习手册[M]. 北京：旅游教育出版社，2007.

[27] 姜若愚. 康乐服务与管理[M]. 北京：旅游教育出版社，2001.

[28] 刘哲. 康乐服务与管理[M]. 北京：旅游教育出版社，2001.

[29] 陈海波. 浅论顾客投诉[J]. 科技文汇：上旬刊，2009.

[30] 牟昆，王林峰. 饭店管理概论[M]. 北京：电子工业出版社，2009.

[31] 陈文生. 酒店经营管理案例精选[M]. 北京：旅游教育出版社，2007.

[32] 栾港，马清梅. 市场营销学[M]. 2版. 北京：清华大学出版社，2010.

[33] 魏新民，赵伟丽. 饭店市场营销[M]. 长春：吉林教育出版社，2009.

[34] 陈云川，张洪刚. 饭店市场营销[M]. 北京：机械工业出版社，2009.

[35] 徐志生. 足浴按摩实用手册[M]. 北京：中医古籍出版社，2004.

[36] 国家职业资格鉴定网站. http://www.bcj.org.cn.

[37] 全国服务师专业委员会网站. http://www.ncc.org.cn.

[38] 百度百科. http://baike.baidu.com.

[39] 中国壁球协会官方网站. http://squash.sport.org.cn.

[40] 中国台球协会官方网站. http://billiards.sport.org.cn.

[41] 中国网球协会官方网站. http://www.tennis.org.cn.

[42] 中国乒乓球协会官方网站. http://tabletennis.sport.org.cn.

[43] 中国羽毛球协会官方网站. http://www.cba.org.cn.

[44] 中国保龄球协会官方网站. http://bowling.sport.org.cn.

[45] 中国高尔夫球协会官方网站. http://www.golf.org.cn.

[46] 中国掷球协会官方网站. http://boules.sport.org.cn.

[47] 中国健美协会官方网站. http://www.cbba.net.cn.

[48] 中国健美操协会官方网站. http://www.caa.net.cn.

[49] 中国飞镖协会官方网站. http://dart.sport.org.cn.

[50] MBA智库文档. http://doc.mbalib.com.

[51] 职业餐饮网. http://www.canyin168.com.

[52] 国家旅游局网站. http://www.cnta.com.